自为与外塑

大学生就业价值观的价值原点与实践进路

王涛◎著

中国财经出版传媒集团
中国财政经济出版社

图书在版编目（CIP）数据

自为与外塑：大学生就业价值观的价值原点与实践进路／许涛著．--北京：中国财政经济出版社，2022.4

ISBN 978-7-5223-1252-1

Ⅰ.①自… Ⅱ.①许… Ⅲ.①大学生-就业-研究-中国 Ⅳ.①G647.38

中国版本图书馆 CIP 数据核字（2022）第 044725 号

责任编辑：李昊民　　　　　　责任印制：张　健
封面设计：陈宇琰　　　　　　责任校对：张　凡

自为与外塑：大学生就业价值观的价值原点与实践进路
ZIWEI YU WAISU: DAXUESHENG JIUYE JIAZHIGUAN DE JIAZHI YUANDIAN YU SHIJIAN JINLU

中国财政经济出版社 出版

URL: http://www.cfeph.cn

E-mail: cfeph@cfeph.cn

（版权所有　翻印必究）

社址：北京市海淀区阜成路甲 28 号　邮政编码：100142
营销中心电话：010-88191522
天猫网店：中国财政经济出版社旗舰店
网址：https://zgczjjcbs.tmall.com
北京中兴印刷有限公司印刷　各地新华书店经销
成品尺寸：170mm×240mm　16 开　15.75 印张　257 000 字
2022 年 6 月第 1 版　　2022 年 6 月北京第 1 次印刷
定价：68.00 元
ISBN 978-7-5223-1252-1
（图书出现印装问题，本社负责调换，电话：010-88190548）
本社质量投诉电话：010-88190744
打击盗版举报热线：010-88191661　QQ：2242791300

PREFACE 序言

站在历史的交汇点上,我们以更加开放包容的姿态拥抱世界,也积极看待个体的崛起。在科技发展日新月异、物质极大丰富的当下,作为社会人,我们追寻着存在的价值和意义。如何在社会上求得生存和发展,应以什么样的形式独立存在,如何以一种自由而独立的状态展现自我、完善自我,关涉到每一个个体。

随着社会分工和新业态的不断涌现,就业成了复杂社会关系中的重要一环,人们根据社会分工和职业岗位的不同,从事着不同的劳动。虽然劳动的方式、就业的形式不尽相同,但是从事社会劳动,获得劳动报酬是人们的基本权利。个体要谋求长远发展,首先就要谋求现实生存,进入职业世界。

高校大学生就业关系到国计民生,也关系到社会的和谐稳定。在就业过程中,大学生群体不仅受到政治、经济、文化、社会就业形势、国家就业政策、时代机遇等各种外在因素的影响,也受到个人成长经历、个人人力资本、社会资本和个人际遇的影响。经调查研究,高校大学生普遍受到"个人—国家—家庭"三维需求侧导向的综合影响。在各种综合因素的影响下,个体的知识体系、实践技能、劳动能力、职业理想、就业动机、就业价值观、成才观、财富观、职业成熟度、社会适应力等,对其顺利走向职业岗位、立足于社会尤为重要。

这本书到底为谁而写,想要表达和呈现什么?

高等教育大众化以来,大学生对高质量就业的需求与实际就业岗位之间的错位,带来了结构性的矛盾,使一些大学毕业生找不到工作或者说找不到合适的就业岗位,而困惑、迷茫、焦虑。作为一名长期从事高校就业指导工作的教师,如何让学生认知真实的自我,主动探寻职业世界,为学生提供就业咨询和就业机会,帮助他们进行职业选择,促使其高质量充分就业,是我的职责所在,也是价值所在。当然,也借此机会与在就业工作一线的优秀教师们进行交流和分享。

从事高校学生就业工作近30年，我为大量学业提供过职业发展咨询。在咨询中，学生们的问题五花八门，诉求也多种多样，但所有的诉求最终都指向一个关键词，那就是"价值"。无论是自我存在的价值，还是对家庭的价值、对国家的价值，以及对人类社会的价值，抛开问题的表象，核心的价值最能体现出个体存在的意义。

在大学生就业过程中，就业价值观及价值取向起着最终的决定性影响，影响着他们的就业抉择，以及职业和人生的发展路径。就业价值观包含于个体的世界观、人生观、价值观之中，贯穿于人一生的成长与发展。个体就业价值观的形成不仅依靠外在的塑造，更重要的是内在的修为和世界观、人生观、价值观的驱使。

着手写这本书之前，我做了一些准备工作。比如，向行业专家讨教，从同行的专著中学习，查阅相关的文献资料，和学生们交谈，进行问卷调查等，希望能碰撞出一些火花和启迪。本书的框架反复修改、调整，即使已经初步确定了大纲，也迟迟不敢下笔，多次推倒重来。将多年的一线实战工作经验付诸于笔端并非易事，我经历了高校毕业生就业从国家分配就业到毕业生与用人单位双向选择的就业制度变革。伴随着人工智能、互联网、大数据、基因工程等新兴产业的兴起，传统行业不断转型升级，近年来出现了平台经济、众包经济、共享经济、数字经济等新业态新模式；在就业地域上，省会城市、新一线城市和二、三线城市快速发展；国家深入实施创新创业战略，创业环境不断优化；2022年，我国高校毕业生人数突破千万，这些为大学生就业创业既带来了新的机遇，也提出了挑战。当下的就业形势与二三十年前的就业环境、就业条件、就业机遇、就业形态等相比，发生了巨变。尤其是对大学生群体而言，无论是他们所处的时代，面临的就业市场、就业政策、职业形态，还是其思想观念、价值取舍、求职途径等，均已产生根本性的变化。我重新梳理过往的就业工作，反复思考对于高校大学生而言，在其就业过程中到底什么是最重要的内容？

高质量就业是新时代人民美好生活的重要组成部分。大学生就业不仅仅关涉自身，更关系到国家人才战略和家庭代际传承，受到"个人—国家—家庭"三维需求侧的影响。基于个体自我本位的就业价值成为第一价值考量；

序　言

基于国家发展战略的精准需求匹配，成为大学生充分、优质择业的主导性价值；基于家庭职业期许的就业价值，成为大学生代际传承和心灵回归的新坐标。因此，需要家庭、社会、学校协同引导大学生就业价值观，促使大学生有业就、就好业、成事业。

于是，在写作过程中，我首先确定了阅读对象，其次梳理了国内外相关理论，研究新时代求职者所处的宏观背景和微观个体特征，找到求职就业的核心所在。我们寻求职业，而职业也需要合适的劳动者与之适配。只有找到职业与劳动者之间的连接点才能确立二者的关系；只有抓住职业之道的根本，才能真正找到职业选择、职业发展的有效途径。

我始终在思考，在总体框架下到底如何与其他就业观念相结合，是以调查研究为基础，从数据中得出结论，还是去挖掘背后的理论基础；是否要用实证模型来论证观点，或者深入到个体之中，从个案咨询的蛛丝马迹中寻找规律。好像单一的一种方式都不足以澄清问题，满足表达诉求，而是需要找到就业核心价值观的价值原点，进行综合性的研究论证。

本书分为上下两卷，上卷主要包括：就业价值观溯源之价值内涵与理论关涉；职业理想之就业价值起点及其路径依赖；人生价值之就业价值原点及其自我实现张力；就业动机之价值内驱力及其"期望—价值"实现；基于价值观自选择机制的职业选择及发展。

下卷主要包括：关涉幸福职业与劳动素养的职业与劳动之辩；大学生外塑资本与就业满意度对就业质量的影响；"个人—国家—家庭"需求侧导向大学生就业价值取向；大学生外塑与自为的"黄金点"即就业价值观精准定位；基于家、国、社会、自我同向策略的大学生就业价值观实践归旨；最后是余论，对新时代大学生就业价值观进行全景调查追踪，借助调查问卷完成定量分析。

对大学生就业价值观进行调查和研究，是基于一定的学生群体和现实条件。就业价值观会随着社会的变迁而被打上时代的烙印，它是人生发展主线中的重要因素，在重要职业决策之际更能体现其可贵之处。本书如果能对正在进行职业选择、谋划职业发展的大学生有所帮助，或者为指导大学生职业规划的同行们带来些许共鸣，也是值得的。

许　涛
2022 年 3 月 26 日于京

CONTENTS 目录

上 卷

第一章 就业价值观溯源：价值内涵与理论关涉 …………… 3
  第一节 就业价值观的内涵与外延 …………………………… 3
  第二节 就业价值观文献综述 ………………………………… 16
  第三节 就业相关理论及研究量表 …………………………… 29

第二章 职业理想：就业价值起点及其路径依赖 …………… 71
  第一节 职业理想的含义 ……………………………………… 71
  第二节 大学生职业期待视野 ………………………………… 77
  第三节 职业偶像崇拜 ………………………………………… 80

第三章 人生价值：就业价值原点及其自我实现张力 ……… 90
  第一节 人生价值追求 ………………………………………… 90
  第二节 财富观 ………………………………………………… 97
  第三节 个体发展观 …………………………………………… 100

第四章 就业动机：价值内驱力及其"期望—价值"实现 …… 111
  第一节 成就动机理论 ………………………………………… 111
  第二节 大学生就业动机 ……………………………………… 115

第五章 职业选择及发展：基于价值观的自选择机制 ……… 118
  第一节 大学生职业选择 ……………………………………… 119

第二节　大学生职业成熟度 …………………………………… 125
第三节　大学生职业素质与职业发展 ………………………… 129

下　卷

第六章　职业与劳动之辨：幸福职业与劳动素养 ………………… 141
第一节　劳动观 ………………………………………………… 142
第二节　劳动素养 ……………………………………………… 156

第七章　大学生就业质量：外塑资本与就业满意度 …………… 168
第一节　就业质量内涵 ………………………………………… 168
第二节　就业质量影响因素分析 ……………………………… 171

第八章　大学生就业价值取向："个人—国家—家庭"需求侧导向 ……………………………………………………… 179
第一节　政治、经济、文化、社会意识形态影响因素 ……… 180
第二节　"个人—国家—家庭"需求侧导向 ………………… 184
第三节　社会人力资本主要矛盾转变 ………………………… 189

第九章　大学生就业价值观精准定位：外塑与自为的"黄金点" …………………………………………………… 192
第一节　个体价值考量因子 …………………………………… 192
第二节　国家人才发展战略 …………………………………… 195
第三节　基层就业 ……………………………………………… 199
第四节　家庭职业期许 ………………………………………… 202

第十章　大学生就业价值观实践归旨：基于家、国、社会、自我的同向策略 ……………………………………… 206
第一节　大学生人力资源开发——成长、成人、成才、成事 … 206
第二节　大学生有业就、就好业、成事业 …………………… 210

第三节　国家意识、国家使命、国家战略与就业导向 ………… 212
　　第四节　家庭、社会、学校协同价值引导 ………………………… 218

第十一章　新时代大学生就业价值观全景调查追踪 ………………… 223

附录 ……………………………………………………………………… 230
　　大学生就业价值观调查问卷 ……………………………………… 230
　　青年在选择职业时的考虑 ………………………………………… 239

上　卷

第一章　就业价值观溯源：价值内涵与理论关涉

内涵与外延是对概念指称的事物的本质属性及其适应范围的概括。厘清新时代大学生就业价值观的内涵与外延，是对新时代大学生就业价值观的界定和对就业价值观进行调查研究的基础。

第一节　就业价值观的内涵与外延

就业价值观内涵可从就业价值观相关概念的定义、内涵与本质分析来理解。就业价值观的外延范畴包括：思想政治教育、社会主义核心价值观、择业观、职业道德等。

一、就业价值观内涵

（一）就业价值观相关概念

1. 就业

《辞典》修订版对"就业"有两种释义。释义之一：求学。例如，《北史·卷三一·高允传》："性好文学，担笈负书，千里就业。"释义之二：任职工作。例如，唐代元稹的《莺莺传》："伏承使于京中就业，进修之道，固在便安。"《辞海》一书中对就业的解释为：就业又称劳动就业，指具有劳动能力和求职愿望的人，从事某种社会劳动，并取得相应报酬或经济收入的行为。①"就业"一词演变至今，其含义是：在法定年龄内的有劳动能力和劳动愿望的人们所从事的为获取报酬或经营收入进行的活动。"就业"的英译一般为"Job""Employment"或者"Career"。

2003年，劳动和社会保障部重新界定就业与失业的概念新标准，"就业人员"指男16~60岁、女16~55岁的法定劳动年龄内，从事一定的社会经济活动，并取得合法劳动报酬或经营收入的人员。"失业人员"指在法定劳动年龄内，有工作能力，无业且要求就业而未能就业的人员。虽然从事一定社会劳动，但劳动报酬低于当地城市居民最低生活保障标准的，视同失业。②

充分就业与不充分就业的基本含义。充分就业是指在某一工资水平之下，所有愿意接受工作的人，都获得了就业机会，劳动报酬达到和超过当地最低工资标准。劳动时间少于法定工作时间，且劳动报酬低于当地最低工资标准、高于城市居民最低生活保障标准，本人愿意从事更多工作的，为不充分就业。

充分就业并不是人人都有就业岗位，在充分就业状态下仍然存在一定数量的结构性失业和摩擦性失业。比如，因技术进步、产业结构调整、劳动年龄和需求偏好变化而引起的个人在职业转换过程中的暂时性失业，这种失业是国家优化人力资源配置的动态调整过程，是经济发展和社会进步的需要。充分就业通常用失业率、就业率等指标来显示，失业率、就业率的高低实质上表明了人力资源与其他资源配置的效率，也显示了劳动者就业机会的多少。

2. 价值

价值是事物、现象对人或团体具有的积极意义。为人所重视，或能使人感到满足，成为人尊重或有兴趣追求的对象，即视为具有价值。价值属于关系范畴，从认识论上来说，是指客体能够满足主体需要的效益关系，是表示客体的属性和功能与主体需要间的一种效用、效益或效应关系的哲学范畴。价值作为哲学范畴，具有最高的普遍性和概括性。辩证唯物主义

---

① 夏征农. 辞海 [M]. 1999年版缩印本（音序）上海辞书出版社，1999：874.
② 劳动和社会保障部重新界定就业与失业概念 [J]. 中国人力资源开发，2003（06）：45.

认为，人类的大脑及机体是物质世界高度进化的产物，也是物质特殊的、复杂的表现形式，人类社会一切经济的、政治的与文化的运动是一般物质运动特殊的、复杂的表现形式，因此用以衡量人类一切社会运动规模的统一客观尺度也必然是能量。人类社会中的一切作用力，如管理能力、综合国力、战斗力、权力等，最终都是自然力量特殊的、复杂的表现形式；维持和推动人类社会生存与发展的动力源——价值，必然也是能量特殊的、复杂的表现形式。

"价值"一词西方最早用于经济理论中，指物质的使用与交换所具有的价值。德国的罗兹（R. H. Lotze）开始在哲学中使用"价值"一词，从此价值问题成为哲学思考的主要问题之一。西方哲学家在讨论"善（Good）"时，以及中国哲学家在讨论人生理想、评价个体行为时，其实就是在讨论价值的问题。如今，价值概念已普遍应用于经济学、伦理学、美学、认识论及其他人文与社会科学。在不同的知识领域中，价值具有不尽相同的含义。

欧美的价值哲学于19世纪末、20世纪初形成。法国的拉皮耶（Paul Lapie）在1902年《意志的逻辑》一书中明确使用了"价值哲学"一词，德国的尼采（F. W. Nietzsche）、哈特曼（E. von Hartmann）、文德尔班（W. Windelband），以及美国的杜威（J. Dewey）、培里（R. B. Perry）等，均曾致力于价值哲学的研究和探讨，从主体的需要和客体能否满足及如何满足主体需要的角度，探讨各种物质和精神现象，以及人们的行为对个体与团体所具有的意义。

中国古代哲学中，没有明确的价值概念，也没有系统的价值理论。思想家在探讨人生理想与人的行为标准时，对义与利、理与欲、志与功的关系所做的讨论，均体现其价值观。比如，儒家所重视的是精神方面的价值，主张以伦理道德为基本内涵的普遍价值。

《辞典》修订版对"价值"有四种释义。释义之一：泛称物品的价格。例如，《初刻拍案惊奇·卷一》中写道："交易事已成，不必说了，只是我们毕竟有些疑心，此壳有何好处？价值如此？"《红楼梦·第十三回》中写道："只见帮底皆厚八寸，纹若槟榔，味若檀麝，以手叩之，玎珰如金玉。大家都奇异称赞。贾珍笑问，'价值几何？'"释义之二：以各种等值标准或交换标准所表示的价值，如成本、重置成本、市价等。释义之三：凡有助于促进道德上的善，便是价值。如以真、善、美为追求的理想，且以此为衡量的准绳，则视为价值。释义之四：正面作用。如"他的作品在文学史上是否具有价值，后人自有评论"。

《辞书》对"价值"的释义之一："价值指涉值得我们选择、追求、保存之性质，或具有这种性质之事与物。"比如，自由、古迹有价值。价值也指涉抽象或具体的事与物。例如，自由是一种价值，钻石是一种有价值的东西。分辨事与物有无价值很重要，而忽略有价值的事与物有时候则令人遗憾。

在概念上，我们可以对价值做许多分类。较常见的有内在价值与外在价值、客观价值与主观价值、目的价值与工具价值。要厘清这些分类，首先要区分价值的来源和评价活动。

（1）价值的来源，指的是使有价值的事与物之所以有价值的东西。价值一元论主张，价值的来源是唯一的。例如，快乐主义者认为，自由之所以有价值与钻石之所以有价值，都是因为它们能为拥有者带来快乐。价值多元论则主张，价值有许多种来源，自由之所以有价值的理由与钻石之所以有价值的理由不一定相同。对一项有价值的事与物而言，如果它的价值是由于它本身的某种特质，而且这种特质的存在是独立于其他事物的，我们就认为这一事物具有内在价值，否则它只具有外在价值。快乐主义者通常主张，快乐具有内在价值，而且是唯一具有内在价值的东西。18世纪德国哲学家康德（Immanuel Kant）则认为善意志（Good Will）是唯一具有内在价值的东西。一些环境伦理学家主张，自然环境或生态，作为一个整体或系统，具有内在价值，因为它的价值来源于自身的某种复杂结构。

有人认为，事与物如果有价值的话，只能具有外在价值。价值的外在来源可能有四种：第一，它是产生其他价值的工具或手段；第二，它是构成其他价值的要素；第三，它分受了其他价值；第四，它被某个人视为有价值。前三种情况都会使有价值的事与物具有客观价值，第四种情况则使有价值的事与物具有主观价值，因为它的价值来源于人主观的评价活动。价值的主观主义者强调，离开人的评价活动，任何东西都没有价值。

（2）评价活动，指的是我们认为有些事物有价值，值得我们去选择、追求或保存；或认为有些事物没有价值，不值得我们去选择、追求或保存。评价活动是在表达我们对某一事物的态度，它可以是正面的，也可以是负面的。如果我们因为某事某物有用，能够达成我们其他的目的，或满足我们的欲望而认为它有价值，则这些事物对我们有工具价值；反之，如果这些事物本身就是我们的目的，就是我们欲望的对象，它对我们就有目的价值。同一样东西，对某个人具有目的价值，对其他人则可能只具有工具价值，这完全视不同个体情况而定。比如，部分环境伦理学者主张，我们应该对自然与生态环境采取正面态度，将其视为具有客观价值的事物，视为我们的目的，而不是满足我们其他欲望的工具或手段。也就是说，自然与生态环境对我们应该具有目的价值，而不是工具价值，它值得我们将其视为目的而非手段。总括而论，各派对价值的理解不同，其所主张的价值理论也各异，有客观价值论、主观价值论、绝对价值论、相对价值论、内在价值论、外在价值论（或工具价值论）等。

关于价值的性质，主要有三种看法：①主观主义认为，价值完全依赖人类的经验或仅与人类经验有关，享乐主义者、工具主义者、实证主义者均持此观点。②逻辑客观主义认为，价值不依赖于认识的逻辑存在或本质，实际上价值也没有实体存在的状态和作用。③形而上学客观主义认为，价值具有完全的、客观的、积极的、形而上学的、实在的本质，有神论者、绝对论者和某些自然主义者均持此观点。在价值的层次上也有不同的主张，一般较轻视物质或经济的价值，重视文化，特别是伦理、美学和宗教的价值。在教育领域中，理性主义教育重视客观的、绝对的和内在的价值；实用主义教育则强调主观的、相对的以及工具的价值。

3. 价值观

价值观是基于人一定的思维感官之上而做出的认知、理解、判断或抉择，也就是人认定事物、辨定是非的一种思维或取向，从而体现出人、事、物一定的价值或作用。《辞典》修订版将"价值观"释义为："对人生、事物的看法或评价。"

价值观是人们对各种事物和现象的价值进行认识和评价时所持有的基本观点，其体现出人、事、物一定的价值或作用。任何一种思想在没有被绝对否定之前，其所形成的视角、背景、判断及所述说的意义，一定程度上都会有着客观价值，而这种思想的价值则在于它被认可的程度和意义，就是人们对于这种思想的理解与感知，这是人性思维里最简单、最真实的评定。大学生价值观是大学生对现实生活中各种事物和现象进行评价、取舍的思想观点，是大学生的思想发展过程中，在社会需要与客观事物满足需要的关系之间产生的一种观念。

从社会学的角度来分析，价值观可分为表层价值取向和深层价值观。表层价值取向指的是一定主体基于自己的价值观在面对或处理各种矛盾、冲突、关系时所持有的基本价值立场、价值态度以及所表现出来的基本价值取向。深层价值观是主体接受了整个社会的政治制度、经济制度、社会文化意识及民族心理等社会历史文化心理积淀的深层次的观念表现。价值观的嬗变在这两个层面上的表现是不同的。深层价值观具有历史性和一定的稳定性，深层价值观的嬗变将对整个社会历史产生深刻影响，它的嬗变往往通过表层价值取向体现出来，并影响着表层价值取向。大学生的表层价值取向，通过其社会行为而揭示，包括了政治价值取向、人生价值取向、审美价值取向、职业价值取向等。

4. 就业价值观

就业价值观是指个体在选择某一职业时所持有的观念、态度、认知以及心态，是个体对就业的一种反应性倾向，它是由认知、情感和行为倾向三个因素组成的。就业观是世界观、人生观和价值观在职业上的体现，是人们在选择职业和从事职业实践过程中所形成或持有的根本观点或价值取向。

有学者认为，"就业价值观"顾名思义是指人生目标、人生态度在职业选择上的具体表现，是个体对职业的认识和态度以及他对职业目标的向往和追求等。[①] 也有学者认为，大学生就业价值观，是指大学生在就业过程，在就业动机、就业定向、目标期望、就业选择范围、就业途径及就业方式等方面表现出来的看法、心态、行为等价值取向，它是影响毕业生择业就业的主导因素。[②]

就业价值观既受一定社会的政治发展、经济结构和文化状况的制约，具有社会性；同时又受就业者本人的世界观、人生观、价值观和生活经验的影响，具有个体性。就业观支配着大学生对就业价值目标的期望、定位与选择，

---

① 仝广东. 大学生职业发展与就业指导 [M]. 南京：东南大学出版社，2009：58.
② 潘文庆. 就业价值观对大学生就业质量的影响研究 [J]. 广东社会科学，2014 (04)：40 – 46.

影响着大学生对就业价值取向的看法、心态和行为，它对大学生就业价值目标的实现具有导向作用，对大学生的就业实践态度具有推动作用。① 正确科学的就业观对大学生的人生有着十分重要的影响。就业观的形成主要在大学阶段，学校可根据市场导向、个人素质能力、知识结构体系等主客观因素来引导学生形成科学的就业价值观。

（二）就业价值观本质分析

就业能够创造价值，它具有价值属性，体现价值追求，实现劳动价值。就业既可以是被雇用就业，也包括劳动者个人创新创业。马克思谈到所谓的价值概念时，指的是能让人的需求得到满足的"物"。当然，我们认为这里的"物"可以是客观存在的具体的物，也可以是情感、心理上的情景、环境、行为、活动等各种情况。就业中实现的各种人与人的关系、人与社会的关系也都可以归属于一种"物"的存在，就业不只是从事一份工作，它也是人们满足自己精神需求即主观需求的一种重要载体。②

工作作为一种能满足人类需求的"物"，到底能满足人们的哪些需求呢？我们再来看看马克思主义对于人的价值追求的论述：人的全面发展，才是人们自由意识的本质追求，不能仅仅是满足生存的基本，还应能够让人跳出所谓的限制和约束，解放自由的意识和本质。在物质基础方面，工作应该满足人们衣、食、住、行等基本生活需求；同时在心理层面，工作应该给人们欣喜和有希望的期待感，让人产生目标和动力；从职业发展角度来说，这份工作的职业结构和职业通道应该能够让人不论在物质上、心理上还是自身的职业技能上都能得到发展，实现良性循环。在就业中，劳动既是载体，也是人们实现价值的途径。劳动过程中既有体力劳动，也有脑力劳动，同时也创造了劳动的价值。③

就业价值观体现了信念、理想、世界观对于职业选择的影响。它是一种对职业的意向，是在从事及希望从事某项职业时的态度倾向，是主体对于某

---

① 迟成勇. 论当代大学生就业观之建构［J］. 中国石油大学学报（社会科学版），2012，28（02）：103-108.

②③ 姜楠，朱陈欣，杨乐乐. 初探马克思主义价值观对高校学生就业价值观教育的启示［J］. 法制与社会，2019（14）：193-194.

自为与外塑：大学生就业价值观的价值原点与实践进路

一职业的向往和追求，是主体在职业选择中的一种价值取向。就业价值观既是人们衡量各种职业优势、意义、重要性的内在尺度，也是人们对待职业的一种信念和态度。就业价值取向是人们在一定历史条件下，对就业价值追求、定位、评价、选择的一种倾向性态度，也就是通过对个人及社会价值的期待而对就业做出的选择与追求。

大学生就业价值观是大学生对于职业的认识，是个体把从外界获取的知识、技能内化于身心，升华为自身的就业期望，从而进行就业选择的过程；也是大学生在社会职业双向选择的过程中进行价值评价、选择的准则，即对职业生活的总体看法，包括大学生的社会价值观、就业期望值、就业价值取向、就业竞争意识、职业价值追求、职业态度、职业奉献精神、职业定位、职业选择、职业发展等要素。大学生的就业价值观是思想政治教育中不可缺少的内容之一，对他们的成长成才起着积极导向和促进作用。特别是在大学生的职业生涯旅途中，就业价值观直接关系到大学生的就业态度、职业定位和职业选择行为，对其今后的工作态度、职业生活有着关键性的指导作用。随着时代的变迁和社会的发展，大学生的就业观念和就业心态也随之变化，就业价值观因历史时期的不同特征而呈现出新的特点。

作为高校学生，要以辩证唯物主义、马克思主义价值观为指导思想，培养自己的辩证思维能力和反思能力，了解就业过程中的主要矛盾和次要矛盾，对就业实践中的许多矛盾、问题进行统筹兼顾，运用联系的观点和发展的观点，将自身的就业实践融入整个社会，与新时代的社会发展趋势相联系，正确认识自身在就业实践中遇到的问题与纠结。例如，毕业时是找工作就业，还是继续深造学习？是去北上广深等大城市奋斗，还是去支援艰苦偏远地区？是去成熟的大型国企，还是去发展中的潜力型民营企业，抑或是成为一名创业者？要解决这些问题，需要我们更为清晰地规划自己的人生，通过学习实践和深入调查研究，做出符合自己特点和需求的抉择。对高校来说，在就业价值观的培养过程中，学校应当引导学生学会发现、梳理、积极面对就业过程中出现的各种矛盾和问题，以唯物辩证法去分析解决这些问题，帮助学生做出符合自己实际情况的选择。①

---

① 姜楠，朱陈欣，杨乐乐. 初探马克思主义价值观对高校学生就业价值观教育的启示［J］. 法制与社会，2019（14）：193-194.

二、就业价值观外延

外延是一个逻辑学名词,用于表述某一概念的一切对象,即概念的适用范围。外延也指一个概念所概括的思维对象的数量或者范围。大学生就业价值观的外延包括大学生的社会价值观、人生观、成功观、劳动观、择业观、就业观、职业观、就业期待、就业价值取向、就业竞争意识、职业价值追求、职业态度、职业奉献精神、职业定位、职业选择、职业发展等要素。

我国正处于社会转型期,由于各种社会思潮以及所谓"普世价值"的影响,导致青年学生的价值观处于前所未有的复杂多变之中,为大学生就业价值观的引导工作提出了新的挑战。

中国传统文化中的价值观往往以伦理价值观的形式存在,注重"将抽象的伦理理念具体化为可操作性的礼仪规范并使之能够操持职守,付之日常生活"[①]。在中国传统社会中,儒家开创了一套伦理规范。一方面,儒家形成了统一的价值规范并通过理论解释将其正当化、合理化;另一方面,儒家注重在文化意识当中,把这一整套的伦理价值观念内化为普通人的心理情感,并形成一种自然的行为习惯。这种价值观的教育在"大一统"的农耕社会得到上下一致的认同,至今为止在一些乡村地区还有较大的影响力。但是,它所内蕴的价值观很多还停留在传统价值上,没有得到现代性意义上的解读,在当今已经失去现实指导意义。同时,过于强调阶级斗争、政治运动、社会批判等饱含政治色彩内容的价值观教育也不适应新的时代要求。在经济全球化、思想多元化的大背景下,对于思维活跃,追求民主、自由的青年学生来说,也难以得到他们的认同。在多元价值观并存的今天,如果思想政治教育依然采取灌输式的教育方式,强制推行一元化价值观,不但效果不佳,而且会引起学生的反感。因此,无论是中国传统的价值观教育,还是建立在单一文化形态与价值权威基础上的灌输式、单向式的教育,都无法解决目前高校青年大学生所存在的价值困惑与问题,更不能对学生多样化的价值取舍做出有效的引导。因此,针对大学生的价值观教育

---

① 王雅.当代中国日常生活伦理建构[M].北京:中国社会科学出版社,2012.

应以社会主义核心价值体系为引导，整合各种价值观念，构建符合时代要求的、科学的大学生价值观念体系，而就业价值观是价值观体系的构成部分。

（一）就业价值观是思想政治教育的重要组成部分

大学生树立正确就业价值观需要思想政治教育的引导，高校应全力探索如何在思想政治教育中加强就业价值观教育，在继承传统实践教育途径的同时，适应时代进步的需要和大学生就业的内在需求，结合就业指导、职业生涯规划等方面内容，使大学生就业价值观教育不断地创新教育理念，完善教育机制。

1. 大学生就业价值观教育融入思想政治教育

在大学生思想政治教育中开展就业价值观教育，对于实现高校人才培养的目标，提高人才培养的整体质量，增强大学生实际就业能力，提升大学生职业素养，从而促进社会经济健康、稳定发展具有极其重要的现实意义和社会功效。

在就业过程中，部分大学生的就业观念存在着一定的偏差，如缺乏职业道德规范、就业目的功利性较强、就业期望过高等。出现这些偏差的原因可能来自社会环境的影响，也可能来自大学生自身的认知偏差，但最根本的原因是在大学生就业过程中，高校对就业价值观教育的重要性认识不足，偏重就业实践的教育效果，未能起到价值观引领作用。比如，高校开设的就业方面的课程主要有"就业指导""大学生职业生涯规划""创新创业教育"等，这些课程侧重实践性，而对思想政治教育中就业价值观的教育及引导力度不足。

2. 大学生就业价值观教育增强思想政治教育的实践性

当前，经济转型、教育改革、多元文化并存等社会因素不断地影响着大学生的人生观、就业价值观、职业理想、职业心理、职业素养等，高校大学生就业价值观教育面临严峻的挑战。作为思想政治教育者，应探索社会转型期思想政治教育的规律，把大学生就业价值观教育作为思想政治教育的重要内容，准确地把握大学生就业阶段的思想观念及动态，使大学生在了解国情、就业政策、就业趋势的前提下展望就业前景，明确自己的择业目标，同时着力提升大学生的就业实践能力，促进他们顺利就业。

学校要将思想政治教育融入大学生的就业过程，实现知识理论与就业实践活动相辅相成，使大学生就业价值观教育突出实践特色，并在一定程度上增强思想政治教育的实践性，凸显理论指导就业实践的本质。

（二）就业价值观有助于践行社会主义核心价值观

党的十八大报告明确指出："倡导富强、民主、文明、和谐，倡导自由、平等、公正、法治，倡导爱国、敬业、诚信、友善，积极培育和践行社会主义核心价值观。"[①] 社会主义核心价值观从国家制度、社会集体、公民个人三个层面阐明了社会主义核心价值体系的重要内容。社会主义核心价值观是我们国家、社会以及全体公民的核心价值理念和价值衡量尺度，它涵盖了社会文化、经济、政治、生态文明等各个层面，是坚定人民理想信念，凝聚社会强大正能量，引领众多社会思潮，激发青年学生活力的风向标。正确认识、理解和把握社会主义核心价值观的基本内容，是全面践行社会主义核心价值观的前提。大学生就业价值观教育是社会主义核心价值观的内在要求，有助于帮助大学生认同和践行社会主义核心价值观。

高校通过思想政治教育载体开展大学生就业价值观教育，既是时代要求，也是现实所需。大学时期是大学生形成自我价值观的关键阶段，通过相关教育培育，使大学生形成正确的就业价值观，有助于促进社会就业，缓解社会矛盾，传播正能量。然而，伴随我国社会的全面转型、改革开放的逐渐深入、社会主要矛盾的转变以及多元文化的冲击，传统价值观与新价值观不断碰撞，加上大学生追新求异的性格特点，使社会上出现了诸多不和谐的现象。把大学生就业价值观教育作为践行社会主义核心价值观的内容融入教育全过程，有助于增强全社会的凝聚力与向心力，有助于提高国家核心竞争力和人才软实力。

（三）就业价值观有助于大学生树立正确的择业观

近几年，国家频频出台相关政策以促进大学生就业，各省市也根据自身具体情况做出相应调整，以确保大学生顺利就业。然而，大学生在择业过程中出现了这样的倾向：工资待遇要高，地域大多选择在大城市或离家近的城

---

① 胡锦涛. 坚定不移沿着中国特色社会主义道路前进为全面建成小康社会而奋斗——在中国共产党第十八次全国代表大会上的报告［M］. 北京：人民出版社，2012：18.

市，工作岗位的劳动强度要低，工作最好是公务员或国有大型企事业单位等，不肯从事基层工作或是环境条件较为艰苦的工作。以上现象反映出的不当就业价值观念，影响着大学生的顺利就业，不利于其成长，也与时代发展不相适应。要树立正确的就业价值观，需要思想政治教育的引领，需要就业价值观教育的引导，需要学校、社会、家庭形成合力，更需要大学生主动地调整和适应。加强大学生就业价值观的引导是时代的要求，也是其自我完善的需要。大学生要实事求是、解放思想、全面发展，在择业就业中增强主动就业意识，不断升华自己，摒弃消极因素的影响，形成勇于奋斗、爱岗敬业的职业素质，使就业不单纯只是找一个工作单位，而是成为让人生充满意义并实现自我的过程。

1. 就业价值观教育有助于提升大学生综合能力素质

市场经济的快速发展，社会职业的不断变化，知识经济的飞速创新，要求大学生具有良好的综合素质。大学生综合素质主要包括文化素质、思想素质、身体素质、审美素质、劳动素质等。大学生就业价值观教育有助于培养大学生的综合素质，使大学生德、智、体、美、劳全面发展。就业价值观教育使大学生在校期间理解和认同积极向上的职业道德和职业奉献精神，在就业前就形成正确的就业观念，在实现社会价值的过程中实现自身价值，在奉献社会、爱岗敬业中体现个人价值。学校要培养大学生对国家的自豪感和对社会的责任感、使命感，使大学生在实现就业的过程中，完成从"小我"到"大我"的转变；让大学生看到，现实生活中有很多人为了国家和人民的幸福，在平凡的岗位上兢兢业业、无私付出，使其在确立职业目标、选择就业途径和实现就业价值时，也会切实考虑到他人、集体、社会和国家的需要。

2. 就业价值观教育有利于培养大学生良好的职业道德

现代社会对人才素质的需求是：拥有创新精神和团队精神、认真踏实的工作态度、扎实的专业技能，尤其要有良好的职业道德。马克思曾说："一个选择了自己所珍视的职业的人，一想到他可能不称职时就会战战兢兢——这种人单是因为他在社会上所居地位是高尚的，他也就会使自己的行为保持高尚。"[1]

---

[1] 马克思，恩格斯. 马克思恩格斯全集（第40卷）[M]. 中共中央马克思恩格斯列宁斯大林著作编译局，译. 北京：人民出版社，1982：6.

高校要培养学生良好的职业道德，应从以下方面加强大学生就业价值观教育。

首先，增强大学生责任意识，促进诚信就业。在市场经济、创新经济背景下，缺乏诚信意识的人在竞争中难以胜出。诚实守信是做人的准则，也是大学生步入社会的通行证。少部分大学生为了能够找到工作，在就业过程中缺乏诚信意识和责任意识，出现"简历注水""证书造假""虚假证明"等不诚信的现象，触发诚信危机。学校要加大教育力度，帮助大学生形成正确的就业价值观，提高大学生的责任意识和诚信品质。培养诚信就业意识，就是使其就业态度端正、就业目的明确，让大学生在纷繁复杂的多元价值下，找到自身价值所在，正确处理好个体与社会、奉献和索取之间的关系，自觉抵御享乐拜金主义、个人主义等不良思想影响，树立高尚的人生理想，增强其社会责任感、使命感，将个人需要与社会价值以及自我价值实现有机结合起来，真正做到一切从实际出发，在就业中实现人生理想。

其次，培养大学生艰苦奋斗、创新创业精神。建设创新型国家需要青年一代的不懈奋斗，在我国，一些大学生毕业即就业，面对社会竞争和新的机遇，也有少部分大学生选择自主创业。高校要通过大学生就业价值观教育，培养大学生艰苦奋斗，承担社会责任的优秀品质，鼓励支持大学生到艰苦地区就业；培养大学生创新精神，鼓励学生创新创业，以创业带动就业。

3. 就业价值观教育是实现大学生高质量就业的客观要求

在追逐效益的市场竞争中，大学生面临着如何选择一份适合自己又能满足自身价值诉求的工作。社会的进步与经济的飞速发展，使就业需求不断更新，给大学生群体的价值观带来了巨大冲击。高校对大学生就业价值观的引导，最有效、最直接的办法就是在大学期间对其进行全面、系统的就业价值观教育，转变其就业观念，使其就业价值观符合时代的发展要求，形成正确的就业价值观念，从而促进大学生就业，提升大学生就业质量，完善其职业生涯。[①]

综上所述，通过大学生就业价值观教育和思想政治教育引导大学生树立正确的就业价值观是时代的要求，更是学生成长成才的内在需要。学校进行

---

① 白杨. 社会转型期我国大学生就业价值观教育研究［D］. 沈阳：沈阳师范大学，2014.

就业价值观教育,让大学生就业不单纯只是就业,而是能使其生活和职业发展充满意义。

第二节 就业价值观文献综述

一、关于就业的文献综述

"00后"大学生成为大学校园的新生群体,较之"90后"大学生有着更加鲜明的时代色彩。其就业价值取向受个人、家庭、高校、国家、社会等各种因素的影响,呈现出择业自主化、就业市场化、择业多元化、职业平等化、职业创新化、就业信息化等新时代特点。研究"00后"大学生就业价值的典型特质已成为就业价值取向研究领域的一个重要议题,其目的是缓解大学生就业压力,引导大学生树立正确的就业价值取向,并且从个人、家庭、高校、国家以及社会各方面提出实施性较强的引导措施。目前,研究大学生就业价值取向的文献颇多,但是研究"00后"大学生就业价值观典型特质的文献较少,下面将从就业、就业观、价值观等维度进行文献综述。

(一) 就业的文献综述

1835年,马克思在《青年选择职业时的考虑》一文中向我们展示了青年在选择职业时所涉及的三个方面的内容。第一,马克思认为人可以在一定程度上自由地选择职业,倡导选择职业的自由是职业内在的生命力。第二,马克思强调要有独立和理性的思考,避免盲从、虚荣心、幻想、冲动和狂热。第三,马克思建议"在选择职业时,我们应该遵循的主要指针是人类的幸福和我们自身的完美。"[①]

1. 就业相关概念

(1) 就业。"就业"狭义上是指具有劳动能力的公民,依法从事某种有

---

① 马克思. 青年在选择职业时的考虑 [J]. 中国供销合作经济,2001 (5):56.

报酬或劳动收入的社会活动。就业的过程从纵向看包含择业、竞业、从业等阶段，择业是指劳动者根据自己的价值观从各种各样的职业岗位中做出选择；竞业是指劳动者根据自己的文化程度和工作能力从诸多竞聘者中胜出，得到工作岗位；从业即指劳动者获得工作岗位后及更长一段时期的履职经历。从就业的概念外延来看，其包含就业和创业两大方面，高校在统计就业的情况时，往往把升学深造也包括在内。无论是就业概念的内涵还是外延，都离不开职业的范畴。职业能力包括择业、竞业、从业能力，同时也包括就业和创新创业能力。[①]

（2）不充分就业。不充分就业，就是指有就业愿望和能力的劳动年龄段的人不能充分得到有报酬的、自由选择的、生产性就业的就业水平。我国在1995年就确定了不充分就业的统计定义。不充分就业又称"就业不足"，是指非个人原因，在调查周内工作时间不到标准工作时间的一半，并愿意从事更多工作的人员。

不充分就业包括数量和质量两个方面。不充分就业不同于失业，它是就业者在劳动过程中没有能够完全发挥其自身能力与技能，劳动力利用不饱满，而不是完全失去工作岗位。不充分就业是人力资本价值没有发挥到极致的一种状态，是人力资本没有得到有效利用的表现。

早在1948年，国际劳动统计会议（IcLs）就开始使用"不充分就业"来定义就业的适当性，并提出了关于不充分就业的三个标准：劳动时间没有满足标准；就业者自身愿意且有能力做更多的工作；就业者没有相应的工作机会。本书中提到的不充分就业不包括大学生未就业的情况。费尔德曼（Feldman）认为，个体从事着兼职、临时或者间断性工作就属于不充分就业，他给出了不充分就业的五个维度：接受过比工作要求更多的正规教育，在自己的专业领域外从事非自愿的工作，拥有比工作要求更高的技能和更丰富的工作经验，非自愿地从事兼职或临时性、间歇性的工作，比曾经从事过的工作或相同岗位上的同事低20%以上的劳动报酬。[②]

（3）充分就业。充分就业是英国经济学家 J. M. 凯恩斯在《就业、利息

[①] 黄卓. 大学生就业困境与对策研究 [D]. 保定：河北大学，2017.

[②] Feldman, D. C. The Nature, Antecedents and Consequences of Underemployment [J]. Journal of Management, 1996, 22 (03): 385–407.

和货币通论》一书中提出的概念。充分就业是指在某一工资水平之下，所有愿意接受工作的人，都获得了就业机会。充分就业并不等于全部就业或者完全就业，而是仍然存在一定的失业，但所有的失业均属于摩擦性的和季节性的，且失业的间隔期很短。通常把失业率等于自然失业率时的就业水平称为充分就业。

凯恩斯提出的达到充分就业的经济主张包括：刺激私人投资，为扩大个人消费创造条件；促进国家投资，通过公共工程、救济金、教育费用、军事费用等公共投资，抵补私人投资的不足；政府通过实行累进税来提高社会消费倾向。

我国高校毕业生的充分就业，从高校毕业生在就业市场中所体现出来的供求关系上来分析，可以将其概念界定为高校大学毕业生的数量与社会岗位需求保持平衡，中国的社会经济发展状况能够较为充分地满足高校毕业生对就业岗位的基本需求。

（4）体面就业。体面就业最早是 1999 年 6 月在第 87 届国际劳工大会上提出来的。体面劳动是使劳动者在生产性劳动过程中，既能够获得各种权利保护，同时也能够获得足够的收入，并且能享受充分的社会保障和足够的工作岗位保障。也就是说，就业要使人产生价值感、荣誉感和获得感，除了获得一定水平的劳动报酬以外，还包括平等的就业机会、安全健康的劳动条件、享受基本的社会保障和获得必要的培训等。杨姗姗（2018）认为，体面就业中"体面"的含义主要是：就业者有权利自主选择与自身能力相匹配或感兴趣的工作，在工作过程中能够有尊严地自愿地工作并享有一切应有的基本权利，而不是被逼迫着劳动；工作中所取得的薪资收入能够与就业者心理的基本预期及社会中的基本工资水平相符合，即收入不仅能满足劳动者的基本生活，还有一定的结余以满足个人的发展及娱乐；就业者应该拥有高质量的生活水平，不仅因为收入合理而提升了自己的生活水平，在工作时间、工作条件及工作环境中的民主权利等方面都应得到更多的保障；在劳动过程中就业者可以更加有效地参与到用人单位与社会的管理，可以更好地保障他们的劳动条件。[①]

---

① 杨姗姗. 从期待到现实：大学生体面就业研究［D］. 湘潭：湖南科技大学，2017.

由此可知，体面就业不止是就业者为自己谋生的一种方式，更是可以用来实现自身价值以获得心灵上的满足，并在生活中为自己赢得尊重、自我满足的一种方式。

（5）平等就业。平等就业权是我国公民的基本权利之一，是《中华人民共和国宪法》上的公民平等权在就业领域的延伸和具体化。根据学界比较一致的观点，平等就业权是劳动关系中劳动权的重要内容，包括就业机会平等和就业待遇平等。平等就业权主要包括三层含义：一是任何公民都平等享有就业的权利和资格，不因民族、种族、性别、年龄、文化、宗教信仰、经济能力等而受到限制；二是在应聘某一职位时，任何公民都需平等地参与竞争，任何人不得享有特权，也不得对任何人给予歧视；三是平等不等于同等，平等是指对于符合要求、符合特殊职位条件的人，应当给予他们平等的机会，而不是不论条件如何都同等对待。

大学生就业平等权，是指在就业的机会、条件以及权利保护等方面，大学生与其他劳动者、大学生与大学生之间都应当享有平等的权利。大学生平等就业权主要包括四个方面：一是获得平等就业机会的权利，即就业机会平等。随着我国经济增速放缓，大学毕业生人数不断增加，就业岗位已经成为我国最稀缺的社会资源之一，获得平等就业机会的权利是平等就业权的核心，没有就业机会平等权，其他各项权利就无从谈起。二是获取平等劳动报酬的权利。大学生平等获取劳动报酬是《中华人民共和国宪法》和《中华人民共和国劳动法》中贯彻"按劳分配原则"和"同工同酬原则"的具体体现。三是获得平等社会保障的权利，就业与社会保障之间存在相互依存的关系，就业是社会保障的基础，社会保障的一个重要内容就是保障每个社会成员及其家庭的基本生活。四是获得平等保护的权利，《中华人民共和国劳动法》《中华人民共和国就业促进法》明确规定劳动者享有平等就业和选择职业的权利，劳动者不因民族、种族、性别、宗教信仰不同而受到歧视。[①]

（二）就业观的文献综述

科学的就业观对大学生的职业选择和人生发展有着十分重要的影响。傅

---

① 李冲. 我国大学生平等就业法律保护研究［D］. 合肥：安徽大学，2016.

新华、阳琴（2009）提出，就业观是指大学生在选择某一职业时的一种观念、态度、认识及心态。是个人对就业的一种反应性倾向，它是由认知、情感和行为倾向三个因素组成的。① 潘文庆（2014）指出，大学生的就业观念是大学生在就业的过程中，所表现出来的关于包括就业动机、就业方向、就业期望、就业途径、就业方式等多方面的心态、想法、行为的价值取向。② 韦颖（2017）提出，大学生的就业观可以分为就业行为倾向和职业价值倾向两个一级指标。其中，以就业行为倾向为一级指标所下设的二级指标包括就业环境、职业声誉、报酬、安全性及其所带来的生活方式等五个方面，反映了大学生对就业的价值期待和职业外在价值因素的认知和衡量。以职业价值倾向为一级指标下设的二级指标被认为是能够影响大学生个体终极就业方向及目标的因素，是个体对特定人生价值在就业方面的最终体现。③ 周泽仪（2020）认为，大学生的就业观念是指大学生在就业过程中所表现出来的，能够反映其就业心态，并且能够直接影响其就业结果的一种价值取向。④

关于树立正确的就业观，不少学者提出引导策略。高慎波（2015）提出，大学生在就业过程中，要根据自身实际情况，不断对自我进行调适、调整，以树立正确的就业观，更好地实现就业。具体方法为"一降、二升、三适应"。一降，即降低就业期望值。大学生要及时调整就业目标和就业期望，根据实际情况降低就业期望值，拓宽就业渠道，扩大就业范围，树立大众化就业观。二升，即提升自身综合素质。一方面要夯实专业知识，提升专业技能，注重将专业知识转化为实践能力，强化岗位适应能力；另一方面要全面增强自身就业能力，要积极参加社会实践活动，努力培养人际交往能力、团队协作能力、实践动手能力等。要把握求职技巧，在简历制作、面试准备、见习实习等方面多下功夫。另外，要及时进行就业咨询，积极接受相关就业指导，解决就业过程中遇到的各类问题。三适应，即适应严峻的就业形势。面对日益严峻的就业形势，大学生要强化竞争意识，克服"等靠怕"的就业

---

① 傅新华，阳琴. 大学生就业观念研究 [J]. 教育探索, 2009 (07): 147 - 148.
② 潘文庆. 就业价值观对大学生就业质量的影响研究 [J]. 广东社会科学, 2014 (04): 40 - 46.
③ 韦颖. 普通高校毕业生就业意向测评的建构与实证研究——以云南省六所普通高校为对象 [J]. 高等教育研究, 2017 (02): 65 - 70.
④ 周泽仪. 大学生就业观的研究综述 [J]. 劳动保障世界, 2020 (09): 23 - 24.

观念，做好充足的就业准备，无论就业成败，都要自信乐观、越挫越勇，一如既往地以饱满的热情和良好的心态来完成就业。同时，根据形势，要适时调整自我的就业目标，确立职业理想，树立正确的就业、择业观念，在严峻的就业形势下实现自我长远发展。①

二、关于价值观的文献综述

（一）价值观的文献综述

价值观的内涵性理解是人对价值现象、价值问题、价值行动的基本看法和基本态度，或者说是人对价值基本问题、根本看法在其观念层面的反映，抑或说价值观是人的价值态度、价值判断、价值选择、价值行动以及价值评价等基本性的内在依据。价值观是人内在思维结构的核心部分，其最根本的表现在于，人是在价值观的导引下去采取行动以维持自己的生物生命和精神生命。价值观对"知、情、意、行"进行整合，具有强烈的人格色彩；同时，价值观不仅是把"价值"作为一种对象去认识，而且也作为一种人应该追求的意义来理解。价值观立足现实，指向未来，且根本上是基于对未来的规划。

李景春（2000）认为，价值观是为社会成员所共有的，用以评价其现实生活中各种事物的根本观点，在一个社会的文化体系中处于最高层次，具有较强的稳定性。赵晓飞（2017）认为，价值观是一个人在特定的时间、地点、环境下对生活中具体事物的评价与根本看法。人的价值观会受到自然环境、社会环境、物质生活等因素的影响，所以处于相同环境及生活条件的人产生的价值观念会很相似。个人价值观是随着生活经验的积累和社会知识的增长而逐步形成和确立起来的，通过社会化培养起来的价值观念是后天形成的。个体价值观一旦确立起来，就具有相对稳定性和持久性，其行为定式和价值取向是不容易改变的。但由于所处环境和周围人的不断变化，个体所接触群体的价值观念不同，其旧有价值观不断受到新价值观念的冲击，致使人

---

① 高慎波. 当代大学生就业观问题及引导策略研究［J］. 中国大学生就业，2015（20）：39 - 43.

体价值观不断更改。价值观念的变化是社会改革的前提也是必然结果。价值观对人们认识世界和改造世界具有导向作用，其正确与否对社会的发展具有重大影响。① 兰久富（1999）将价值观的含义描述为："价值观念的对象不是客观事物本身，而是事物对人的意义和价值；价值观念不是对事物的真理性把握，而是对事物的价值性把握；价值观念的认知方式不是反映，而是理解和解释；价值观念包含着人的全部内容，价值观念就是人性的最好表现方式。"② 崔振成（2011）认为，除了上述对价值观"外显性"理解模式的描述外，价值观还具有内在性组成部分，即意识、意义和精神，价值观是"外显性"与"内在性"在人的观念层面的集中与整合。③

价值观是用一种理性和观念的形式对感性冲动和本能欲望进行有意识地节制和驾驭，让人的行动基于一定的价值认识和价值判断。也就是说，价值观是对"价值"的理性思考，并通过经验性或者理论性的形式内化到观念的层面，形成一种具有相对稳定性和规范性的价值观念。赖尔曾说："人有一个心灵也即在他内心有两个真的而非潜在的导师，这就是理性和良心。有时良心被看作是以平静语调说话的理性。"④ 这个"理性"和"良心"，就是价值观内在"心灵化"的存在形式。

康德将人的本质分为三个部分，即动物性、人性和人格。依据这种三分法，价值观既有"人性"的一面，也有"人格"的一面，是二者的交融。"人性"是高于动物性这一"前理性"层次的较高一级的层次，它不单独与道德关涉，而是受人类历史文化和传统精神影响的社会性品质在人的本质深处的投射和反映，也是人类对自我幸福进行设想和规划的一种理性能力。价值观无疑是人类文化和社会活动作用的结果，并终极指向自我幸福的设计，因此，它可以归属于"人性"的范畴。"人格"是一种理性自觉的能力，是与道德法则、道德品性以及伦理规范等相关联的情感理性、价值理性等能力的复合体，是我们在道德上对自己的行动承担责任的能力基础，是人的本质中更为高级的层次。价值观在本体上涉及对"真善美"的无限趋近和诉求，

---

① 赵晓飞. 从多元价值观探当代婚嫁服饰设计［D］. 淮北：淮北师范大学，2017.
② 兰久富. 社会转型时期的价值观念［M］. 北京：北京师范大学出版社，1999：64.
③ 崔振成. 现代性社会与价值观教育［D］. 长春：东北师范大学，2011.
④ ［英］赖尔. 心的概念［M］. 刘建荣，译. 上海：上海译文出版社，1988：330.

更多的是道德和伦理关联性的,在这个意义上它完全可以划归到"人格"的范畴。总之,无论是从"人性"本质上还是从"人格"本质上,价值观都能找到归属和证明,它是人的本质规定性存在形式之一。马克思曾经说过:"动物和自己的生命活动是直接同一的,而人则使自己的生命活动本身变成自己意志和自己意识的对象。"① 在这个意义上,对价值观的反思性品格就是对人自己的打量和检视。

价值观具有属人性,但不是纯粹主观性的,不是封闭的和自足的。价值观归属于一定的社会历史文化,因此,我们对价值观的研究要兼顾到当下和未来。人的价值观应当是超越性存在的,人之为人便在于对自我的不断设计、不断超越、不断从"现实我"走向"理想我",实现价值观不断地、无限地趋向真善美的高尚境界。

综上所述,价值观是外显性与内隐性的统一,是规范性与伦理性的统一,是属人性与文化性的统一,是社会性与个体性的统一,也是当下性与未来性的统一。价值观不仅是个体行动的内在动力和力量持久的支撑,也是形塑个体存在风格与气质的内在性元素。

(二)就业价值观的文献综述

关于就业价值观,很多学者基于心理学、经济学和管理学的理论方法对此展开了深入研究。20世纪60年代,舒伯(Donald E. Super)从内在价值、外在工作价值和外在报酬三个方面对就业价值观进行了完整阐述,形成了最早的就业价值观结构理论,对后来的研究产生了巨大影响。② 佛隆(Victor·H·Vroom)根据经济学理性人的假设,提出了择业动机理论,从理论上分析了就业价值观影响择业的具体机制。③ 同时,乔治·霍曼斯(George C. Homans)等借鉴管理学和经济学相关理论,提出了社会交换理论,阐述了就业成功的本质,丰富了就业价值观的理论研究。④

---

① 马克思,恩格斯. 马克思恩格斯选集(第1卷)[M]. 中共中央马克思恩格斯列宁斯大林著作编译局,译. 北京:人民出版社,1995:46.
② 尹兆华. 职业生涯规划与就业指导课程建设探索和实践[J]. 中国大学教学,2019(07):88-92.
③ 宋剑祥. 职业性向理论对大学生择业就业的启示研究[J]. 中国大学生就业,2013(12):51-55.
④ 潘文庆. 就业价值观对大学生就业质量的影响研究[J]. 广东社会科学,2014(04):40-46.

具体到大学生就业价值观研究方面，龚惠香等（1999）通过调研和动态分析后得出结论：自我实现因素正在慢慢超越经济收入因素，成为大学生就业选择时的第一考量因素。[①] 余新丽、费毓芳（2006）的研究更进一步地发现，大学生就业考虑的最重要因素分别是：能发挥自己的才能、机会均等和公平竞争、单位在大城市、提供福利待遇，这说明毕业生就业价值观的多元化。[②] 闵维方、丁小浩等（2006）基于对就业质量的影响程度给大学生就业价值观的影响因素排序如下：发展前景、个人才能发挥、经济收入和薪酬福利、符合兴趣爱好、单位性质、工作稳定性、单位规模、工作环境、易获得的权利和社会资源、可兼顾亲友关系。[③] 韩丽勃等（2009）研究发现，择业指标中大学生最看重的是企业地域、性质和规模，其次才是企业福利、待遇和是否专业对口。[④] 许涛（2019）从"个人—国家—家庭"三维需求侧导向出发，探析了新时代大学生就业价值的时代变化及引导策略，并得出结论：基于个体自我本位的就业价值成为大学生就业的第一价值考量；基于国家发展战略的精准需求匹配成为大学生充分、优质择业的主导性价值；基于家庭职业期许的就业价值成为大学生代际传承和心灵回归的新坐标。[⑤]

以上研究表明，大学生就业价值观出现了新的变化，薪酬福利、社会声望都不再是大学生就业时考虑的唯一指标，就业地点、生活方式、个人发展、人际环境、国家发展战略、家庭职业期许等新的择业因素对大学生就业价值观的影响越来越重要。大学生就业价值观呈显著的多元化特点，主要表现在：注重追求自我价值的实现、看重物质利益、就业意向的城市化趋向加重、社会奉献意识淡化、创新创业精神与竞争意识不强。但总的来看，关于大学生就业价值观的研究基本都停留在定性阶段，缺乏相应的理论

---

① 龚惠香，汪益民，袁加勇，等．大学生职业价值观的演变趋势——对两次问卷调查结果的比较分析［J］．青年研究，1999（07）：21-25+30.

② 余新丽，费毓芳．论当代大学生职业价值观——来自上海交通大学的调查［J］．中国青年政治学院学报，2006（03）：13-17.

③ 闵维方，丁小浩，文东茅，等．2005年高校毕业生就业状况的调查分析［J］．高等教育研究，2006（01）：31-38.

④ 韩丽勃，刘业政，赵勇．基于模糊AHP的大学生就业满意度研究［J］．职业时空，2009，5（12）：169-170.

⑤ 许涛．基于个人—国家—家庭三维需求侧的新时代大学生就业价值观引导［J］．教育与职业，2019（18）：62-67.

分析和定量研究。①

就业价值观不是先天固有的,而是一个社会的、历史的范畴,它是一定历史条件下的产物,是伴随着我国社会政治、经济、文化的发展,特别是我国大学生就业制度的变革而不断变化的。正如马克思在《共产党宣言》中所言:"人们的观念、观点和概念,一句话,人们的意识,随着人们的生活条件、人们的社会关系、人们的社会存在的改变而改变。"②

就业价值观体现在就业过程的始终,属于价值观范畴。就业价值观的形成是一个长期的过程,是主观因素与客观因素在人的成长过程中互相影响,从而形成的关于就业的价值观念。

国内学者对于就业价值观有不同看法。湛俊三(2007)认为:"就业价值观是大学生在其自身发展过程中,在社会需要与客观事物所能满足这种需要的关系之间产生一种关于职业与就业行为的观念,也就是大学生对就业的现实生活中的各种事物和现象进行评价、决定取舍的思想观念。"③ 宇业力(2013)认为:"就业价值观就是关于人的就业实践对于社会、集体和个人所具有的意义或效应的基本观点和根本看法,是人们在就业实践活动中形成的关于就业价值目标、就业价值追求、就业价值取向、就业价值理想等就业行为的根本观念。"④ 周四平(2008)认为:"就业价值观就是人们对就业目的和意义的根本态度和看法。"⑤ 王苑(2006)认为:"就业价值观教育以职业生涯规划教育为主线,在此过程中贯穿社会主义价值观教育、职业道德教育、诚信教育。把思想政治教育与就业教育融为一体,让学生认识到个体价值的实现离不开社会环境的约束,同时个体价值是社会价值的一部分,没有国家和社会的发展就没有个体的发展。"⑥

---

① 潘文庆. 就业价值观对大学生就业质量的影响研究 [J]. 广东社会科学, 2014 (04): 40 - 46.
② 马克思, 恩格斯. 马克思恩格斯选集(第1卷)[M]. 中共中央马克思恩格斯列宁斯大林著作编译局, 译. 北京: 人民出版社, 1995: 291.
③ 湛俊三. 当代大学生就业价值观问题研究 [J]. 科教文汇(中旬刊), 2007 (01): 4 - 5.
④ 宇业力. 社会转型期就业价值观的嬗变与重塑 [J]. 前沿, 2013 (01): 66 - 70.
⑤ 周四平. 当今大学生的就业价值观及成因分析 [J]. 企业科技与发展, 2008 (04): 98 - 99.
⑥ 王苑. 大学生职业价值观及就业能力与就业绩效的关系研究 [D]. 杭州: 浙江大学, 2006.

(三) 就业价值取向的文献综述

《价值学大词典》将"价值取向"定义为主体在价值选择和决策过程中的一定倾向性。国内学者对大学生就业价值取向的理论探索和实践应用有较为丰富的成果。赵钰良（2017）认为，价值取向是价值观的内化，体现了个体对价值的追求、评价、选择和认同，反映了个体对待自我价值和社会价值的人生态度。就业价值取向具有价值取向的特点，带有明显的行为导向性，是就业者进行行为选择的价值基础。就业价值取向是就业概念与价值取向概念的结合，是就业的目的、动机、态度和方向。赵钰良将就业价值取向界定为个体在就业过程中体现的对自我需求的认识，对职业的观点和看法，进行职业定位和选择的倾向性。① 肖亚鑫、张立生（2019）认为，大学生的就业价值取向是青年大学生在择业就业过程中对自身与职业的认知和态度，进而促使其做出选择，指导着个体的求职行为。大学生就业价值取向，从狭义上讲，包括毕业去向选择（就业、升学、出国或创业）、行业选择、单位性质选择、工作地域选择、薪酬待遇选择、工作环境选择、工作的稳定性选择及个人发展空间选择等，即"选择什么职业"；从广义上讲，还涵盖对自身的认知和对职业的评价，包括自我认知评估、知识能力、兴趣性格、就业意识、职业规划、就业心态、求职准备、对职业的评价定位（如行业前景、就业成本、择业渠道）等，即"怎么选职业"。②

随着高校迎来"00后"大学生，他们已逐渐代替"90后"成为当前高校的主流群体。相对"60后""70后""80后""90后"，他们表现出了新的特质和禀赋。

首先，"60后"的大学生大多属于高考制度恢复后开始招收的学生，他们出生于中国计划经济时期，当时的经济落后、物质匮乏，他们挨过饿，体会过物资缺乏的痛苦，所以他们大多具有艰苦奋斗、勤俭持家的精神，拥有英雄主义情怀。③ 他们是充满理想的一代，他们有共产主义的理想和信念，

---

① 赵钰良. 当代大学生就业价值取向及教育对策研究［D］. 哈尔滨：哈尔滨理工大学，2017.
② 肖亚鑫，张立生. "95后"大学生就业价值取向变化特点及引导研究［J］. 山西大同大学学报（社会科学版），2019，33（04）：99-102.
③ 姜书振. "60后"大学生与"90后"大学生思想行为特征的比较分析［D］. 成都：西华大学，2012.

而且认为共产主义理想是人类最崇高的理想。"60后"大学生在择业时更看重社会声誉和干部身份，而且"60后"大学生的就业模式是国家"统包统分制"，大学生几乎没有自己的职业规划。受当时政策的影响，他们由学校按照国家分配计划直接派遣到工作单位，有些大学生在工作单位一干就是一辈子，其就业价值取向以国家利益为中心，完全服从国家分配。

"70后"大学生出生于改革开放之前，同"60后"的生活条件、社会环境差不多，资源相对匮乏，大学生的就业单位仍然由国家分配，就业竞争不大。"70后"大学生的自主意识相对较弱，他们在专业选择、职业规划等方面，大多以父母的意志为准。①

"80后"的成长环境与六七十年代出生的人有着巨大的差异，他们是在充裕的物质条件下伴随着互联网长大的一代人，且"80后"大学生中独生子女居多，他们从小到大一直被多个长辈呵护宠溺。"80后"大学生从小受到的教育是以应试教育为主，忽视对个人生涯的规划，在入学时又面临着大学扩招，他们经受着希望与现实的巨大落差。由于很多人缺乏职业理想和职业规划，在找工作时容易陷入迷茫。

从1985年开始，大学生就业由市场宏观调控，国家不再负责分配工作，变为"双向选择，自主择业"的就业模式，使大学生的就业价值取向出现重视个人价值实现的倾向。根据调查显示，"80后"大学生不仅希望有好的工作前景及个人发展空间，也重视薪酬待遇和工作环境等因素。"80后"大学生敢于打破"铁饭碗"，选择非公有制企业的比例较高，而选择传统稳定行业的比例中等，自由职业、自主创业的比例较低。②

房栋（2017）认为，"90后"大学生务实与功利并存。大多数人在选择职业时，比较看重经济待遇是否优厚、是否利于自我实现、工作是否舒适等因素。关于职业选择的标准，"90后"被调查者中56.2%的人选择了"收入发展好"；其次是"兴趣"，占32.8%；"工作稳定"占30%；"对社会贡献大、人际关系好"，占21.1%；"专业对口"占20.1%；"工作轻松"占19.8%。综合学者的研究分析，"90后"大学生相对前几代大学生，在择业

---

① 朱新洲，蒋琛. "70、80、90后"大学生的心理特征变化分析 [J]. 中国校外教育（上旬刊），2014（zl）：42-42.

② 赵钰良. 当代大学生就业价值取向及教育对策研究 [D]. 哈尔滨：哈尔滨理工大学，2017.

时逐步趋于理性，更加务实。总之，"90后"大学毕业生的就业价值取向可以归纳为以下几个特点：第一，就业态度务实乐观；第二，强调个人经济利益；第三，积极参与创新创业；第四，追求个人价值实现；第五，关心工作区域环境。①

"00后"与"90后"大学生在经济与物质环境方面的差异相对明显，"00后"的青少年时期成长于中国经济高速发展时期，其所处的环境更为优越，所享受到的经济红利更为明显。相较于"90后"；"00后"大学生的物质欲求明显下降，但人生追求呈现多样化，存在更为明显的孤独感和人生方向的不确定感，但他们总体上具有较强的独立意识，勇于创新，敢于挑战权威。"00后"所处时代的社会竞争加剧，所以"00后"大学生们的竞争意识更强烈，性格上的过度独立和强烈的竞争欲望可能对择业带来不利影响。由于"00后"大学生成长所处的时代文化更为多元，其受外界环境的影响明显，在价值观念上表现得更加多元化，不再表现出普遍的物质化特点。

唐艺军、苏旭（2016）认为，"近00大学生"的就业价值取向及其变化特点有以下几点：①择业自主化，由就业到创业；②择业市场化，由对口到非对口；③择业多元化，不再局限于"铁饭碗"；④职业平等化，职业无尊卑；⑤职业创新化，敏锐捕捉新职业；⑥就业信息化，就业渠道网络化。②

章晓、江玉岚（2014）认为，近年来，大学毕业生就业地域选择的意向明显呈现出城市化趋势，大多数毕业生都选择留在市级以上的城市。大学生"考研热"也愈演愈烈，成为大学生就业价值取向的一种趋势。大学生的就业价值目标有所变化，主要以个人发展为择业标准，注重选择为自身带来实际财富的工作；多考虑眼前情况而忽略长远发展前景，存在功利主义择业价值取向；崇尚个性自由，对职业的选择多是出于兴趣爱好。③ 综上所述，大学生就业价值取向总体趋向功利化、自主化、多元化与市场化。④

---

① 房栋. 大学生就业价值取向变化与引领研究［D］. 长春：东北师范大学，2017.
② 唐艺军，苏旭."近00大学生"就业价值取向变化特点及引导研究［J］. 科教导刊（中旬刊），2016（12）：180-181.
③ 章晓，江玉岚. 新时期大学生就业价值取向探析——基于80后和90后大学生的比较分析［J］. 黑龙江教育（高教研究与评估版），2014（10）：86-89.
④ 敖敦. 大学生就业价值取向的变化特点及引导机制研究［J］. 内蒙古教育，2018（06）：70-71.

第三节 就业相关理论及研究量表

一、就业职业相关理论

随着职业心理学的兴起、发展并不断深入，职业价值观研究在20世纪五六十年代已成为西方国家理论研究的几大热门课题之一。西方理论界关于职业价值观的研究，大致形成了职业选择理论、职业发展理论、职业发展的自我概念理论、职业选择符合个体需要理论等代表性的职业理论。对个体就业、择业、职业发展的研究还包括择业动机理论、理性选择理论、社会交换理论、职业匹配理论、生涯发展理论等。

国外关于职业选择的理论主要有威廉姆逊的特性—因素理论、霍兰德的人格类型理论、罗恩的需要理论、金兹伯格的发展理论、戈萨德的社会学理论、克伦保茨的行为理论等，这些理论都强调了个体职业心理和职业选择的某个方面。[①]

西方最早于19世纪末20世纪初就开始了职业发展的实践活动，并逐渐形成了相应的职业发展理论体系。职业发展理论主要产生和发展于美国，在职业咨询、帮助人们选择合适的职业方向等方面起到了重要作用。职业发展理论分为两大类，一类是结构型的职业发展理论，另一类是发展型的职业发展理论。美国著名职业指导专家金兹伯格（Eli Ginzberg）是职业生涯发展理论的先驱者和典型的代表人物，该理论关注个体从童年到青少年阶段的职业心理发展过程，并将职业生涯的发展分为幻想期、尝试期和现实期三个阶段。

职业发展的自我概念理论。舒伯是职业发展自我概念理论的代表人物，在该理论中他强调职业选择以及发展是一个前进中的动态过程。他在实证研究的基础上把职业价值观分为三类，即内在价值、外在价值和外在报酬，又

---

① 张进辅. 现代青年心理学 [M]. 重庆：重庆出版社，2002：383 – 385.

将三类细分为多个维度,如工作环境、安全感、同事关系、与上司关系、利他主义、创造性、美感、成就感、智力激发、独立性、管理权力、声望、经济报酬、生活方式、变异性等。在这个动态的过程中,个体担任某种职业角色,进行职业探索,使自我概念也得到了发展。自我概念在个体童年和青少年时期开始产生,个体通常通过体验各种角色的扮演或经历来增进对自我的观察了解。当自我概念产生较大分化时,其中的一个特殊方面即职业自我概念也就成为青少年职业选择的关键因素。舒伯认为,人们在从事社会上的各种职业时所形成的生活方式往往有三方面的需求,即满足各种劳动活动的需求、社会人际关系的需求和生活上的需求。个体为达到充分满足这三方面需求的目的,于是形成了自己的职业价值观。

职业选择符合个体需要理论。这一理论综合了众多西方职业理论,其代表人物是霍波克(Hoppock)。该理论主要认为职业选择的根据在于个体的需要,这种需要与个体有切身的关系,不论个体对自己的需要是否了解,均将影响其职业选择。当个体第一次认识到一种职业适合本人需要时,选择即已经开始,但个体预期某项职业未来将如何适合其需要以及适合至何种程度,则有赖于个体对自我的了解、对职业的了解及清晰思考的能力。所以,职业选择依赖于个体的预期能力,相关职业资料能帮助个体明白自己的需要,预测其在职业选择上的成败,帮助个体对职业进行比较,以决定选择从事某项工作,并预期个体需要能够被满足至何种程度。工作满足的程度由个人能力与期望来决定。个体在工作上所感觉的满足,一是能适合需要,二是确信将来可以适合需要。职业选择具有可变性,当个体相信另一种职业更能适合其需要时,则会改变选择。

下面,本小节将介绍关于个体就业、择业和职业发展的理论研究。

(一) 择业动机理论

择业动机理论通过研究个体在就业中的心理和行为,提出个体的择业动机取决于择业观念,而择业动机的强度与就业价值及期望值成正比,即择业动机强度 = 就业价值 × 期望值。择业动机理论认为就业者在就业过程中,首先根据自身的择业观念,对不同职业进行比较,评估各种职业的就业价值和期望值,以确定各种择业动机的强弱,最后选择择业动机最强的职业实现就业。

美国心理学家佛隆通过对个体择业行为的研究认为，个体行为动机的强度取决于效价（效价是指某项工作或一个目标对于满足个人需求的价值）的大小和期望值的高低，动机强度与效价及期望值成正比。1964年，佛隆在《工作和激励》一书中提出了解释员工行为激发程度的期望理论，其理论公式为：$F = V \cdot E$。

其中，"F"为动机强度，是指积极性的激发程度，表明个体为达到一定目标而努力的程度。"V"为效价，是指个体对一定目标重要性的主观评价。"E"为期望值，是指个体对实现目标可能性大小的评估，也即目标实现概率。

员工个体行为动机的强度取决于效价大小和期望值的高低。效价越大，期望值越高，员工行为动机越强烈，也就是说，为达到一定目标员工愿意付出极大努力。如果效价为零乃至负值，表明目标实现对个体毫无意义。在这种情况下，目标实现的可能性再大，个体也不会产生追逐目标的动机，不会为此付出任何积极性和努力。如果目标实现的概率为零，那么无论目标实现的意义多么重大，个体同样不会产生追求目标的动机。

1. 佛隆的择业动机理论

佛隆将这一期望理论用来解释个体的职业选择行为，具体化为择业动机理论。该理论用于指导个体如何进行职业选择，可分为两个步骤。

第一步，确定择业动机。

用公式表示：择业动机 = 职业效价 × 职业概率。

公式中，择业动机是指择业者对目标职业的追求程度，或者对某项职业选择意向的强烈程度。

（1）职业效价是指择业者对某项职业价值的评价，取决于以下几方面。

①择业者的职业价值观。

②择业者对某项具体职业的要求与期待，如兴趣、劳动条件、工资、职业声望等的评估。即：职业效价 = 职业价值观 × 职业要素评估。

（2）职业概率是指择业者获得某项职业可能性的大小，通常取决于四个条件。

①某项职业的需求量。在其他条件一定的情况下，职业概率同职业需求

量呈正相关。

②择业者的竞争能力，即择业者自身工作能力和求职就业能力，竞争力越强，获得职业的可能性越大。

③竞争系数，指谋求同一种职业的劳动者人数的多少。在其他条件一定的情况下，竞争系数越大，职业概率越小。

④其他随机因素。

因此，职业概率＝职业需求量×竞争能力×竞争系数×随机性。

择业动机公式表明，对择业者来讲，某项职业的效价越高，获取该项职业的可能性越大，择业者选择该项职业的意向或者倾向性就越大；反之，某项职业对择业者而言效价越低，获得此项职业的可能性越小，择业者选择这项职业的倾向性也就越小。

第二步，比较择业动机，确定选择的职业。

择业者对几种目标职业进行价值评估并评价获得该项职业的可能性，最后对几种择业动机进行横向比较。择业动机是对职业的全面评估，一般多以择业动机分值高的职业作为自己的选择结果。

为加深对择业动机理论的理解，在此假设一个择业案例。在一名择业者面前，有 A 与 B 两种职业，他对两种职业的效价和职业概率做了可能性评估，究竟选择哪个职业呢？对于择业者来说，B 职业的效价为 60，A 职业的效价为 50，获取 A 职业的可能性大（职业概率为 0.8），而欲谋取 B 项职业的难度大，需要付出较艰辛的努力（职业概率为 0.5）。经过公式计算，可得出：

A 职业：择业动机＝效价（A）×职业概率（A），即 $50 \times 0.8 = 40$；

B 职业：择业动机＝效价（B）×职业概率（B），即 $60 \times 0.5 = 30$。

经过权衡，选择 A 职业的择业动机（40）大于选择 B 职业的择业动机（30），于是择业者更倾向于选择职业 A。

2. 择业动机理论的理论意义

佛隆的择业动机理论可以帮助求职者权衡各种动机的轻重缓急，反复比较利弊得失，评定其社会价值；帮助求职者确定主导性择业动机，使之引导择业行为，实现顺利就业，而这正是就业指导、职业咨询及职业引导教育的重要内容。

在实际生活中，择业动机与职业目标往往会发生冲突。由于职业需要是多种多样的，并且处在不断地发展和变化过程中，因此，在同一阶段内往往存在几种不同的择业动机，甚至是彼此冲突的动机，构成择业动机体系。在这个体系中，那种最强烈、最稳定的择业动机被称为"优势择业动机"或"主导择业动机"，一个人准备、选择与确定职业的过程都是由主导择业动机所支配的。

择业动机对个体择业行为概括地说有三种功能：一是始发功能，它能引发一个人产生某种择业行为。二是指向与选择功能，它使人的择业行为沿着特定的方向发展。三是强化和保持功能，良好的择业行为结果会使动机得到加强，不好的择业行为结果会使这种行为动机受到削弱以至不再出现。择业动机对择业行为的作用程度取决于动机的强度，但并不是动机越强烈择业行为效果就越好。

各种择业动机之间存在着一定的矛盾。在职业定向过程中，是选择待遇高的职业，还是选择最能发挥自己特长的职业，只有通过择业动机之间的权衡才能由倾向性过渡到实际选择行为。

择业动机和职业目标是两个既有区别又有联系的概念。职业目标是由择业动机产生的，在有些情况下二者是一致的，可能是共同奋斗的职业目标。但在更多情况下，择业动机和职业目标是不一致的。同一择业动机，可以做出多种职业选择。在择业行为之前有职业目标吸引，在择业行为背后又有动机驱策，因而能极大地推动择业行为。

多种职业目标之间也常常存在着冲突和困扰。比如，当个体面临两个具有相同吸引力的职业目标而只能选择一个，又不知如何选择时，就会产生困扰。如果不及时解决职业目标冲突，往往会导致个体心理冲突和决策困难，正确选择合适的职业目标才能解决困扰。

对职业进行选择或多或少会引起求职者的心理冲突。解决求职者职业目标冲突，首先要以正确的择业动机为基础，择业动机冲突常常是使人在不同职业目标之间游离的重要原因。其次，要帮助求职者面对现实权衡利弊，分析自身的知识体系、能力水平、身体健康素质、目标的重要性以及其他主客观因素，不能好高骛远，要从实际出发考虑自己的职业理想和职业目标是否与个人实际情况相符。

佛隆研究择业动机理论发现，动机水平过低，主体就得不到足够的能量和动力去从事应该进行的活动。当动机水平过高，由于主体处于高度紧张状态，正常的认识和思维可能受到干扰，进而使行为效果受到影响。只有保持中等的动机水平，行为的有效性才最高。在这种情况下，主体既得到了足够的行为动力，又能保持冷静和灵活的思维，使行为效果达到最佳。心理学家们研究发现，动机水平和行为效果的关系与活动的复杂程度有关。简单的活动常因动机水平的增强而提高行为效果，复杂的活动则随动机水平的增强而降低行为效果。个体择业动机的强度除了受个体职业需要的强度和动机性质影响外，还受行为目标的影响。动机引导行为指向目标，随着目标的实现，这种动机的强度就会不断减弱，其他动机则不断加强，并逐渐成为影响个体行为的主导动机。

不同的择业动机有各自不同的职业标准。职业需要的不同，择业动机的不同，使个体的职业选择也不同。选择生理性职业需要的求职者，其择业动机主要是获得满足生理需要的物质，在职业选择上必然把待遇的高低作为选择职业的标准。生理需要一旦满足，择业动机则会发生变化，随之而来的就是职业的再选择。若具有实现自我价值的动机，求职者往往会选择那些最能实现自己价值的社会性职业，找到最能发挥自己才能的岗位。

择业动机还决定着个体实现职业目标的方式和途径。选择什么方式和途径去实现自己的职业目标，是由择业动机的性质决定的。为实现个体职业目标，要对各种可能的方法途径进行比较，既要考虑主观必要性，又要考虑客观可能性；既要考虑达到最好效应的有效原则、个人意愿，又要符合社会道德、法律规范，有计划地实现职业理想和目标。

（二）理性选择理论

1. "理性"理论提出

要弄清"理性选择"，首先要对"理性"这个概念作一番阐释。在社会科学中，几乎所有的理论都隐含着对社会行动者是理性的还是非理性的预设。亚历山大（Alexander, J. G.）指出，有关个体行为的理性和非理性二分法涉及的主要内容有：人到底是自私（理性）的还是唯意志主义（非理性）的；人对待世界的态度到底是纯粹工具性（理性）的还是规范和道德（非理性）

的；人到底是根据效用最大化行动（理性）还是被感情和无意识的欲望所支配（非理性）。不同学科或同一学科不同理论的分野主要源于对行为的不同假设。格雷鲁维特（Granovetter，M.）认为经济学与社会学最大的差别在于，经济学强调个体为何作出选择，社会学侧重于解释个体为什么不作出选择。

"理性"一词在西方哲学语境中有着丰富多变的含义，从古希腊的毕达哥拉斯、斯多葛学派、柏拉图到尼采、康德、黑格尔等都对"理性"有深刻而不同的洞见，可以说是众说纷纭，莫衷一是。这里所探讨的理性选择理论中的"理性"主要是指社会科学意义上的，是解释个体有目的的行动与其可能达到的结果之间的联系的工具性理性。理性选择范式的基本理论假设包括：第一，个体是自身最大利益的追求者；第二，在特定情境中有不同的行为策略可供选择；第三，人在理智上相信不同的选择会导致不同的结果；第四，人在主观上对不同的选择结果有不同的偏好排列。该范式的理论假设可以简单概括为理性人的目标最优化或效用最大化，即理性行动者趋向于采取最优策略，以最小代价取得最大收益。

在社会学理论中，马克斯·韦伯（Max Weber）[①] 代表的理解社会学[②]与埃米尔·杜尔凯姆[③]代表的实证社会学是两大主要流派，体现在方法论上则为方法论个体主义与方法论整体主义。

韦伯将社会学定义为："社会学是指这样一门学科，即它以解释的方式来理解社会行动。据此，通过社会行动的过程及其结果，对社会行动作出因果解释。"韦伯把社会学的研究对象集中到人的行动上面，而且区分了四种社会行动的理想类型。

[①] 马克斯·韦伯（Max Weber），德国著名社会学家、政治学家、经济学家、哲学家，是现代一位最具生命力和影响力的思想家。韦伯曾于海德堡大学求学，在柏林大学开始教职生涯，并陆续于维也纳大学、慕尼黑大学等大学任教。

[②] 邓伟志. 社会学辞典 [M]. 上海：上海辞书出版社，2009：61.

理解社会学亦称"领悟社会学"，是西方社会学理论，产生于20世纪初，导源于德国狄尔泰，为M·韦伯所系统阐发。该理论认为社会学是一种"理解社会行为"的科学，它以人的社会活动的意义和目的为研究对象。理解是说明社会事实的因果关系的先决条件，理解的方法有两种：一是对社会行动进行理论分析；二是直接参与社会行动，由参与者凭内心知觉加以领悟。

[③] 埃米尔·杜尔凯姆（Émile Durkheim），又译为迪尔凯姆、涂尔干、杜尔干等，法国犹太裔社会学家、人类学家，法国首位社会学教授，《社会学年鉴》创刊人。与卡尔·马克思及马克斯·韦伯并列为社会学的三大奠基人，主要著作是《自杀论》《社会分工论》等。

（1）目的合理性行动（也称工具合理性行动）；

（2）价值合理性行动；

（3）情感的行动；

（4）传统的行动。

从合理性角度看来，韦伯认为，只有前两种类型的行动，即目的合理性行动（工具合理性行动）与价值合理性行动才属于合理的社会行动。而理性选择理论所考察的个体行为其实主要对应韦伯的工具合理性行动，尽管后来理性选择范式经过修正与扩充后也将价值合理性行动包含在内。

在传统的经济学理论中，对人的行动持理性（经济人）的假设占据了主导的地位。亚当·斯密[①]认为，人的理性在于他在各项利益的比较中选择自我的最大利益，以最小的牺牲满足自己的最大需要。个体利益最大化是通过交易实现的，人们在追逐自我利益的过程中，市场这只"看不见的手"会使整个社会富裕起来。理性选择范式继承了古典经济学家亚当·斯密的"经济人"假设[②]，即假定人在一切经济活动中的行为都是合乎理性的，都是以利己为动机，力求以最小的经济代价去追逐和获得自身最大的经济利益。

新古典经济学家继承和发展了古典经济学家理性人的假定。他们对人的行为的假定包括以下几个方面的内容：个体的行动决定是合乎理性的（指为达到目的而选择的手段）；个体可以获得足够充分的有关周围环境的信息（完全信息假定）；个体根据所获得的各方面信息进行计算和分析，从而按最有利于自身利益的目标选择决策方案，以获得最大利润或效用（利润或效用最大化假定）。

2. 理论批判

理性选择流派从亚当·斯密的"经济人"假设提出开始，就一直存在激

[①] 亚当·斯密（Adam Smith），出生在苏格兰法夫郡（County Fife）的寇克卡迪（Kirkcaldy），英国经济学家、哲学家、作家，经济学的主要创立者。亚当·斯密是现代资本主义经济制度的创立者，强调自由市场、自由贸易以及劳动分工，被誉为"经济学之父"。

[②] "经济人"就是以完全追求物质利益为目的而进行经济活动的主体。人都希望以尽可能少的付出，获得最大限度的收获，并为此可以不择手段。"经济人"的意思是理性经济人，也可称为"实利人"。这是古典管理理论对人的看法，即把人当作"经济动物"来看待，认为人的一切行为都是为了最大限度满足自己的私利，工作目的只是获得经济报酬。

第一章 就业价值观溯源：价值内涵与理论关涉

烈的争议，受到了来自各方面的批判与质疑。可以说，理性选择理论是一个解释人类行为的精致的理想模型，但是这种理想状态越来越受到现实生活的严峻挑战。因此，理性选择理论的基本假设也不断被社会理论家们所修正与完善，以尽可能地逼近实际生活。批判主要来自新古典经济学家、新制度学派[①]等，修正完善主要体现如下几个方面。

（1）"工具理性"向"价值理性"的拓展，相应地，"经济人"被扩展至"社会人"。工具理性强调在行动与目的之间所采取的手段完全基于个人最大化利益，事实上，人都是有情感、有责任感、有信仰的社会人，在很多情况下，个体完全可能会遵循使命或责任的引导而不顾及行动后果的价值合理性。因此，以追求个人经济利益最大化的"经济人"假设在许多情况下表现出较大局限性，"社会人"假设开始引起重视。其实，马斯洛关于人类需要的"五层次"学说就是"社会人"假设的一个很好阐释。在政治学研究中，社会学新制度主义提出要用"政治人"代替"经济人"，因为"政治人"与"经济人"有很大的区别，其会受到制度环境的约束。正如韦伯所说的"政治作为一种职业"，是出于义务与道德的要求，并非全为自利。

（2）用"有限理性"替代"完全理性"，"满意准则"取代"最大化"假设。"最大化"假设把人看成是完全理性的，人具有找到实现目标的所有备选方案的能力，并能通过衡量预见方案的实施后果而作出最优选择。但在现实中，人们面临的是不确定的、复杂的环境，信息不完全对称，加之人的认知能力也是有限的，因此阿罗提出用"有限理性"替代"完全理性"。"有限理性"就是人的行为"是有意识地理性的，但这种理性又是有限的"。西蒙（Simon）则认为人们在行动中并非寻求"最大"或"最优"，大多数情况下只是寻求"满意"，遂主张以有限理性的"管理人"代替完全理性的"经济人"。两者的差别在于："经济人"企图找到最锋利的针，即寻求最优，从可为他所用的一切备选方案当中，择其最优者。而"管理人"找到足以缝衣服的针就满足了，即寻求满意，寻求一个令人满意的或足够好的行动程序。

（3）修正了将制度与文化当作理性选择的外在变量的立场，把制度与文

[①] 新制度学派是当代资产阶级经济学界中的一个激进派别，形成于20世纪50年代。他们强调制度分析，以"结构改革"为研究的重点，分析科学技术进步对现代资本主义性质特征的影响及现存资本主义制度内部的矛盾，提出改良主义的社会改革方案。

化作为一种内在变量纳入对个体行动的分析中来。新古典经济学以个体的偏好和目的作为研究起点,并且认为个体的偏好是一成不变的,断言"口味这东西是不能讨论的"。对新古典经济学的这种立场,新制度经济学派给予了猛烈批判,指出他们拒绝考察与个体偏好、意图的形成过程有关的制度或其他力量的作用,个体成了内在的,而且常常是偏好和信念的囚犯;批判他们极不愿意回答是什么原因导致目的的产生,当被追问目的何来时,往往求助于心理学的解释,而那些心理学的解释又是非历史性的。杰弗里·M·霍奇逊[①]指出,制度和文化极为重要,它们在影响和形成目的本身方面确实起了作用。诸如制度结构、社会规范和文化,不仅影响行为,而且也影响个体对世界的看法以及追求的目标。

(4)从行动者立场而非外部立场来判断行为是否为理性选择。针对人们对个体行动合理性的怀疑,詹姆斯·科尔曼[②]认为:"如果社会理论的目标是解释以个体行动为基础的社会组织的活动,理解个体行动便意味着寻找其隐藏在行动内部的各种动机。因此,解释社会组织的活动时,必须从行动者的角度来理解他们的行动。换句话说,局外人认为行动者的行动不够合理或非理性,并不反映行动者的本意。"这样,很多从外部人看来非理性或无理性的个体行动,都可以用理性选择理论来加以解释,极大地拓宽了理性选择范式的解释边界。经过一番修正与扩充,热衷于理性选择范式的理论家们将这一理论模型应用到了社会生活的各个方面。以"经济人"为核心的理性选择理论,经过新古典经济学家、新制度主义学派学者的修正与补充后,其已经偏离了原来的理论核心(经济理性人的假设),并在这个偏离的轨道上越走越远。

3. 社会学中的理性选择理论

社会学中的理性选择理论是什么?科尔曼和费雷诺认为,把握这个问题相对直接的办法就是列出许多人都认可的、衡量什么是令人满意的社会学理

---

① 杰弗里·M·霍奇逊(Geoffrey·M·Hodgson),世界著名制度经济学家和演化经济学家,欧洲演化经济学会主席及社会科学院院士,旧制度经济学的当代传人,《制度经济学》杂志主编。英国当代资深的马克思主义研究者。

② 詹姆斯·科尔曼(James S. Coleman),当代美国最著名的社会学家之一,他曾是美国科学院仅有的四位社会学院士之一,同时又被誉为经济学新制度学派的代表人物。

第一章 就业价值观溯源：价值内涵与理论关涉

论的尺度。

（1）理论解释的是社会系统（大或小）的行为，而不是个体的行为。

（2）依据系统中行动者的行为来解释社会系统行为。这意味着：第一，要有社会系统行为层次和个体行动者行为层次之间转换的理论，即要解决微观与宏观的连接问题。第二，要有关于个体行动动机的心理学理论或模型。

科尔曼和费雷诺认为，目前没有理论能同时满足上述尺度的要求。他们以理性选择理论研究的"搭便车"现象来说明，心理学的观点在理性选择理论中只扮演次要角色。他们认为"搭便车"现象与个体心理无关，它指涉的是一种会导致理性行动的激励结构。理性选择理论建构的是一种关于制度结构如何产生系统行为的理论策略，这种策略力图处理微观与宏观之间的连接问题。

科尔曼与费雷诺认为，大部分从事行动层次研究的社会理论家都运用理性选择的方法，他们多数的理论都建立在行动者的行动是"合理"或"理解"的基础上。理性选择理论与这些理论的差别在于将最大化原则运用于所有问题上。此外，理性选择理论的主要目标不是理解一种特别的行动在行动者看来为何是合理的，而是展示对行动者而言是合理或理性的行动如何能结合起来产生社会后果。这些后果有时是行动者预期的，有时则是预料之外的；有时对社会而言是最优的，有时则否。正是最后一个方面彰显了理性选择理论与功能论的差别。[1][2] 功能论者预设社会系统层次的最优化、效率化或均衡化，然后展示各种制度如何为社会的最优化做出贡献。

科尔曼强调社会科学的主要任务是解释社会现象，而不是解释个人行为，若要充分了解系统行动，则应以系统层次之下的个人层次的行动作为研究的起点。他称自己的理论是个人层次的行动理论。个人行动理论的核心概念是有目的行动，有目的行动则可以用合理性来说明。合理性是理性行动者的基础，而行动者的行动原则可以表达为最大限度地获取利益。

科尔曼在对社会规范的分析中，清楚地体现了他上述的理论立场。他指

---

[1] 刘建明，王泰玄，谷长岭，等. 宣传舆论学大辞典 [M]. 北京：经济日报出版社，1993.

[2] 功能论是传播过程中关于态度改变的一种理论。该理论从功能主义出发，分析和研究人的心理功能与态度的关系。功能论者试图把已经提出多年的关于人类的两种不同模式——非理性模式与理性模式、一致论和劝服论结合起来。最早提出这一理论的是美国学者丹尼尔·卡茨（Daniel Katz）等人（1960年）。

出，许多社会学理论把社会规范作为既定条件，研究规范指导下的个体行为或社会系统行为，帕森斯学派便是著名的代表。这个学派认为规范是行动原则的基础，其作用与理性选择理论中最大限度获取效益的概念相当。这一行动原则，即个人根据社会规范行动，把规范的研究作为宏观水平上的理论任务。理性选择理论认为个体利益是既定的，因而以解释社会系统的活动为理论的目标。而正统理论认为社会规范是既定的，把解释个体行为作为理论目标。

科尔曼拒绝将规范作为既定的条件，但其研究规范如何产生并且在行动者之间怎样维持。比如，规范指明人们什么样的行动是合乎体统或正确的。社会规范是人们有意创造的，创造并维持规范的人认为，如果规范为成员所遵守，他们将获益；如果人们违背规范，他们将受损。规范蕴含利益，社会需要规范的条件是，行动对行动者之外的其他人具有同类性质的外部影响，但以控制此种行动的权利为交易对象的市场难以建立，接受外在影响的任何个人无法在争取控制权的交换中获益。规范蕴含的利益不能形成规范，也不能确保规范必然形成；而利益为规范提供了基础，即接受外在影响的人们产生了对规范的需求。

在对社会规范的分析中，科尔曼将对规范的讨论与社会理论的微观至宏观的连接问题结合起来。他认为社会理论涉及三个组成部分：宏观至微观的转变、微观层次上个体有目的行动和微观至宏观的转变。规范是宏观层次的产物，它的基础是微观层次上个体有目的的行动。在特定条件下，规范通过微观至宏观的转变得以实现。规范一旦出现，便可引导个体的行动，从而决定个体所得利益。在某种意义上，规范的出现是典型的微观至宏观的转变。尽管规范属于系统水平，但是它来自个体行动。规范形成后进一步影响个体行动，其途径是掌握规范的人实施赏罚以使人们的行动与规范保持一致。

通过以上论述，可以看到与传统的理性选择理论相比，科尔曼的理论不但较为精致和系统，而且兼容了社会学重视规范的传统。我们可以将科尔曼为首的社会学的理性选择理论归纳为：以宏观的社会系统行为作为研究目标，以微观的个体行动作为研究起点，以合理性说明有目的的行动。合理性是理性行动者的行动基础，行动者的行动原则是最大限度地获取效益。通过研究个体行动的结合如何产生制度结构以及制度结构如何孕育社会系统行为，实现微观至宏观的连接。

4. 应用策略

阿罗和西蒙等人以有限理性取代完全理性，使理性选择的预设条件较为贴近现实生活。维弗雷多·帕累托①、韦伯和道格拉斯·诺斯②等人揭示了人类行为的多样性，表明虽然在现代生活中理性行为占有重要位置，但是人的行为也有非理性的一面，用理性主义的行为观去研究所有的人类行为是不合适的。科尔曼和霍奇逊等人提示我们，必须关注制度化对个体偏好和目的的影响作用，不要把个体偏好和目的作为一成不变的外生变量。科尔曼将社会学强调制度结构的传统植入理性选择理论，将此理论精致化和系统化，并试图借此理论解决社会理论中微观至宏观的连接问题。但理性选择理论并非完美无缺，也不可能解释所有的社会行为，理性假设的适用范围是有限的。

有鉴于此，泰勒（Taylor, M.）提出了狭义理性选择的概念，他的理论前提是：①理性行动是根据既定信仰达到既定目标的工具性行动；②行动者是利己主义的；③诱因的等级序列是有限的。

泰勒认为理性选择理论的应用范围不是无限的，只有在下列条件下运用理性选择理论才是有效的：①行动者可做的选择是有限的，既不是多到无从选择，也不是少到无可选择；②诱因是清楚和实质性的；③行动的选择对个人非常重要；④有人曾在类似情境下做出选择，有前车之鉴。

社会科学理论是在不同理论立场的争论中发展的。

首先，应接受学者对传统理性假设的批评：①改变传统的完全理性的假设。以有限理性取代完全理性，以"管理人"代替"经济人"，以寻求满意代替寻求最优，使理性选择的预设条件与现实生活较为接近。②承认人的行为也有非理性的一面。注意区分人的行为中的理性行为与非理性行为，只把理性行为纳入理性分析的范围。③关注制度文化对个人偏好和目的的影响作用。将个人的偏好和目的作为受制度和文化影响的内生变量，将之纳入研究

---

① 维弗雷多·帕累托（Vilfredo Pareto），意大利经济学家、社会学家，洛桑学派的主要代表之一。生于巴黎，曾就读于意大利都灵大学，后来任瑞士洛桑大学教授。
② 道格拉斯·诺斯（Douglass C. North），美国经济学家、历史学家，是新经济史的先驱者、开拓者和抗议者。由于建立了包括产权理论、国家理论和意识形态理论在内的制度变迁理论，获得1993年诺贝尔经济学奖。曾任《经济史杂志》副主编、美国经济史学协会会长、国民经济研究局董事会董事、东方经济协会会长、西方经济协会会长等职务。

的范畴。

其次，参考泰勒的狭义理性选择的概念，将理性选择理论狭义化或者说条件化，清楚和具体地列举理性选择理论可发挥解释效力的条件和时空。如泰勒所说，行动者可做的选择是有限的；诱因是清楚和实质性的；选择对个人非常重要；有前车之鉴。在满足条件时才运用理性选择理论。

再次，正确处理制度与个体行动选择之间的关系。

（1）应该清楚地意识到，将个体理性行动选择作为研究目标不是为了刻画个体的自私心理，而是为了考察何种制度会使追求利益的个体有"搭便车"的机会，或者说何种制度可以减少个体"搭便车"的机会，使人们在追求个体利益的过程中不损害他人或社会整体的利益，从而实现社会整体利益的最大化。

（2）研究个体行动选择和社会交往的过程，理解怎样借由行动权力的交换产生制度结构，以及制度结构如何孕育社会系统行为。

（3）将既定制度结构视为个体行动选择的边界。不同的制度提供不同的行动空间和备选条件，个体的选择分析必须以对制度的把握和理解为前提。

上述立场可以使理性选择理论更接近现实社会，更具有解释效力。同时也有助于将源于经济学，强调个体选择的理性选择理论引入强调制度约制的社会学，使之"社会学化"。此外，还可以为处理社会学方法论中个体主义与集体主义的矛盾，实现微观与宏观或者行动与结构的连接找到新的途径。

综上所述，理性选择理论认为不同的价值观念和行动策略对人们具有不同的效果。在不同的价值观念影响下，行动者选择不同的行为策略，尽可能以最小的投资和代价实现自身利益的最大化。但是，产生于西方个体主义文化的理性选择理论有其局限性，应用到异质于西方文化传统，以集体主义为主导的东方文化传统中的社会现象时，理性选择理论的解释力度不足以令人信服。几千年来，受儒家文化浸染的中国人所表现出来的行为取向不同于西方。有中国学者研究指出："中国人的社会行为的取向始终是和家长权威、道德规范、利益分配、血缘关系这四个因素联系在一起的。"对于中国的许多社会现象，面子与人情在其中起到了重要的影响。

关于职业选择，美国职业指导专家霍兰德提出了职业选择理论，他认为职业的选择是人格特征的表现。为此，他将大多数人的人格划分为六种类型，即现实型、社会型、研究型、艺术型、企业型与传统型。每一种类型有与其相适应的职业环境,在特定的环境中,人们表现出共同的人格特征和共同的人格形成史。在人格特征所对应的职业环境中,人们能充满兴趣,并充分施展职业能力,由此,调查职业爱好的关键在于了解个体的人格特征。大学生在一定的就业价值观指导下,通过一系列的求职过程,对比不同的求职结果,做出理性的决策,最终实现满意的就业。

(三) 社会交换理论

20世纪60年代兴起的社会交换理论在相当大程度上认同理性选择理论的前提,一些学者开始以理性选择理论研究社会生活领域。例如曼瑟尔·奥尔森(Mancur Lloyd Olson,Jr)[①] 将理性选择理论用于分析集体行动;加里·斯坦利·贝克尔(Gary Stanley Becker)[②] 用于分析政治和法律、犯罪与惩罚以及婚姻和家庭等社会现象;科尔曼以理性选择理论为立足点,发展出新的社会行动理论,成为社会学中理性选择理论的代表人物。

社会交换理论认为人的一切活动都遵循利益最大化原则,然后进一步指出收益(有形收益和无形收益)是利益最大化的根本。该理论认为,大学生就业价值观的核心是对就业收益的考虑,就业收益涵盖了薪酬福利等有形收益和兴趣爱好、发展前景等无形收益,就业成功的实质是大学生和用人单位围绕这一核心因素进行博弈均衡的结果。

这一理论对社会交往中的报酬和代价进行分析,认为那些能够给个体提供最多报酬的人对个体的吸引力最大,而且个体总是尽量使自己的社会交往给自己提供最大报酬。为了得到报酬,个体也要付出代价。因为人类社会的原则是互相帮助,别人给了你好处你就要回报,社会交往过程可以说是一个交换过程。下面,明确几个概念和定义。

1. 报酬和代价的定义

报酬,指一个人从社会交往中得到的任何有益的东西。报酬对每个人的

[①] 曼瑟尔·奥尔森(Mancur Lloyd Olson Jr),美国经济学家和社会学家。
[②] 加里·斯坦利·贝克尔(Gary Stanley Becker),1930年出生于美国宾夕法尼亚州的波茨维尔,美国芝加哥大学教授、芝加哥经济学派代表人物之一,1992年诺贝尔经济学奖得主,被誉为20世纪最杰出的经济学家和社会学家之一。

意义是不同的，一件东西对某人是报酬对另一个人则可能毫无价值。

报酬可以分为六类：爱、钱、地位、信息、物、服务。这六类报酬又可以分为两个方面——特别性和具体性。

报酬的第一个方面是特别性，报酬是谁提供的决定着报酬的价值。比如，爱的价值与提供的人有很大的关系，因此爱是一个特别性很高的报酬。而钱不论是谁提供的都是有用的，因而钱是一种特别性较低的报酬。当我们说与某一个人的友谊是非同寻常的，意思就是说这种友谊关系可以给我们提供特别的、别人无法给予的报酬。

报酬的第二个方面是具体性，将具体的和抽象的报酬区分开。具体的报酬是可见的、可闻的或可以触摸的东西，抽象的报酬则是看不见的，但同样可以对人有用，如建议、社会肯定等。

代价是社会交往而引起的后果。某一种社会交往或人际关系可能要付出很大代价，这种代价包括大量时间和精力的付出，或者总是产生矛盾，受到其他人的反对等。从事某一种社会交往还可能会妨碍我们获得其他报酬或开展更大的活动，这也是一种代价。经济学上把这种代价称为"机会成本"。

2. 对交往关系的评价

社会交换理论认为，一个人对其与另一个人的交往或友谊所得到的报酬和所付出的代价是心中有数的。尽管人们并不特别去计算这些报酬和代价，主要关心的是某个关系的总结果，即总的来看这种关系是使自己得到得多（报酬多于代价），还是使自己失去得多（代价多于报酬）。

当我们对友谊关系进行评价时，常常会与自己经历过的其他关系进行比较，常见的比较标准有两种。

第一，基本比较。这种比较反映一个人对某种关系的基本要求，即一个人认为在某种交往关系中自己应该得到什么。对不同的交往关系人们有不同的要求，如对恋爱关系的要求与同生意人打交道所产生关系的要求就很不同。

对各种交往关系的要求是每个人对各种人际关系的个体观点的反映。这种观点可能来自个体过去的经历，来自于社会习俗的潜意识，也可能来自别人的经历，如小说、电影主人公的经历等。随着新经验的增加，人们对各种人际关系的要求也会改变。

第二，与另一种选择进行比较，也就是与另一种可能的关系进行比较。

假如你正处在一段亲密关系中,你与现在伴侣的关系是不是比与另外一位追求者的关系更多地给予你幸福和愉悦呢?即使你与现在伴侣的关系很好,但是如果你认为与另外一位追求者的结合会给你带来更多好处,你就可能会停止现在的恋爱关系。相反,如果你认为与目前伴侣的交往并没有给你带来很多益处,但与别的追求者结合情形可能会更糟,你就可能仍留在目前的关系里。

第三,寻求共同利益。在社会交往中,一方的活动总是影响着另一方的活动。当双方的交往能给各自带来好处时,交往就为双方带来了共同利益,而当双方的交往只给一方带来利益时,交往就产生了矛盾。比如你在乘火车时,可能会与邻座聊天,如果在你想聊天的时候,邻座也正想找人交谈,那么交谈的结果就会使双方感到愉快;反之,则会引起不快。由此可见,社会交往是否能给交往的双方都带来利益,取决于双方是否有同样的兴趣和目标。

当交往的双方对许多活动都有共同兴趣时,交往就会顺利,相反就容易产生矛盾。总的来说,当交往双方的生活背景、态度、爱好等相似时,交往过程的矛盾就会较少,因为他们共同的活动交流能满足各自的需求。当然,即使兴趣很相同的朋友之间有时也会产生冲突和利益上的矛盾。当矛盾产生时,双方需要进行协商以找到一个使彼此都满意的解决方式。

常见的协商结果是选择一个不同的但可以使双方都比较满意的方式。例如,拿到年终奖金时,丈夫想买一台录像机,妻子想买沙发,但不可能都买,解决办法有:①短途旅游一次(虽不是双方各自的要求,但双方都喜欢旅游);②今年买沙发,明年买录像机。如何交往使双方都取得利益,是保持一种关系的关键。

3. 公平交换——平等理论

使人最满意的社会交往关系是公平的关系,人们不喜欢被别人剥削,但通常也不愿占别人的便宜。公平理论是社会交换理论的一个分支,是对人们在交往过程中对公平性要求的概括。

确定一种交往关系是否公平有以下几种原则。

(1)平均原则。每人都得到均等利益,这是最简单、最基本的原则。

(2)按需分配。需要较多的人应该得到更多的利益,如身患残疾的孩子需要昂贵的医疗费以维持生命,一个家庭里可能把大部分收入都花在这个孩子身上。

（3）按劳分配。一个人得到的利益应与其做出的贡献成正比，多做贡献的人应该得到更多利益。

4. 平等理论的假设

（1）平等理论有三个基本假设。

①人在交往过程中都希望得到最大利益。

②交往双方通过平等原则，对利益平均分配，以使双方的共同利益得到最大满足。

③当交往双方感到不公平的存在时，会感到不舒适并努力寻求公平的恢复。

（2）当一个人感到交往过程中出现不公平的现象时，会想办法去恢复公平。恢复公平的办法主要有两种。

①从实际上恢复。如两个同宿舍的同学应该分担打扫卫生的工作，但其中一位同学平常较为随意，打扫工作做得少，经指出后，该同学同意每天为宿舍打水，以弥补自己的不足。

②改变对交往关系的看法，以恢复心理上的平等。同宿舍的同学因为考虑到平常较少打扫卫生的室友年龄小、体质弱，因而觉得自己可以多分担一部分打扫工作，所以不再感到不公平。

（3）力量的平衡。在任何一种社会交往中，交往双方都有自己的目的和偏爱的活动，并都希望对方能够顺从自己以达到自己的目的。一个人有意地影响另一个人的行为、思想和情感的能力，叫作"社会权力（Social Power）"。

社会交换理论的一个研究重点，就是对人与人之间力量平衡的研究。在一些交往过程中双方的社会权力是相同的，而在另一些交往过程中，交往双方的社会权力则是不平衡的，双方活动的大部分决定都是由一个人作出的，这个人在彼此意见不合时也总是占据上风。

5. 决定交往关系平衡的因素

决定交往关系的平衡主要有三个因素：社会规则、相对资源和最小兴趣原则。

（1）社会规则。社会规则往往决定着在社会交往的关系中谁的影响力最大。在工作环境中，一般职位低的人要服从职位高的人的命令和决定；在家庭生活中，父母则比子女有更大的影响力；在传统家庭中，一般男人比女人有更大的影响力。这些人的力量和权威都来自社会上公认的规则。

（2）相对资源。资源是指任何可以帮助交往双方达到目的的东西。当交往的双方所拥有的资源不一样时，占有较多资源的一方就具有更大的力量。如在家庭关系中，工资、学历、职业或是外貌，都可以是一种资源，如果一方具备的资源远高于另一方，则拥有较多资源的一方就会具有更强的主导力。

（3）最小兴趣原则。决定交往过程中双方力量的另一个因素是，双方对交往关系的依赖性。在一些交往关系中，双方互相吸引、互相需要，因而力量是平衡的。然而，如果一方比另一方更需要建立或维持相互之间的交往关系，双方的力量就会产生不平衡。对建立交往关系兴趣较小的一方会占有更大的主导力，这种现象被称作"最小兴趣原则"。在这一情况下，对交往关系兴趣更大、依赖性更高的一方，往往要处处听从另一方的意愿以保持关系的继续。这种力量不平衡的关系常令双方都不满意，它的结局只能是慢慢达到力量的平衡或者交往关系中断。

社会交换理论可帮助我们对社会交往中的人际关系有所了解。然而许多人对这一理论中的人际关系，特别是对亲人、朋友之间关系的解释提出了不同的看法。比如爱情关系可以只是一种报酬和代价的平衡关系吗？难道一个人在帮助自己的朋友时一定会考虑对方是否能报答自己吗？

尽管我们不愿意接受我们与亲朋好友的关系是一种交换关系，但是必须承认，即使是在亲密的关系中，双方对交往过程中所能得到的利益也是有所考虑的，或者说是希望实际受益的，尽管这种考虑可能不是很明确、很清晰。另外，对于利益交换的考虑在不同的关系中也有不同的显现形式。在较疏远的关系中，交换的痕迹较明显（如"你替我值班，下次我替你"），对于亲密关系，则不太计较对方是否会回馈自己的帮助或者等量受益。

（四）人职匹配理论

职业是社会分工的产物，是对劳动的分类，是人们在社会中所从事的某种作为谋生手段的工作。

1. 人职匹配理论的起源

人职匹配理论是一种个人取向的职业选择理论，该理论认为人的个性特征应与职业性质相一致。其基本思想是：个体之间存在能力、知识、技能、性格、气质等方面的差异，因而在选择职业时，应当根据个体的个性特征找到相对应的职业类型。如果匹配成功，那么个体可以最大限度地胜任和热爱工作，提高工作效率，取得职业成功的可能性就越大；相反，则会降低工作热情和工作效率，造成人才资源的浪费和个体在职业上的不适应。

人职匹配理论最早是在 20 世纪初由美国"职业辅导之父"弗兰克·帕森斯（Frank Parsons）提出，经过百年的发展，到今天最有影响力的是帕森斯的特质因素论和霍兰德的人格特质类型论（兴趣类型理论）。他们的理论都强调了人的个体特质以及工作岗位的特性，采用心理学方面的理论依据，并将该理论深入到实践中，使人职匹配理论更具实践价值。

（1）特质因素论（Trait Factor Theory）。特质因素论的渊源可追溯到 18 世纪的心理学研究，直接建立在弗兰克·帕森斯关于职业指导三要素思想之上，并经美国职业心理学家威廉斯（E. G. Willianson）发展而形成。

帕森斯的特质因素理论又称"人职匹配理论"。1909 年，美国波士顿大学教授弗兰克·帕森斯在其著作《选择一个职业》中提出了人与职业相匹配是职业选择焦点的观点。他认为，每个个体都有自己独特的人格模式，每种人格模式都有其相适应的职业类型。所谓"特质"，就是指个体的人格特征，包括能力倾向、兴趣、人格、价值观等，这些都可以通过心理测量工具来加以测量。所谓"因素"，则是指在工作上要取得成功所必须具备的条件或资格，这可以通过对工作的分析而了解。

特质因素论认为，个别差异现象普遍地存在于个体心理与行为中，每个人都具有自己独特的能力模式和人格特质，而某种能力及人格模式又与某些特定职业存在关联。每种人格模式都有其相适应的职业，人人都有选择职业的机会，人的特质是可以客观测量的。因此，帕森斯提出职业指导由三要素组成。

第一要素，评价求职者的生理和心理特点（特质）。通过心理测量及其他测评手段，获得有关求职者的身体状况、能力倾向、兴趣爱好、气质、性格等方面的个人情况，并通过会谈、调查等方式获得有关求职者的家庭背景、学业成绩、工作经历等情况，并对这些信息资料进行评价。

第二要素，分析各种职业对个体的要求（因素），并向求职者提供相关职业信息,包括:①职业的性质、工资待遇、工作条件以及晋升的可能性;②求职的最低条件,诸如学历要求、所需的专业训练、身体要求、年龄、各种能力、心理特点等要求;③为准备就业而设置的教育课程计划,以及提供这种训练的教育机构、学习年限、入学资格和费用等;④就业机会。

第三要素,"人—职"匹配。指导人员在了解求职者的特质和职业相关指标的基础上,帮助求职者进行比较分析,以便选择一种适合其个人特点又有可能得到并能适应职业发展的职业。

特质因素论强调个体所具有的特性与职业所需要的素质、技能(因素)之间的协调和匹配。为了对个体的特质进行深入详细地了解与掌握,特质因素论十分重视人才测评的作用。可以说,运用特质因素论进行职业指导是以对人的特质测评为基本前提的。它首先提出了在职业决策中进行人职匹配的思想,这一理论不仅是最早的职业辅导理论,而且奠定了人才测评理论的理论基础,推动了人才测评在职业选拔与指导中的运用和发展。

(2)人格类型理论(Personality Typology Theory)。人格类型理论是20世纪60年代中期美国职业心理学家约翰·霍兰德(John Holland)[①]创立的,对人才测评的发展产生了重要影响。人格类型理论的中心论点是:①在当今文化中,每个人的人格都能以其主要方面划归为某一类型,每一特殊类型人格的人会对相应职业类型的工作感兴趣;②人们寻求能获得技能、培养智力、发展能力倾向、感到愉快的职业环境;③一个人的行为取决于个体人格与所处环境特征之间的相互作用。

在人格和职业的关系方面,霍兰德根据调查研究的材料,提出了一系列假设:①在现实的文化中,可以将人的人格分为六种类型,即现实型、研究型、艺术型、社会型、企业型与传统型,并列出各类人格适宜的职业范围,每一特定类型人格的人,会对相应职业类型的工作或学习感兴趣,进而设计了测量人格类型的量表"自我指导探索";②环境也可区分为上述六种类型;③人们寻求能充分施展其能力与价值观的职业环境;④个体的行为取决于个

[①] 约翰·霍兰德(John Lewis Holland),美国约翰·霍普金斯大学心理学教授,美国著名的职业指导专家。他于1959年提出了具有广泛社会影响的人业互择理论。这一理论首先根据劳动者的心理素质和择业倾向,将劳动者划分为6种基本类型,职业也相应地划分为6种类型。霍兰德职业选择理论,其实质在于使劳动者与职业的相互适应。

体的人格与所处环境特征之间的相互作用。

在上述理论假设的基础上，霍兰德提出了人格类型与职业类型模式。不同类型人格的人需要不同的职业及工作环境，例如实际型的人需要实际型的环境与职业，因为这种环境或职业能够给予其所需要的机会与奖励，人格类型与职业类型的匹配即称为"和谐（Congruence）"。类型与环境不和谐，则该环境或职业无法为个体提供其能力和兴趣所需的机会与奖励。霍兰德在其所著的《职业决策》一书中描述了六种人格类型的相应职业。

①实际型（Realistic）：喜欢有规则的具体劳动和需要基本操作技能的工作，缺乏社交能力，不适应社会性质的职业。具有这种类型人格的人，其所从事的典型职业包括技能性职业（如技工、修理工、农民等）和技术性职业（如制图员、机械装配工等）。

②研究型（Investigative）：具有理性、好奇、精确、批判等人格特征，喜欢智力的、抽象的、分析的、独立的定向任务，及具有研究性质的职业，其典型的职业包括科学研究人员、教师、工程师等。

③艺术型（Artistic）：具有想象、冲动、直觉、无秩序、情绪化、理想化、有创意、不重实际等人格特征，喜欢艺术性质的职业和环境。其典型的职业包括艺术方面的，如演员、导演、艺术设计师、雕刻家等；音乐方面的，如歌唱家、作曲家、乐队指挥等；还有文学方面的，如诗人、小说家、剧作家等。

④社会型（Social）：具有合作、友善、助人、负责、圆滑、善社交、善言谈、洞察力强等人格特征，喜欢社会交往，关心社会问题，具有影响力。其典型的职业包括教育工作者、社会工作者，如教师、教育行政工作人员、咨询人员、公关人员等。

⑤企业型（Enterprising）：具有冒险、野心、独断、自信、精力充沛、善社交等人格特征，喜欢从事管理及企业性质的职业，其典型的职业包括政府官员、企业领导、销售人员等。

⑥传统型（Conventional）：具有顺从、谨慎、保守、实际、稳重、有效率等人格特征，喜欢系统、有条理的工作任务，其典型的职业包括秘书、办公室人员、计事员、会计、行政助理、图书馆员、出纳员、打字员、税务员、统计员、交通管理员等。

然而上述的人格类型与职业关系也并非绝对地一一对应。霍兰德在研究中发现，尽管大多数人的人格类型可以主要地划分为某一类型，但个体又有着广泛的适应能力，其人格类型在某种程度上相近于另外两种人格类型，则也能适应另两种职业类型的工作。也就是说，某些类型之间存在着较多的相关性，同时每一类型又有着极为相似的职业环境类型。霍兰德用一个六边形模式图简明地描述了六种类型之间的关系（见图1-1）。

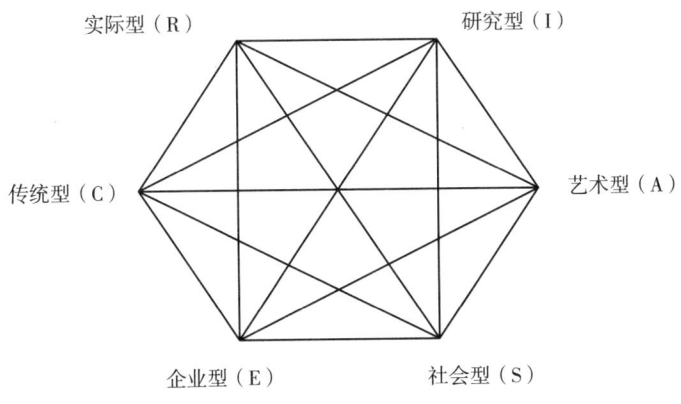

图1-1 霍兰德人格六角模式图

根据霍兰德的人格类型理论，在职业决策中最理想的是个体能够找到与其人格类型重合的职业环境。一个人在与其人格类型相一致的环境中工作，容易得到乐趣和内在满足。因此，在职业选择与职业指导中，首先就要通过一定的测评手段与方法来确定个体的人格类型，然后寻找与之相匹配的职业。为了确定个体的人格类型，需要运用大量人才测评手段与方法，霍兰德本人也编制了一套职业适应性测验（The Self-Directed Search，SDS）以配合其理论的应用。

在人职匹配理论中，主要涉及三个方面的匹配，即职业兴趣、职业能力倾向和职业人格。部分专家倾向于基于职业能力倾向的人职匹配理论，其理由是：其一，能力倾向是人职匹配三个影响因素中最稳定的因素。职业兴趣有较大的灵活性，容易发生改变，在青少年时期表现得尤为突出。在对自己的兴趣不十分肯定的情况下，基于能力倾向决定自己的职业发展方向更加可靠。其二，能力倾向能够进行比较客观的测量。现代心理学的发展使能力倾向的客观测量具备了相应条件，可行性和可靠性均较高。

2. 人职匹配理论研究现状

人职匹配是现代职业指导理论的基本理念和出发点，也是人力资源管理追求的目标。随着我国社会经济的发展，职业化水平不断提高，不同职业岗位对人才的要求也会更加专业化和细分化。我国专家学者从国外引进了大量相关理论，并在具体实践中进行了尝试，在大学生就业指导课程及企业招聘中广泛应用。

（1）经济学领域的人职匹配研究。最先关注人职匹配问题的是经济学领域，经济学的研究为人职匹配提供了基础的理论分析框架，并详细阐述了社会网络的信息机制在人职匹配中的作用。在信息不对称的劳动力市场中，社会网络作为一种重要的中间机制，在传递信息、降低不确定性方面发挥着重要作用。艾伯特·瑞斯（Albert Rees）[1]首先将社会网络作为一种非正式的中间机制，引入了劳动力市场的分析，指出社会网络在传递信息、保障信息质量上的重要作用。之后，对信息机制的研究可划分为两派：一派强调信息的数量优势，比如由于社会网络的私密性，使社会网络在传递某些信息方面具有优势，像个人化信息、内部信息等。另一派则强调信息的质量优势，比如社会网络的情感性和持久性对网络成员发挥着一种约束作用，为了维护自己的名声，推荐人就会传递更真实、更可靠的信息。因此，在雇主利益最大化的假设下，社会网络通过传递更多、更充分、更可靠的信息，将有利于雇主筛选出最合适的人选，促进人职匹配。此外，大量研究通过证明社会网络的使用者在求职机会、入职工资等方面的优势，也间接证实了这一中间机制的促进作用。

（2）社会学领域的人职匹配研究。社会学研究在两个方面有所突破：一是提出了社会网络的人情影响机制；二是通过调查数据对社会网络的人职匹配机制进行直接的检验。首先，针对中国劳动力市场的研究，有力地指出并证实了人情影响的重要性与独立性。在此之前，社会网络对劳动力市场的影

---

[1] 艾伯特·瑞斯（Albert Rees），曾任斯隆基金会主席、普林斯顿大学经济学教授、工资及物价稳定委员会董事，是《1890—1914 年制造业的实际工资水平》《劳动与报酬中的经济学原理》等书的作者，并参与编撰了《现代劳动力市场中的工人和工资》。

响是基于信息机制这一基础理论，比如马克·格兰诺维特（Mark Granovetter）①提出弱连接理论并证实弱关系比强关系重要，原因是弱关系含有更丰富的非重复性信息。他指出，在传统社会，每个人接触最频繁的是自己的亲人、同学、朋友、同事……这是一种十分稳定但传播范围有限的社会认知，是一种强连接（Strong Ties）现象；同时，还存在另外一类相对于前一种社会关系更为广泛的，然而却是肤浅的社会认知，例如一个被人无意间提到或者打开收音机偶然听到的人，格兰诺维特把后者称为弱连接（Weak Ties）。研究发现，其实与一个人的工作和事业关系最密切的社会关系并不是强连接，而常常是弱连接。弱连接虽然不如强连接那样坚固，却有着极快的、低成本和高效能的传播效率。

但是，中国的现实人情关系与西方的社会关系极为不同。强关系理论表明，社会网络的信息机制作用空间有限。但在中国的劳动力市场中，提供人情影响的强关系更为重要——正是强关系中蕴含的信任、义务等情感性因素才能调动关系人的资源，影响职位分配者的决策，帮助求职者找到更适合的工作。在此之后，人情影响作为一种独立的作用机制，进入人职匹配的分析框架中。社会网络提供的人情资源，如信任、义务、恩惠等，这些情感性因素本身会影响到求职过程，影响求职者的职业决策、雇主的筛选录用决策等，进而对人职匹配产生影响。

（3）基于能力倾向的人职匹配理论。基于能力倾向的人职匹配理论提出以下几点：其一，从能力倾向出发，进行人职匹配，尤其在青少年时期更应如此。其二，人的能力倾向相对稳定，可以进行客观测量。其三，不同的人有不同的能力倾向剖面，不同职业需要具有不同能力倾向的人。其四，当能力倾向与职业兴趣发生冲突时，尽量指导其对职业兴趣进行调整。

基于能力倾向的人职匹配理论的操作程序是：第一步，人员分析，对个体进行能力倾向测试，形成能力倾向剖面图，使个体明确其潜能中的优势与劣势。第二步，对职位所需的职业能力倾向进行分析，可通过对在此职位上表现优秀的人员进行分析得出此职位的胜任者特征。第三步，进行人职匹配，

---

① 马克·格兰诺维特（Mark Granovetter），美国斯坦福大学人文与科学学院教授，曾任该校社会学系主任，他是20世纪70年代以来全球最知名的社会学家之一，主要研究领域为社会网络和经济社会学。

以个人的能力倾向剖面图为索引，找到适合个体的职位。

（五）生涯发展理论

美国著名职业指导专家金兹伯格[①]根据实证研究，首先提出了职业发展理论。金兹伯格等人将职业发展划分为幻想、尝试与现实三个阶段，把职业价值观分成关于工作活动本身的、关于工作报酬的和关于工作伙伴的三个方面。他指出，实际上职业发展不仅仅局限于儿童和青少年，职业选择也并不是不可改变的，人们往往企图寻求一个协调自己和工作关系的最好方法。

金兹伯格职业心理发展理论的基本观点是：职业发展的有序阶段与基本的人格发展相联系，个体职业心理的形成、发展与其心理的发展是同步的。随着个体心理由初级到高级、由简单到复杂，其职业心理也随之变得高级和复杂。因此，个体在选择职业时，不仅要考虑自己兴趣、能力与价值观的发展，还要与社会需要之间实现平衡。

1. 职业生涯阶段的理论概述

由于社会生活不断变化以及人自身的心理发展，个体的职业心理总是处在一种不断变化的动态发展之中，个性与职业的匹配也不是一成不变的。职业生涯发展理论就是从动态的角度来研究个体的职业行为和职业发展的各个阶段。

职业生涯是一个人长期的发展过程。在不同的发展阶段，个体有着不同的职业需求和人生追求。职业生涯发展阶段的划分是职业生涯规划研究的一个重要内容，对于具体阶段的划分，不同的专家学者有不同的观点。

美国著名职业指导专家埃德加·沙因[②]基于人生不同年龄阶段面临的问题和职业工作的主要任务，提出了职业生涯发展九阶段理论，分别是：成长幻想探索阶段、进入工作世界、基础培训、早期职业的正式成员资格、职业中期、职业中期危险阶段、职业后期、衰退和离职阶段、退休阶段。

---

① 金兹伯格（Eli Ginzberg），美国著名职业问题专家，他根据对实证材料的研究，首先提出了职业发展理论。他和萨帕成为人们公认的职业理论主要代表人物。

② 埃德加·沙因（Edgar H. Schein），美国的管理学家和行为科学家。他在美国芝加哥大学和斯坦福大学获学士学位，在斯坦福大学获社会心理学硕士学位，在哈佛大学获博士学位，后在沃尔特·里德军队研究所任心理研究员，1956年起在麻省理工学院斯隆管理学院任组织心理学和管理学教授。同时，他曾担任美国和其他国家中一些大型公司的顾问，其主要领域是组织发展和职业问题。

（1）成长、幻想、探索阶段。个体在这一阶段所充当的角色是学生、职业工作的候选人、申请者。主要任务是：①发现自己的需要与兴趣，发展自己的能力和才干，为进行实际的职业选择打好基础。②学习职业方面的知识，寻找现实的角色模式，获得丰富信息，发现和发展自己的价值观，明确职业动机和抱负，作出合理的受教育决策，将幼年的职业幻想变为可操作的现实。③接受教育和培训，开发工作世界中所需要的基本习惯和技能。

（2）进入工作世界。个体充当的角色主要是应聘者、新员工。主要任务是：首先，进入劳动力市场，谋取可能成为将来职业基础的第一项工作；其次，个体和雇主之间达成正式可行的契约，个体成为一个组织或一种职业的成员。

（3）基础培训。与上一阶段进入职业开始工作或加入组织的过程不同，在这一阶段，个体要承担实习生、新手的角色。也就是说，个体已经迈进职业或组织的大门。此时的主要任务一是了解、熟悉组织，接受组织文化，融入工作群体，尽快取得组织成员资格，成为一名有效的成员；二是适应日常的操作程序，完成工作任务。

（4）早期职业的正式成员资格。此阶段应取得组织的正式成员资格。面临的主要任务：①承担责任，成功地履行第一次工作所分配相关任务。②发展和展示自己的技能和专长，为提升或进入其他领域打下基础。③根据自身才干和价值观，以及组织中的机会和约束，重估当初追求的职业，决定是否留在这个组织或职业中，或者在自己的需要、组织约束和机会之间进行协调，寻找一种更好的平衡。

（5）职业中期。处于职业中期的正式成员，其主要任务：①选定一项专业或进入管理部门。②保持技术竞争力，在自己选择的专业或管理领域内继续学习，力争成为一名专家或职业能手。③承担较大的责任，确定自己的地位。④开发个人的长期职业规划。

（6）职业中期危险阶段。处于这一阶段的主要任务是：①现实地评估自己的实力、职业抱负及职业发展空间。②就接受现状或争取职业机会做出具体选择。③建立与他人的良好关系。

（7）职业后期。该阶段处于职业后期，此时的职业状况或任务是：①成为一名良师，发挥影响，指导、管理别人，对工作承担责任。②发展、扩大、深化技能，或者提高才干，以担负更大范围、更重大的责任。③如果追求稳定，就此停滞，则要接受和正视自己影响力和挑战能力的下降。

（8）衰退和离职阶段。不同的人在不同的年龄会衰退或离职，此时主要的职业任务为：①学会接受权力、责任、地位的下降。②基于竞争力和进取心的下降，学会接受和发展新的角色。③评估自己的职业生涯，准备退休。

（9）离开组织或职业——退休阶段。在失去工作或组织角色之后，面临两大问题或任务：①保持一种认同感，适应角色、生活方式和生活标准的急剧变化。②保持一种自我价值观，运用自己积累的经验和智慧，以各种资源角色，对他人进行传、帮、带。①

沙因认为，21岁前是成长、幻想、探索阶段，此阶段的主要任务是发现和发展自己的需要、兴趣、能力和才干，为进行实际的职业选择打好基础；在此基础上，学习职业方面的知识，做出合理的受教育决策，并开发工作领域中所需要的知识和技能。大学生正处于职业探索阶段。

金兹伯格则认为，职业在个体生活中是一个连续的、长期的发展过程。职业发展如同人的身心发展一样，可分为幻想期（11岁之前）、尝试期（11～17岁）和现实期（17岁之后）三个阶段。每个阶段有不同的特点和任务。对于个体而言，如果前一阶段的职业发展任务不能顺利完成，将会影响后一阶段的职业成熟，最后导致职业选择的障碍。他认为现实期（17岁之后）的主要任务是，能够客观地把自己的职业愿望或要求与主观条件、能力、社会需求密切联系起来，进行具体的就业准备。他把现实期又划分为试探、具体化、专业化三个小阶段，每个小阶段又有不同的工作任务。

格林豪斯（Greenhaus）② 对职业生涯发展理论的研究侧重于不同年龄段职业生涯所面临的主要任务，其将职业生涯划分为五个阶段。①职业准备：典型年龄段为0～18岁。主要任务：发展职业想象力，对职业进行评估和选择，接受必须的职业教育。②进入组织：18～25岁。主要任务：在一个理想的组织中获得一份工作，在获取足量信息的基础上，尽量选择一种合适的、

---

① 谢守成. 大学生职业生涯发展与规划［M］. 武汉：华中师范大学出版社，2009.
② 格林豪斯（Greenhaus），美国心理学博士。他的研究侧重于不同年龄段职业生涯所面临的主要任务，并以此为依据将职业生涯划分为五个阶段：职业准备阶段、进入组织阶段、职业生涯初期、职业生涯中期和职业生涯后期，形成其职业生涯发展理论。

较为满意的职业。③职业生涯初期：处于此阶段的典型年龄段为 25～40 岁。主要任务：学习职业技术，提高工作能力；了解和学习组织纪律和规范，逐步适应职业工作，适应和融入组织；为未来的职业成功做好准备。④职业生涯中期：40～55 岁是职业生涯中期阶段。主要任务：需要对早期职业生涯进行重新评估，强化或改变自己的职业理想；选定职业目标，努力工作，有所成就。⑤职业生涯后期：从 55 岁直至退休为职业生涯的后期。主要任务：继续保持已有职业成就，维护职业尊严，准备引退。

此外，还有舒伯、利文森[①]等人提出的不同职业生涯发展阶段的划分。

在我国古代，孔子结合自己的亲身经历将人生每 10 年作为一个阶段。孔子曰："三十而立，四十而不惑，五十而知天命，六十而耳顺，七十而从心所欲不逾矩。"其基本含义是：30 岁确立人生目标，40 岁就不会困惑了，50 岁就会知道哪些事可以做，哪些事不能做，比较客观地了解自己，60 岁更能判别是非，分清真假，理解他人，70 岁便能随心所欲，任何念头都不会越出规矩。

以上生涯阶段的划分，各有其特点。对于不同的人，因人生发展极其复杂，学历不同、专业不同、参加工作的时间不同，其不同职业生涯阶段有着不同的作用。而且，每个人的发展机会和发展速度不一样，生涯阶段的划分也就不同。因此，每个人可根据自己的具体情况来分析、划分自己的职业生涯阶段。

2. 舒伯的生涯发展理论

有关职业生涯的研究和定义很多，舒伯[②]的观点最具代表性。舒伯根据布尔赫勒（Buehler）的生命周期论和列文基斯特（Lavighurst）的发展阶段论，提出了一个诠释职业发展的生涯发展概念模式。舒伯提出："生涯是生活中各种事件的演进方向和历程，统合了人一生中的各种职业和生活角色，由此表现出个体独特的自我发展形态。"他认为，个体职业喜好、能力、工

---

① 利文森（Daniel Levinson），美国学者，其将职业生涯发展划分为六个阶段，即拔根期（12～22 岁）、成年期（22～29 岁）、过渡期（29～32 岁）、安定期（32～39 岁）、潜伏的中年危机期（39～43 岁）和成熟期（43～59 岁）。

② 舒伯将人生职业生涯划分为四个阶段，即试探阶段（25 岁以前）、创立阶段（25～45 岁）、维持阶段（45～65 岁）和衰退阶段（65 岁以上）。在维持阶段又分为成长与停滞两种状态，有的在此时期继续成长有的在此时期停滞不前。

作环境和自我观念随着时间与经验而改变，因此职业的选择、适应成为一种持续不断的过程。舒伯根据年龄将生涯发展阶段划分为成长、探索、建立、维持与衰退五个阶段，每个阶段都有一定的特征，面临不同的职业发展任务。在此研究基础上，舒伯又提出了循环式发展任务，即每一个发展阶段同样都要面对成长、探索、建立、维持与衰退的问题，在个体进入一个新的生涯发展阶段后，极可能进入一个新的"成长—探索—建立—维持—衰退"的循环。与此同时，舒伯还对成长阶段、探索阶段和建立阶段进行了非常详细的研究，他把这三个职业发展阶段又分成八个次阶段，并提出了每个次阶段的发展特点。为了综合阐述生涯发展阶段与角色间的相互影响，舒伯还创造性地描绘出了一个生涯彩虹图，将多重角色生涯发展聚集在一张综合图形上。舒伯作为生涯管理理论研究和实践探索过程中一位里程碑式的大师，他的重要贡献在于把职业心理学的焦点从"职业"转到"生涯"，为之后的生涯研究和实践奠定了坚实理论基础。

舒伯的职业生涯发展论是建立在一种生涯整合观念之上的，强调的是主客观的相互作用，这种相互作用实际上系统地阐述了一种生涯发展的应然模式，并被视为一种独立的理论流派。要理解舒伯的生涯发展理论，需要把握以下三个要点。

第一，关于"自我"概念。

"自我"概念是舒伯理论中的核心概念，指人的兴趣、才能、认知各不相同，因为有这种差异的存在，所以人选择的职业领域也不尽相同。通常情况下，一个人的自我概念往往是在青春期以前就开始形成了，到青春期后更加明确，进入成人期后自我概念就转化为职业生涯概念。就成人而言，工作与生活是否满意，主要取决于个体能否在工作和生活中找到自我展示的机会。舒伯认为："职业生涯就是对自我的实践"，只有清晰明确地认识自我，才能更好地进行个体职业生涯的规划和发展。

第二，关于职业阶段。

舒伯根据自己生涯发展形态研究的分析结果，参照布勒（Bueller）的分类，将生涯发展划分为五个阶段。第一阶段是成长阶段（从出生至14岁），这个阶段属于认知阶段，儿童开始意识到自己的兴趣，并发展一些职业相关的基础技能。他们在这个阶段的主要任务就是树立自我形象，形成对工作世界的正确态度，了解工作的重要意义，并通过对自己的尝试不断修饰自身角色。第二阶段是探索阶段（15~24岁），这个阶段属于基础阶段，青少年通过学校和社会的各种实践活动对自我角色进行进一步审视，对职业进行初步探索，因此这一阶段具有很大的灵活性，主要任务是使职业偏好逐渐具体化、特定化，并实现职业偏好，为后期职业的发展奠定坚实的基础。第三阶段是建立阶段（25~44岁），这个阶段属于选择和安置阶段。基于上一阶段的尝试和探索，处于这一阶段的个体对自身的职业定位比较清晰，开始构建适合自己的领域，主要任务是统整、稳固并求上进。第四阶段是维持阶段（45~65岁），这个阶段属于升迁和专业精进阶段，是事业的稳定期，但也会时常面临新的挑战，主要任务是维持既有成就与地位。最后一个阶段是衰退期（65岁以上），这个阶段属于退休阶段，处于该阶段的人由于身体或心理机能的退化，工作中很多事情都变得力不从心，所以开始考虑退休，寻求其他途径来实现自我价值，并安享晚年。

第三，关于职业发展。

舒伯指出，职业发展的过程从根本上说是一种完成自我概念的过程。在这一过程中人们不断切换自己的角色，在个体与社会当中不断地进行调和，寻求达到职业平衡，也就是在职业发展中寻找自己适合的角色。再者，一个人工作的满意程度（进而是生活的满意程度），也取决于个体的兴趣、价值观、性格等因素。职业的发展包括发展人们的职业性格和职业才能，在这个过程中，职业目标不一定是从一而终的，而是不断改变、不断选择、不断适应、不断接受的过程。在职业发展阶段提升个人工作的满意度，最终实现自我的价值，这也是职业生涯最核心的目标。

舒伯集差异心理学、发展心理学、职业社会学、人格发展理论和角色理论之精髓，经过长期的研究，提出生涯发展理论，并不断地完善和修正。他将人的生命周期与职业生涯相结合，严格划分阶段，并指明每个阶段的主要任务，直至扩展到终身发展的领域和范围。同时，舒伯强调对个体职业生涯的管理和规划，让接受生涯教育的人了解职业生涯发展的阶段，了解自我，认识到在职业发展中可能出现的问题，并帮助其正确面对和解决，最终找到适合自身的职业领域，实现自我价值。

(六) 职业性向理论

职业性向是个体的各种品质特征要素与职业类型相匹配的倾向性表现。职业性向理论（Career Orientation）由约翰·霍兰德在1959年首先提出。他认为，人的人格类型、兴趣与职业密切相关，人格是决定一个人选择职业的重要因素，不同的人格特征适合从事不同的职业。他特别提到，六种基本的"人格性向"决定了个体选择何种类型的职业，并且根据个体的心理素质和择业倾向不同，员工可被划分为六种基本类型。霍兰德职业性向测试（SDS），就是帮助被测试者找到人格与职业环境相匹配的职业方向。

1. 实际性向

具有这种性向的人，通常表现为害羞、真诚、持久、稳定、顺从、实际等个性特征，会倾向于从事那些包含着体力活动并且需要一定的技术、力量和协调性才能承担的职业，如机械师、装配线工人、农场主、森林工人等。

2. 调研性向

具有这种性向的人，通常表现为分析、创造、好奇、独立等个性特质，会倾向于从事那些需要思考、组织和理解的活动，如化学家、经济学家、数学家、新闻记者等。

3. 社会性向

具有这种性向的人，通常表现为友好、合作、理解等个性特质，会倾向于从事那些包含着较多人际交往，能够帮助他人的活动或职业，如社会工作者、外交工作者、临床心理学家等。

4. 常规性向

具有这种性向的人，通常表现为顺从、高效、实际、缺乏想象力、缺乏灵活性等个性特质，会倾向于从事那些包含着大量结构性且规则较为固定的职业，在这些职业中，雇员个体的需要往往要服从于组织的需要，如会计、档案管理员、业务经理等。

5. 企业性向

具有这种性向的人，通常表现为自信、进取、精力充沛、盛气凌人等个性特质，会倾向于从事那些包含着大量以影响他人或获得权利为目的的职业，如法官、律师、公关专家、管理人员等。

6. 艺术性向

具有这种性向的人，通常表现为富有想象力、无序、杂乱、理想、情绪化、不实际等个性特质，会倾向于从事那些包含着大量自我表现、艺术创造、情感表达以及个性化活动的职业，如艺术家、广告制作者、音乐家、室内装饰者等。

然而，大多数人实际上并非只有一个性向，霍兰德认为，这些性向越相似或相容性越强，则一个人在职业选择时所面临的内在冲突和犹豫就会越少。如果这些性向是相互对立的，那么在进行职业选择时将会面临较多犹豫不决的情况，因为多种兴趣会驱使人们在多种不同的职业间进行选择。

具有层次感的职业性向才有持续的指导意义。三层次职业性向理论是霍兰德职业性向、MBTI等理论的发展，是结合个体显在个性、知识、技能等因素，并符合个体潜在个性、才干得以充分挖掘的，与个性最适合、与职业最匹配的，最容易取得更高层次成功的职业趋势与方向。三层次职业性向的核心内容包括影响职业成功的系统性概念要素，如职业价值观、职业个性、职业兴趣、职业智商、职业情商、职业天赋、职业知识、职业技能等。三层次职业性向包含职业趋向、职业取向、职业去向三个层次，盲目的选择叫去向，主观的选择是取向，客观的选择为趋向。最底层——职业去向的最大特点是盲目性，多数情况下是被动做出的选择，几乎没有考虑自身因素，距离成功最远；中间层——职业取向的最大特点是主观性，经过职业去向的磨砺，个体开始考虑职业取向、自身因素，但是选择仍然建立在模糊自我或假我的判断之上；最高层——职业趋向的最大特点是客观性。很少有人能达到这个层面，有人因为缺乏职业趋向的指引，终其职业生涯都没有找到个人潜力的源泉和职业发展的助推剂。以职业趋向为指引更容易使个体与职业相契合，从而使其职业生涯更加顺畅。

职业性向测试是人们进行职业选择的重要依据和指南，反映的是职业特点和个体特征之间的匹配关系，从而为实现"恰当的人从事恰当的工作"提供可靠的科学依据。符合个性并且具有层次的职业性向测试，才能从根本上帮助大学生顺利找到属于自己的职业之路。当前，出现的"先就业、再择业、后失业""频繁跳槽""敬业度低""盲目考研""公务员热"等种种现象表明，对职业性向测试重要性的认识和应用程度还远远不够。类型化了的职业性向相对静止、过于笼统，存在孤立甚至对立的现象，对个体职业性向选择、职业困惑的指导不够全面、不够具体、缺乏发展，容易让人产生怀疑，乃至步入误区。

大学生职业性向测试的根本目的就是找到适合每个大学生个性，且最容易取得更高层次成功的职业趋向。一方面，规避传统职业性向测试相对静止、过于笼统、缺乏发展的弊端，使其更符合客观实际、社会需求和大学生就业心理，便于提高对大学生职业性向测试重要性的社会认知和在速度、广度、效度上的普及程度；另一方面，三层次职业性向理论能够更加直观、准确地促进社会解决大学生就业难题和社会发展潜力问题，帮助企事业单位解决选人和用人问题，帮助大学生解决职业选择和人生规划问题。

（七）职业锚理论

所谓职业锚，又称职业系留点。"锚"本身是使船只停泊定用的铁制器具；职业锚是指当一个人不得不做出职业选择时，他无论如何都不会放弃的职业中至关重要的东西或价值观，实际就是人们选择和发展自己职业时所围绕的中心。

职业锚，也是自我意向的一个习得部分。个体进入早期工作情境后，职业锚由习得的实际工作经验所决定，与在经验中自省的动机、价值观、才干相符合，是达到自我满足和补偿的一种稳定的职业定位。职业锚强调个体能力、动机和价值观三方面的相互作用与整合，是个体同工作环境互动作用的产物并在实际工作中不断调整。

职业锚理论是关于职业的自我价值观理论，即研究人们从职业生涯中最想得到什么回报，其也是职业倾向理论的一种。职业锚理论产生于1978年，由沙因所提出。斯隆管理学院的44名MBA毕业生，自愿形成一个小组接受沙因长达12年的职业生涯研究，在经过面谈、跟踪调查、公司调查、人才测评、问卷等多种形式调查，最终分析、总结、提炼出了职业锚理论。职业锚以员工习得的工作经验为基础，产生于职业生涯早期，员工的工作经验进一步丰富和发展职业锚。沙因提出的职业锚理论包括五种类型：自主型职业锚、创业型职业锚、管理能力型职业锚、技术职能型职业锚、安全型职业锚。后来他又拓展了安全稳定型、生活型、服务型职业锚，将其增加到八种类型，并推出了职业锚测试量表。

沙因于20世纪90年代又提出的职业锚类型为八种，分别是自主或独立型、安全型、技术专业型、管理能力型、创业型、服务型、追求完全挑战型、追求生活方式型。个体在职业生涯进程中，不断地认识到自己的能力、潜能、需要、动机、态度和价值观所在，从而发展出清晰的职业锚，以指导、限制和整合一个人的职业生涯，对个体职业选择和发展、职业幸福感具有重要作用。

职业锚问卷是一种辅助职业生涯规划咨询、帮助求职者了解自我的工具，能够协助组织或个人进行更理想的职业生涯发展规划，是国外职业测评运用最广泛、最有效的工具之一。了解职业锚的概念，要注意以下几个方面。

（1）职业锚以员工习得的工作经验为基础。职业锚发生于早期的职业阶段，员工工作若干年，习得工作经验后，方能选定自己稳定的长期贡献区。个体在面临各种各样实际的工作和生活情境之前，不可能真切地了解自己的能力、动机和价值观以及在多大程度上适应现行的职业选择。因此，员工的工作经验产生、演变和发展了职业锚。换句话说，职业锚在某种程度上由员工实际工作所决定，而不只是取决于潜在的才干和动机。

（2）职业锚不是员工根据各种测试检验出来的能力、才干或者动机、价值观，而是在工作实践中，依据自身和已被证明的才干、动机、需要和价值观，现实地选择和准确地进行职业定位。

（3）职业锚是员工自我发展过程中的动机、需要、价值观、能力相互作用和逐步整合的结果。

（4）员工个人及其职业不是固定不变的。职业锚，是个体稳定的职业贡献区和成长区。但是，这并不意味着个体将停止变化和发展。员工以职业锚为其稳定源，可以获得该职业工作的进一步发展，以及个人生物、社会生命周期和家庭生命周期的成长、变化。此外，职业锚本身也可能变化，员工在职业生涯的中后期可能会根据变化了的情况，重新选定自己的职业锚。[①]

经过多年的发展，职业锚已成为许多人职业生涯规划的必选工具和公

---

① 刘志明. 职业锚[M]. 北京：中国劳动社会保障出版社，2007.

人力资源管理的重要工具。个体在进行职业规划和定位时,可以运用职业锚思考自己具有的能力,确定自己的发展方向,审视自己的价值观是否与当前的工作相匹配。只有个体的定位与从事的职业相匹配,才能在工作中发挥自己的优势,更好地实现自己的价值。

作为个体,尝试各种具有挑战性的工作,在不同的专业和领域中进行工作轮换,对自己的资质、能力、偏好进行客观的评价,是使其职业锚具体化的有效途径。对于企业而言,通过雇员在不同工作岗位之间的轮换,了解雇员的职业兴趣爱好、技能和价值观,将他们放到最合适的职业轨道上去,可以实现企业和个人发展的双赢。

二、职业价值观研究相关量表

在研究工具上,西方理论界研制和采用了许多系统的职业价值观调查量表。常见的有库德的职业兴趣调查量表(简称"KOIS")、霍兰德的职业爱好问卷(简称"HVPI")、明尼苏达的职业兴趣量表(简称"MYII")等,其中最具有代表性是舒伯编制的职业价值观量表(简称"WVI")。

在科学研究测量标准的基础上,国外对职业价值观的研究广泛运用了调查研究的方法。具有代表性的有美国心理学家罗森帕格(R. Senberg)针对全美大学生进行的职业价值观调查;20世纪60年代末期和70年代,美国心理学家艾斯廷(Astin)和同事对美国大学一年级新生的态度和价值观进行了追踪研究;美国心理学家露赞巴格以全美大学生(斯坦福大学为主)为对象进行了职业价值观调查;日本大阪大学的中西信男对日本国立大学生进行了题为"大学生所希望的职业与职业价值观的关系"的调查,结果表明,职业价值观的第一位是能力和适应性;1973年,日本广播协会(HNK)广播舆论调查所对1500名大学四年级学生进行了职业观调查等。这些调查研究,采用了横向比较与纵向比较相交替,定性比较与定量比较相呼应,开放式问卷与封闭式问卷相结合,得到的结论较为全面。

(一)职业兴趣调查量表

1. 库德职业兴趣调查量表

库德(Kuder)于1934年编制了库德爱好记录表,其基本思想是把所有职业分成十个兴趣领域，然后确定与之相应的十个同质性量表，受测者的测试结果，按这十个量表分别计分，通过得分高低确定感兴趣和不感兴趣的职业领域。由于这种方法测得的结果比较笼统，于是库德从斯特朗职业兴趣量表（SVIB）中吸取了职业量表的思想，在1966年编制了库德职业兴趣调查表（Kuder's Occupational Interest Survey，KOIS），并于1985年再一次修订了库德职业兴趣调查表。

经过不断更新，库德职业兴趣调查表的最新版本是1999年的库德职业搜索与个人匹配（Kuder Career Search with Person Survey，KCS）。KCS提供的是个人——个人的匹配，而不是早期所使用的个人——群体匹配。库德认为，一个人可能更类似于从事某一具体工作的另一个人，而不是一个具有少量差异的职业群体。如果能将一个人的兴趣与另一个人的兴趣进行匹配，就可以获得关于个体更精确、更有意义的信息。因此，KCS最大的特点就是评分程序中的个人匹配。其方法是将受测者的活动偏好，与数据库中的校标组相比较，显示与其匹配最好的25个列表，这个列表揭示了与受测者最类似的个体。测试报告还会提供最佳兴趣匹配个体的传记信息，以及从事某类工作的满意度等内容，以便受测者进行职业探索。KCS为兴趣测量提供了一种新的思路，但他的信度和效度还有待检验。[1]

2. 杰克逊职业兴趣调查表

杰克逊职业兴趣调查表（Jackson Vocational Interest Survey，JVIS）采取的技术路线反映了重视理论基础的测验编制取向，也反映了计算机高速发展所带来的方法学上的改进。JVIS编制的第一步是定义出该量表所要测量的维度，这些维度有两种形式，一种是以"工作角色"来定义，另一种是以"工作风格"来定义。"工作角色"指的是一个人在其职业上的工作内容，有些"角色"与某一特定职业或某类特定职业有密切的关联，例如工程、法律、幼教等；有些角色，像人际关系处理、专业指导等，则包含在多种职业领域中。"工作风格"所指的并不是与工作直接有关的活动，而是一种工作情境，在这个情境中我们可以预期某些行为的产生。职业兴趣调查表最初的题库有3000多个题目，研究者可对这些题目子群进行因素分析。由于题

---

[1] 戴海崎，张锋，陈雪枫. 心理与教育测量［M］. 广州：暨南大学出版社，2011：286-288.

目的作答方式是"喜欢"或"不喜欢",每个人所回答的"喜欢"或"不喜欢"的总题数有很大差异,因此可利用统计方法将这些反应偏向消除。然后根据题目的内部一致性,选出与自身研究所属量表的总因素分数有高度相关且与其他量表的因素分数无显著相关的题目,由计算机程序把代表不同工作角色或工作风格的题目配对,这些配对题目在各自单独呈现时,对其所代表的职业角色或风格有相似的测量效力,最终组合成强制作答的调查问卷。

JVIS 最后的题本共有 34 个量表,包括 26 种工作角色和 8 种工作风格,整个调查表对男女两性均适用,其常模资料包括了数量相等的男女样本。各量表也提供男女团体的百分位数常模作为补充参考资料,整个常模大样本取自美国及加拿大各地高中及大学生。

在 34 种 JVIS 量表中的任一量表上得高分,则表示被试对该职业领域的人所从事的各类活动感兴趣,并倾向于表现出在该工作环境中的一般人会做出的举动或行为。

JVIS 的 34 种量表均可迅速人工记分,而且原始分数可直接转为剖析图,变成平均数为 30、标准差为 10 的标准分数,另外还有一份电脑分析报告。JVIS 也可以有一般职业类型的分数,这些分数是参考霍兰德的 6 个职业类型模型,由 34 个基本兴趣量表进行因素分析而得出的 10 种职业类型:表达性的、逻辑的、探查性的、实务的、独断的、社会化的、助人的、传统的、企业的以及沟通性的。在得分报告中,被试在这 10 种因素上的得分是参考男性及女性标准化团体的百分位数常模而得出的。在 JVIS 的分析中,有些是对剖面图做整体评价。JVIS 还建立了和 SVIB 的联系,在解释其分数时充分利用了斯特朗兴趣问卷的职业团体资料库。

总体来说,杰克逊职业兴趣调查表主要应用于大学生的职业教育和规划,也可用于希望更换工作的成人。该量表避免了性别偏倚(Gender Bias),也非常注意抑制默认定势。

3. 明尼苏达职业兴趣量表

明尼苏达职业兴趣量表(Minnesota Vocational Interest Inventory,MVII)是为不上大学的人而设计的,偏重于技巧与半技巧行业。该量表仿照 SVIB 职业兴趣调查表,有 9 个基本兴趣领域及 21 种特定的职业量表。明尼苏达职业兴趣量表运用广泛，常被运用在为军队以及没上过大学的人专设的指导程序中。

（二）霍兰德职业偏好量表

霍兰德职业偏好量表（Vocational Preference Inventory，HVPI），也叫职业兴趣量表，是约翰·霍兰德于1959年提出的具有广泛社会影响的职业兴趣理论。霍兰德认为，人的人格类型、兴趣与职业密切相关，兴趣是人们活动的巨大动力，凡是引发个体职业兴趣的工作，都可以提高人们的积极性，促使人们积极地、愉快地从事该职业，且职业兴趣与人格之间存在很高的相关性。霍兰德认为，人格可分为实际型（R）、研究型（I）、艺术型（A）、社会型（S）、企业型（E）和传统型（C）六种类型。

人格与职业有着密切的关系，不同职业对从业者人格特征的要求是有差别的。通过职业选择优化测试，可以感知自己的个性特征，帮助求职者选择适合其发展的职业。职业选择优化测试，也称"择业优化测试"或"就业方向测验"，被人力测评机构和企业雇主广泛应用以帮助大学生和在职人士确定自己的最佳职业方向，调整职业发展规划，更好地做出求职择业的决策。

每个人都有自己独特的性格（适合做什么）、兴趣（想做什么）、能力（能够做什么），决定了个体在做某些特定类型的事情会有优势。如果选择的职业方向能够与这种优势匹配，就能发挥最大的工作效率和潜力。如果该职业方向也符合个体的兴趣，那么个体在工作中就具有强烈的驱动力和积极性，工作状态也会更加愉快。

职业兴趣量表可以让个体清晰地了解自己的职业兴趣类型和在职业选择中的主观倾向，从整体上认识和发展自己的职业能力，在纷繁的职业机会中找寻到最适合自己的职业，做好职业选择和职业设计，适时地进行职业调整，避免职业选择中的盲目行为。

（三）舒伯职业价值观量表

舒伯职业价值观量表（WVI）由美国心理学家舒伯于1970年编制，是测评个体不同职业价值取向的工具。该量表由45个项目构成，并将职业价值分为 3 个维度：①内在价值观，即与职业本身性质有关的因素；②外在价值观，即与职业性质有关的外部因素；③外在报酬。共计 15 个因素：智力刺激、利他主义、经济报酬、变动性、独立性、声誉、美感、同事关系、安全性、生活方式、监督关系、工作环境、成就、管理、创造性。量表要求被试者采用五级评尺对每个项目进行评定，分值越高，表明对此项目越看重。中国心理学者黄希庭等人曾对此量表进行修订，用于测查中国青年的职业价值观。[1]

（四）迈尔斯-布里格斯职业性格测试量表

迈尔斯-布里格斯职业性格测试量表（MBTI）是国际最为流行的职业人格评估工具，具有非常雄厚的心理学基础。MBTI 量表是一个系统的理论模型，从复杂的个性特征中归纳提炼出 4 个关键要素——动力、信息收集、决策方式、生活方式，通过这些维度的分析判断，从而把不同个性的人区别开来。MBTI 职业性格测试主要应用于职业规划、团队建设、人际交往、教育等方面。MBTI 人格分类模型和理论的意义在于"解释人与人之间的差异现象"以及优化决策，对决策流程"进行理性的干预"。

1. 迈尔斯-布里格斯职业性格测试的理论溯源

从古希腊、古印度的哲学家，远至公元前 450 年的希普克里兹（Hippocrates），到中世纪的帕拉萨尔斯（Paracelsus），他们早已注意到所有的人都可以被归纳为四种类型：概念主义者、经验主义者、理想主义者和传统主义者，同一种类型的人的性情具有惊人的相似之处。

1920 年，瑞士著名心理学家卡尔·荣格（Carl Jung）提出了人格理论，强调人类有许多原型的本能，并总结了四个心理学功能：思想、情感、感觉、直觉。利用四种功能与内外向的划分，可以将人们的心理分为不同类型。于是，荣格提出了经典的"功能类型"或者称作"心理学类型"。荣格设计了一套性格差异理论，他相信性格差异会决定并限制一个人的判断，他把这种差异分为内向性与外向性、直觉性与感受性、思考型与感觉型。同时，他认为这些差异是与生俱来的，并且在一个人的一生中相对固定。

---

[1] 林崇德. 心理学大辞典 [M]. 上海：上海教育出版社，2003.

荣格把感知和判断列为人脑的两大基本功能，前者帮助我们从外部世界获取信息，后者则使我们以特定的方式做出决定。它们在大脑活动中的作用受到个体生活方式和精力来源的限制，从而对人的外部行为和态度产生各不相同的影响。正是在这个意义上，性格被视为一种人与生俱来的天性。

2. 迈尔斯-布里格斯职业性格测试的形成及发展

20 世纪 40 年代，美国一对母女在荣格的心理学类型理论的基础上提出了一套个性测验模型。伊莎贝尔·迈尔斯（Isabel Myers）和她的母亲凯瑟琳·布里格斯（Katharine Briggs）把这套理论模型以她们的名字命名，称作"迈尔斯-布里格斯类型指标"（Myers-Briggs Type Indicator，MBTI）。这个指标以瑞士心理学家荣格划分的 8 种类型为基础，并加以扩展形成四个维度，如表 1-1 所示。

表 1-1　迈尔斯-布里格斯类型指标（MBTI）

维度	类型	对应类型英文及缩写	类型	对应类型英文缩写
注意力方向（精力来源）	外倾（外向）	E（Extrovert）	内倾（内向）	I（Introvert）
认知方式（如何搜集信息）	实感（感觉）	S（Sensing）	直觉（直觉）	N（Intuition）
判断方式（如何做决定）	思维（理性）	T（Thinking）	情感（感性）	F（Feeling）
生活方式（如何应对外部世界）	判断（主观）	J（Judgment）	知觉（客观）	P（Perceiving）

四个维度如同四把标尺，每个人的性格都会落在标尺的某个点上，这个点靠近哪个端点，就意味着个体就有哪方面的偏好。如在第一维度上，个体的性格靠近"外倾"这一端，就说明个体偏好外倾，而且越接近端点，偏好越强。作为一种对个性的判断和分析，类型指标是一个理论模型，从复杂的个性特征中，将人们的行为和态度划分为 16 种类型，归纳提炼出 4 个关键要素——动力、信息收集、决策方式、生活方式，从而进行分析判断。该量表可以分析出大量的个性特质，这些特质大部分是人无法改变的，从而把不同

个性的人区别开来。MBTI 的结果描述出正常的健康人之间存在着值得重视的差异，这些差异可能导致误解或引起交际中的误会。

3. 意义

MBTI 帮助测试者看到自身的力量和特有的才干，这些认识可以使测试者更深刻地了解自己，包括自己的动机、力量和潜在的发展前景。MBTI 帮助个体更深入地认识自我，促进合作；也可以使测试者更深刻地了解和欣赏与自己类型不同的人。这一理论可以用于解释为什么不同的人对不同的事物感兴趣，擅长不同的工作，并且有时不能互相理解。

19 世纪 90 年代 MBTI 曾风靡一时，每年都有超过百万以上的人参加测试。目前大量的职业咨询与服务机构都使用 MBTI 作为辅助工具，在世界 500 强企业中有 80% 以上企业的高层管理者、高级人事主管在使用这个工具。青年人可利用它选择职业，组织也可利用它改善人际关系、团队沟通、组织建设、组织诊断等。但 MBTI 的使用并非一日之功，需要大量的案例研究及对人的分析，才能较好地掌握这个工具，这些给 MBTI 的推广带来一定的难度。

我国心理学专家与美国东卡罗莱纳大学在 1994 年合作完成了 MBTI – G 人格类型量表的翻译和修订；1998 年后，又修订出版了最新的 MBTI – M 人格类型量表。

第二章 职业理想：就业价值起点及其路径依赖

第一节 职业理想的含义

职业生活不仅是维持生存的手段，也是促进素质提高、实现自我价值，同时推动社会发展的基本途径。即将告别大学生活奔赴社会职业岗位的大学毕业生，选择什么样的职业，确定什么样的工作岗位，是人生道路上十分重要的一步，也是施展才华、创造未来、体现自我价值的重要前提。职业选择总是受一定职业理想的支配，有什么样的职业理想，就会选择什么样的职业。因此，大学毕业生在择业过程中，不仅要了解职业的分类，掌握职业的特征，还要树立正确的职业理想，遵循职业道德。1979年，韩进之等人对我国青少年的职业理想进行了调查，开创了我国关于职业价值观研究的先河。

一、职业理想的内涵

理想是人类特有的精神现象，是人们心灵世界的深层核心。著名教育家蔡元培先生曾说："人类之所以视他动物为进化者，以有理想。教育者，养成人格之事业也。使仅仅为灌注知识、练习技能之作用，而不贯之以理想，则是机械之教育，非所以施于人类也。"[1] 这就是说，学校不仅要对学生加强知

---

[1] 蔡元培. 蔡元培教育名篇 [M]. 北京：教育科学出版社，2007：29.

识与技能的教育,更要注重对学生的理想教育。苏联教育家苏霍姆林斯基曾说:"学校里道德教育的实质,则在于教育者经常去唤起自己的学生们去追求理想的东西,即是应该奉献的思想。"①

职业理想是指个体在一定的世界观、人生观、价值观的指导下,对自己未来所从事职业的专业、工作部门、工作种类、发展目标、事业成就等所表现出的强烈追求和向往。职业理想是个体理想的重要组成部分,是个体在生存手段和发展方向选择上的自主性、目的性的充分体现,对个体的职业精神、职业道德、意识和行为起着重要的支配与调节作用。树立正确的职业理想对恰当处理择业问题和正确对待职业生涯,最大限度地施展自己的才华和实现自身人生价值具有十分重要的意义。

职业理想是指个体在社会职业中,对未来职业生活所设定的奋斗目标,人生发展的目标是通过职业理想来确立并最终实现的。职业理想与职业期望有着密切的关系。职业期望是个体对某种职业的渴求或向往,它是决定个体职业选择的内在动力。关于理想或目标与人的积极性、期望值的关系,美国心理学家佛隆曾提出一个著名的公式:激发力量 = 效价 × 期望值。其中,"效价"是指个体对自己确立的目标高低、目标价值和重要性的认识,"期望值"是指实现个体所确立目标的可能性,"激发力量"与"效价""期望值"成正比关系。可见,选择崇高的职业发展目标,能够产生积极的发展动力。树立崇高的职业理想,把职业视为人生所追求的事业,其中蕴含着鲜明的人生理想和价值信念。理想主义的职业情怀,将使大学毕业生满怀着对新生活和未来人生的美好期待,并以积极的态度来规划和调整自己的人生方向,珍视自己将来所要从事的职业荣誉。对于理想主义者而言,适合自己的职业岗位应该是对其个人很有意义的工作,而不是简单的常规工作或只是一种谋生的手段。②

如果说职业目标是个体对未来从事职业的认定的话,那么职业理想则是个体进行职业判断的价值尺度,是判断某一职业称心不称心、满意不满意的依据和标准,是个体对从事这一职业的个体价值和社会价值的向往。在职业

---

① 苏霍姆林斯基. 苏霍姆林斯基选集:第 2 卷 [M]. 北京:教育科学出版社,2001:183.
② 迟成勇. 论当代大学生就业观之建构 [J]. 中国石油大学学报(社会科学版),2012,28(02):103 – 108.

理想的驱动下，个体围绕着职业产生需要、动机、行为，最后形成目标。职业理想作为一种社会意识，是社会存在的反映，是个体在认识世界和改造世界过程中对个体发展的一种预测和需求。人是社会的人，个体的发展离不开社会的发展，个体的职业理想当然会反映出社会理想，把职业理想与社会理想结合起来，就构成了人生的整个理想。作为即将进行职业选择的大学毕业生，如果没有确立职业理想，便会在五花八门的社会职业面前不知所措，不知如何选择与取舍，或者在"双向选择"的过程中随波逐流，使职业选择出现偏差，为以后工作带来种种烦恼；如果职业理想不正确，则容易使人陷入困惑，带来精神和情感的消耗与折磨。因此，树立正确的职业理想，对即将走上社会的大学毕业生来说是至关重要的。

（一）职业理想的特征

职业理想是个体对从事这一职业的个体价值与社会价值的向往，也就是说，职业理想要能够综合反映个体维持生存、发展个性、承担社会义务等的需要，它不仅能反映较低层次的维持生存所必需的物质生活需要，也能反映较高层次的精神文化需要。我们知道，既然职业是个体谋生的主要手段，那么职业理想就不能不接纳经济效益观念，不能不考虑工资待遇等内容。既然职业是实现自我价值、发挥聪明才智的主要途径，那么职业理想就不能不接纳自我价值观念，不能不考虑社会声誉、社会地位、自我成就等因素。职业虽有行业之分，但各行各业又都是社会的组成部分，在国家建设和社会发展中各有其特殊作用和应尽义务。因此，职业理想不包含着社会职责的履行。由此可见，维持生存、发展个性、履行社会义务和奉献社会，构成了职业理想的基本要素，对于这些要素的不同排列组合，便构成了不同的职业理想。

（二）职业理想内涵的综合性

职业理想的构成，绝不是由某一种因素所决定的，它既是物质的，也是精神的，既是个体的，也是社会的，是人生理想的具体表现，具有明显的综合性。

(三) 职业理想的动态稳定性

职业理想是人的一种社会意识，是对社会存在的反映。随着人对社会认识、理解程度的变化及社会和个体自身的发展，个体的思想观念不会一成不变，而是会形成一个不断认识、不断修正、不断发展的过程。同时，职业理想又是相对稳定的，在职业理想的构成要素中，其组合原则和重要的构成要素必须确定下来，否则就是对社会和自我需要缺乏清晰的认知，职业理想就不稳定，无法形成目标和行动的方向。正如鲁迅先生年轻时以从医报国为理想，后来弃医从文，是对当时社会认识不断发展变化的结果，但其报国的理想却是非常明确的。

(四) 职业理想的个体差异性与社会统一性

职业理想内涵要素的组合排列会因人而异，这是由于个体对社会的认知不同、价值观念不同，同时也是个体的心理、技能、兴趣、爱好等差异的体现，即自我需要不同。因此，职业理想不能用统一模式来限定。由于人是社会的人，各行各业都是社会的组成部分，履行社会义务和奉献社会是职业理想中不可替代的部分。职业理想与社会理想是统一的，职业理想的个体差异与共同的社会理想共存，事实上也不存在独立于社会理想以外的职业理想。

二、职业理想的确立

认识了职业理想的内涵及其特殊性，就为我们正确把握职业理想、建立职业理想的目标奠定了基础。从以上的分析中，我们不难看出，正确职业理想的建立应坚持以下几个基本原则。

(一) 职业理想是个体理想与社会理想的结合

衡量一种职业理想，最重要的标准是社会的需要程度和就业者对社会做出贡献的多少。职业虽然是个体谋生的手段，但除了谋生以外，社会需要全体成员团结一致，通过不同职业分工，为实现共同的目标而奋斗。大学毕业生一般有着较强烈的高层次的精神追求，把有所作为、为社会多做贡献作为自己职业理想的重要因素。

（二）职业理想有利于发展个人专长

高等学校的人才培养计划，是依据国家各项事业发展和学校人才培养目标而制订的。大学毕业生掌握了一定的专业理论知识和专业技能，并在大学生活中培养锻炼了各种能力，是国家建设急需的生力军。大学毕业生到能够发挥专长的岗位上，充分利用自己的聪明才智为社会服务，这是国家人才培养效益的体现，同时也是大学生发展个人专长和实现自我价值的重要途径。

（三）职业理想遵循要素组合适中的原则

职业理想的要素要避免走极端，这是由职业理想动态稳定性所决定的。人的需求结构不是一成不变的，社会也在不断发展进步，如果职业理想不是以各要素适中组合而形成的，而是以牺牲某一方面要素极端发展出的，即使可能在职业选择时会相对简单，但会阻碍未来事业的发展。比如，有些毕业生在就业过程中放弃学业去经商，就业与专业不对口，或者贪图享乐而放弃拼搏舍下事业，在一时的高兴之后总会伴随失落和后悔，这些表现莫不根源于职业理想内涵序列的比例失衡。

（四）职业理想以现实为基础

对职业抱有过多期望往往是不现实的。如果我们心目中的职业既有发展前途，又有利于发挥个体专长，还要工作轻松、环境好、福利待遇高，这种两全其美的职业很难找到，即使找到了，也可能患得患失，一事无成。因此，职业理想要建立在现实的基础上。

三、崇高的职业理想

职业理想的树立，不是一朝一夕就能完成的，而是在主客观条件的相互作用之下，从小萌生并在实践中逐步形成的，其间要经历漫长的成熟过程，

自为与外塑：大学生就业价值观的价值原点与实践进路

受到来自家庭、社会潜移默化的影响，也受到个人认知和思想觉悟的制约。对大学生来说，其职业理想已初步形成并在继续发展，处于确立和调整期。他们对职业的向往，以及对所向往职业的浪漫想象已逐步减少，开始考虑如何去实现职业理想，从自己所学专业、社会需求、自身条件以及对职业的社会评价等方面进行综合考量，完成职业选择。因此，对于即将毕业的大学生来说，职业选择已不再是美好的想象，而是根据社会需求条件，不断调整自己的职业理想，最终达到个人动机与客观现实的统一。

马克思指出："在选择职业时，我们应该遵循的主要指针是人类的幸福和我们自身的完美。"只有树立"为人类福利而劳动"的职业理想，才能在职业生活的道路上，以创业的精神和高度的责任感去从事国家伟大的建设事业，这样"重担就不能把我们压倒，因为这是为大家而献身"。[1]

一个人只有把自己的职业理想和个人前途建立在造福人类、造福社会的基础上，个人的奋斗目标才能顺利实现，个人的事业才能取得成功。造福人类、造福社会，既是历史上一切品德高尚、功勋卓著的人们的奋斗目标，也是新时代大学生应该树立的高尚的职业理想。高尚的职业理想遵循了社会发展的一般规律，体现了职业理想与社会理想的统一，能给人以巨大的鼓舞，催人奋进，符合社会需要，也是全体人民根本利益的体现。

党的十九大报告指出，经过长期努力，中国特色社会主义进入了新时代，这是我国发展新的历史方位。十九大报告还提出，我国正处于全面建成小康社会决胜阶段、中国特色社会主义进入新时代的关键时期，现阶段的根本任务是全面建成小康社会、夺取新时代中国特色社会主义伟大胜利、实现中华民族伟大复兴的中国梦、实现人民对美好生活的向往。从十九大到二十大，是"两个一百年"奋斗目标的历史交汇期。我们既要全面建成小康社会、实现第一个百年奋斗目标，又要乘势而上开启全面建设社会主义现代化国家的新征程，向第二个百年奋斗目标进军。

作为国家栋梁的大学生来说，树立崇高的职业理想，为把我国建设成为富强、民主、文明的社会主义现代化国家，义不容辞地担负起历史赋予的使命，为国家的富强、人民的幸福，努力奋斗，开拓进取，创造人生的辉煌。

---

[1] 马克思，恩格斯. 马克思恩格斯论教育［M］. 华东师范大学《马克思恩格斯论教育》辑译小组，译. 北京：人民教育出版社，1985.

第二节 大学生职业期待视野

一、职业期待视野的提出

"期待视野"由德国接受美学的代表人物之一汉斯·罗伯特·尧斯（Hans Robert Jauss）提出，是指接受者由个体的人生经验和审美经验转化而来的关于艺术作品形式和内容的定向性心理结构图式。也就是在文学阅读之前及阅读过程中，作为接受主体的读者，基于个体与社会等各种因素，在心理上形成的既有思维指向与观念结构，是阅读文本的既定心理图式。期待视野是接受美学的核心概念和审美期待的心理基础，其思想的核心就是突出读者在作品形成中的意义。

期待视野主要由读者的价值观、知识水平、智力水平、审美趣味、文学阅读能力等决定，大体上包括三个层次：文体期待、意象期待、意蕴期待，这三个层次与艺术作品的三个层次是相对应的。简单地说，期待视野就是接受者在以往鉴赏中获得并积淀下来的对艺术作品的艺术特色和审美价值的认知理解。接受者的期待视野不是一成不变的，每一次新的艺术鉴赏实践，都会受到原有期待视野的制约，同时又在调整着原有的期待视野。因为任何一件优秀的艺术作品都具有审美创造的个性和新意，都会为接受者提供新的不同以往的审美经验。

职业期待是大学生对未来从事的某种职业的认知，对有关职业以及职业发展的评价、判断和选择，对自身未来职业发展的主观看法。大学生职业期待视野由大学生的世界观、人生观、价值观、知识结构、职业兴趣、适应社会的能力等决定。

二、职业期待视野的内涵

随着经济和科技的发展，人们开始重视就业形势对日常生活和社会发展产生的重要影响，更加重视对职业、就业领域的研究，比如对职业期待视野的研究。职业期待视野的内涵主要包括概念界定、变化过程、影响因素以及主要类型四个方面。

（一）职业期待视野的界定

尧斯的期待视野指的是个体在鉴赏文学作品中所产生的期待，职业期待视野可以理解为人们在职业选择中所呈现的期待。具体而言是指个体在其生活实践过程中，在个体、家庭、学校以及社会等环境的影响下，通过各种途径或渠道，逐步形成的对职业的判断和期待。职业期待视野反映了个体对未来职业的主观感受、态度、评价及个体的职业价值观。职业期待视野是个体通过自身对职业要素的选择来展现，如个体选择什么样的职业，为何要选择这份职业，能不能胜任这一份职业等。对于这些问题的思考和解答，就是职业期待视野在现实生活中的具体表现。

基于期待视野所包含的三层含义，我们可以对职业期待视野有更深入的认识。第一，期待视野处在不断改变和建立的相互转化过程中，它不是固定不变的，这种改变取决于是否有高于原有期待视野的意义出现，这一含义体现了职业期待视野的变化过程。第二，在就业之前，求职者存在一种对未来职业意义的期待，这种期待的形成会受到求职者受教育程度、所处地位、价值观等多种因素的影响，这一含义体现了职业期待视野的形成受到不同因素的影响。第三，求职者就业必须具有一定的能力结构或知识框架，由于个体的成长背景、所掌握的知识框架和能力结构不同，职业期待也是因人而异，各有不同，这一含义体现了职业期待视野有其独特性。

（二）职业期待视野的变化过程

美国心理学家亚伯拉罕·马斯洛的需求层次理论告诉我们，人们的需求可以由低到高低分为生理需求、安全需求、社交需求、尊重需求、自我实现需求五个层次，当较低层次需求得到满足时会产生较高层次的需求。对于职业的期待，其出发点是需求，由于个体在人生各个阶段所经历的综合环境以及身心成长阶段的不同，期待视野的形成不是固定不变的，而是呈现出动态的变化过程，层次性地向前变化发展。也就是说，职业期待视野会随着需求层次的变化而不断地进行着调整与变化。

个体在不同时期的职业期待视野受到所处阶段及个人阅历的影响，可能存在不同的视野倾向。严格意义上讲，个体的职业意识在孩提时代便开始产生，经过了小学、中学、大学等人生的不同阶段，在周围环境以及自我发展的影响下，对不同职业会产生某种倾向性认知和理解。这种倾向性的认知和理解的背后受各种支持因素的影响，无论这种因素种类的多少以及影响的大小，都属于对职业的期待视野。

职业期待视野是一个不断变化的过程，这个变化过程主要受到个体所处阶段以及阅历的影响。这正是由"期待视野处在不断改变和建立的相互转化过程中，这种改变取决于职业是否有高于原有期待视野的意义出现"这一含义所决定的。这一含义还同时表明职业期待视野的转化不是无条件地进行，而是需要"有高于原有期待视野的意义出现"，也就是要有对职业期待视野产生影响的因素。

（三）职业期待视野的影响因素

文学鉴赏意义上的期待视野理论含义为：在阅读之前，读者存在一种对作品潜在意义的期待，这种期待的形成会受到读者受教育程度、所处地位、价值观等多种因素的影响。职业期待视野的主体生活在复杂的社会环境中，职业期待视野的影响因素也是复杂的，因而各种主客观因素都会影响着个体职业期待视野的变化。

（四）职业期待视野的主要类型

对于职业期待视野的分类，目前学术界较多是依据不同来源而进行的划分，主要分为四大类。

第一，主体因素。主体因素是指个体自身特质对职业期待视野产生影响的因素，比如，性格、性别、爱好、知识能力、身体素质等都是主体因素的具体体现。

第二，家庭因素。家庭因素指的是家庭成员、家庭教育、家庭关系等对职业期待视野产生影响的因素。在家庭生活中，子女倾向于感知、观察父母的职业来调整自己的职业期待视野，父母也会引导子女形成带有父母意愿的职业期待视野。

第三，学校因素。学校因素主要是指学校教育对于职业期待视野的影响。人们身体的成长和知识的储备过程基本都是在学生时代进行的，学校教育对于个体职业期待视野的形成起着最直接的影响作用。

第四，社会因素。人具有社会属性，任何个体都是存在于社会当中，时刻与社会产生各种关系。个体的职业期待视野同样会受到来自社会因素的影响。社会环境因素包括社会舆论、网络信息与舆情因素、社会关系、社会主流价值观、社会风俗习惯等。尤其要关注的是社会因素中的网络信息与舆情因素，当今社会是一个信息化的时代，信息与网络已经深入到人们的生活、工作和学习中，并对我们的生活、工作和学习产生重要影响，职业期待视野也不可避免地受到了网络因素的影响。

第三节 职业偶像崇拜

一、偶像的概念界定

（一）偶像的释义

《说文解字》对偶像的解释："偶，桐人也。"在古代典籍中，偶像也被称作是偶人，桐木雕的人像为木偶，泥巴塑的则为土偶。"偶"是"俑"字的假借字，秦兵马俑也是偶人的一种。在《佛学大词典》中，偶像被定义为宗教中以土、木、金属所造之神佛像。古代的偶像充满着神话色彩和宗教成分，偶像的表现形式是为人所崇拜、供奉的雕塑品，人们制作了高大的人偶供奉在庙堂之中，以香火侍奉，鞠躬叩拜，虔诚祈愿。这种偶像表面上是以物质的形式存在，但实质上是人们的精神寄托，是虚幻的不真实的存在，指代的是人们心目中具有某种神秘力量的象征物，反映着古代人民将自己的命运交付于虚无缥缈的神灵而祈望平安的无力感。

在《现代汉语词典》中，"偶像"一词被解释为"用木头、泥土等雕塑的供迷信的人敬奉的人像，比喻崇拜的对象。"① 这是依据古义而解释的，与当代的偶像意义有所偏差。古代的偶像并不单单只有人偶、雕像等无生命的物种，远古的偶像是人化了的神，而随着社会发展，偶像慢慢变成了被神化了的人。在当时的现实生活中，帝王将相、文学大家因功绩、才华而极具个人魅力和偶像风范。他们的人格、功绩成诗词为众人津津乐道，赞叹不已，赢得了很多人的敬佩。所以，偶像崇拜不是现在才有，而是自古有之。

（二）崇拜与偶像崇拜

"崇拜"一词拆分释义，"崇"为尊敬，"拜"指代拜授、学习。"崇拜"一指尊重敬佩，《南齐书·百官志》中写道："其诸吉庆瑞应众贺、灾异贼发众变、临轩崇拜……则左仆射主，右仆射次。"二指尊重拜授，三指尊崇奉拜。崇拜最早出现于宗教之中，是宗教中的统治者使其信徒对自己产生追随、迷信、盲从的行为，带有贬义色彩。后来崇拜一词演变成中性词汇，指对某人的喜爱和钦佩。

偶像崇拜是个体对于象征物信仰的近极端化，是对一种图腾、物体、动物或人的喜爱和追逐。比如，在远古时代，人们对风雨雷电等自然现象的崇拜，认为是上天的昭告和神灵的指示，这股神秘的自然力量使人敬畏，于是人们对其产生了崇拜之情，并将其拟人化，塑为理想化的人形，供奉于庙堂之上，由此产生了对神灵的崇拜。随着社会的发展，偶像崇拜的对象也在不断变化。在时代变迁大潮中，人们不再崇拜那些虚无缥缈的神佛，而慢慢将身边那些有优秀品质和突出才能的人视作崇拜对象。偶像崇拜也从物向人开始转化。比如，革命战争和新中国建设初期，我们所崇拜的偶像大多是社会或国家颂扬的战争英雄、榜样标兵以及基层劳动者。改革开放时期，对外开放除对我国政治经济产生影响之外，也对我国偶像文化的发展产生了影响，欧美港台流行文化涌入，使歌星影星因为电视等媒体的宣扬和公众娱乐生活的丰富而迅速进入人们的生活之中，成为了大家追捧的对象。偶像崇拜中，明星这一群体因为他们的娱乐性与话题性，成为了很多年轻人崇拜迷恋的对象。随着网络媒体的高速发展，信息传播更加直接更透明，各行各业优秀杰

---

① 中国社会科学院语言研究所词典编辑室. 现代汉语词典 [M]. 北京：商务印书馆，2000：968.

出人物的事迹得以快速广泛传播，使公众对他们的优秀品质、特殊才能和突出贡献了解得越来越深入，因此政治领袖、商业精英、运动健儿、著名学者等各行各业的精英纷纷涌入大众视野，公众可崇拜的对象更加多元。人们主要依据个人的喜好自主选择崇拜者，而不是被强制要求或者是因为害怕、迷信而被迫做出选择，偶像崇拜渐渐成为了当今时代比较活跃的娱乐放松方式。

（三）偶像与榜样

榜样原义指样子、模样，出自宋代张镃的诗《桂隐纪咏·俯镜亭》："唤作大圆镜，波文从此生。何妨云影杂，榜样自天成。"现被释义为"作为仿效的人或事例（多指好的）"①。以某个人为榜样，就是领会运用某个人的立场、观点、方法，把榜样人物同主观自我高度融合，在具体问题上，运用榜样人物的立场、观点、方法来认识问题、形成观念设想，从而指导、支配自身的言行，使自己成为榜样人物的替身。从榜样的定义中可以知道，榜样指的是具有高尚道德情操，对他人有较大帮助的人或者事例，具有较强的引导作用。榜样往往是社会价值观、政府或者社会宣传给予肯定的人物或事件，代表着正能量。人们常把有高风亮节，能起表率效用的人，赞誉为"榜样"，以鼓励更多人效仿和学习，从而弘扬社会正气。如雷锋等人，是社会公认的值得学习的榜样。

偶像原指宗教或迷信的人敬奉的用泥、木头雕塑出来的神像，后泛指盲目崇拜的对象和人所模仿的对象。偶像可以分为三类：一类是自然物，如太阳、月亮；一类是人造物或人，如明星；另一类是思想物，如神仙。只要具备能够吸引我们的某种特质，就可能成为偶像。有时，因为我们个人思想认知的偏差，所崇拜的偶像并不具备完全的正面形象，只是符合我们个人的偏好倾向。

偶像是大学生在成长期自我探索、自我价值确立过程中所寻求的实体参照物，是逐渐脱离父母的管束，摆脱其对自我形象的固定认知，形成自我认同感的关键因素，是自我渴望成为的某种形象的替代品，同时也是大学生成功路上的范本。大学生在偶像崇拜的过程中，将自主选择的偶像作为成长目

---

① 中国社会科学院语言研究所词典编辑室. 现代汉语词典 [M]. 北京：商务印书馆，2016：40.

标，从崇拜对象的身上发现并学习、效仿其优秀品质。当我们把一个人奉为偶像时，不仅是因为他的某一种特质把我们打动了，或是我们要学习其优秀的意志品德，更多的是个体把偶像视为一种对自己来说具体的、可感的、可模仿的人生指引者，是一种精神层面的追求。偶像能够满足大学生的个人精神需求，为其积极进取提供精神动力，指明方向，激发大学生努力学习。因而，可将娱乐休闲元素完美融入其中，让思想政治教育更易于接受。

榜样和偶像都能够引来追捧。在偶像崇拜中，高校大学生认为偶像充满了光环，于是产生了对偶像疯狂和盲目的依恋与模仿。在这个过程中，大学生会放低自我姿态，将自己的力量弱化，去相信偶像的力量；而在榜样学习中，大学生往往十分理性，他们产生的是一种认同和学习的状态，而不是不加思考的依恋。"偶像和榜样虽是不同的概念，但其影响路径是一样的，都是对榜样和偶像的模仿和学习，所以两者在一定程度上可以耦合与转化。"[①]因而，就需要用思想政治教育对大学生进行适度引导。

二、偶像崇拜国内研究现状

对偶像崇拜心理的研究，国内已有一定的研究成果。近年来，经济发展迅猛，娱乐业迅速繁荣，粉丝经济应运而生，形成了巨大的消费市场。偶像崇拜已经不单单是一个娱乐问题，更是一个经济问题、教育问题和社会问题。以高校大学生为研究主体、以思想政治教育为切入视角的研究还不够完善，仍有许多亟待挖掘的价值。当前，关于偶像崇拜心理的研究有以下几类。

（一）大学生偶像崇拜心理内涵研究

不少专家学者们从不同视角对大学生偶像崇拜心理内涵进行了研究，观点也各不相同。有研究者认为，"偶像崇拜是人类社会性的体现"[②]，是对他人或物存在欣赏、喜爱的感情表达，只是在不同阶段，崇拜的形式、程度和表达方式不尽相同。大学生偶像崇拜是一个特殊的阶段，是大学生从认同他

---

① 陈聪.基于偶像群体的榜样教育创新研究[J].文学教育（下），2018（01）：41.
② 岳晓东，严飞.青少年偶像崇拜系列综述（之三）——偶像崇拜的代际差异[J].青年研究，2007（05）：1.

人到认同自我、走向成年的一个过程。余开亮（2001）认为："偶像崇拜是一个心理学问题，是社会个体对幻想中所喜爱人物的社会认同与情感依恋。"[1] 李欣复（2001）认为："偶像崇拜是价值观之投射，也是一种信仰崇拜。"[2] 这种崇拜过于理想化，容易对崇拜对象产生不正确的幻想。梁悦（2009）表示："崇拜是一种意象的文化行为，是人们为了满足自己的精神幻想和需要的社会性行为。"[3] 大学生的这种需求感更强，既要寻求他人的认可，同时又对他人产生强烈的认可。薛晓阳（1997）认为，偶像崇拜本身并不是道德行为，只是人们在成长过程中的一种发展性行为。[4] 研究者对偶像崇拜特征的认识也不尽相同，刘婷婷（2015）在研究中将偶像崇拜的特征归纳为"差异性、内容多元化、崇拜行为方式总体理性。"[5]

（二）大学生偶像崇拜心理现状研究

如何理智崇拜，追求乐趣而不盲目追捧，是需要加强教育引导的。不少学者对大学生偶像崇拜心理的现状进行了研究，潘一禾（2003）认为："大学生选择偶像的范围比较广，主体评价优先于社会评价。"[6] 沈明泓（2004）认为："大学生把自己'理想的我'放大投射到外在的世界当中去，在偶像身上折射自己的意愿。"[7] 这之中的不切实际与空想，需要我们从思想政治教育的角度介入干预。岳晓东等（2006）认为："对偶像的盲目崇拜，通常不是对偶像的盲目，而是对自身认知不了解的盲目跟从。"[8]

（三）大学生偶像崇拜心理与思想政治教育关系的研究

陈跃红（2007）在《我国青少年偶像崇拜现象与教育引导》中提出："偶像崇拜文化作为一种新流行文化，正在以独特的方式影响着高校大学生

---

[1] 余开亮．从偶像崇拜透视青年文化消费 [J]．青年研究，2001（11）：18．
[2] 李欣复．偶像崇拜的多维度解读 [J]．宝鸡文理学院学报（社会科学版），2001（02）：8．
[3] 梁悦．论青少年偶像崇拜的心理成因 [J]．现代商贸工业，2009，21（19）：249．
[4] 薛晓阳．偶像教育：教育理论的新概念 [J]．教育评论，1997（01）：24．
[5] 刘婷婷．思想政治教育视角下大学生偶像崇拜研究 [D]．成都：四川师范大学，2015，4：18-23．
[6] 潘一禾．青少年"偶像崇拜"现象调查报告 [J]．中国青年研究，2003（02）：25．
[7] 沈明泓．大学生偶像崇拜心理透视 [J]．乌鲁木齐成人教育学院学报，2004（03）：55．
[8] 岳晓东，严飞．青少年偶像崇拜之心理机制探究 [J]．中国德育．2006（12）：4．

的生活。"① 岳晓东（2007）在《我是你的粉丝》一书中表示，榜样教育作为思想政治教育的一个方法，可以对高校大学生如何选择偶像做出指导，并提出"参与性、批判性、疏导性和自助性"四个原则。② 李文冰（2010）认为偶像崇拜与学校教育存在着价值观背离的地方，给学校教育带来了挑战。③如何规避媒体商业化包装和粉丝经济的负面影响，引导大学生群体理智追星、理性崇拜，值得我们深思。因此，研究思想政治教育对高校大学生偶像崇拜的引导是必要的。

关于如何加强思想政治教育对高校大学生偶像崇拜引导的研究，杨依溪（2016）指出："理性看待并引导大学生偶像崇拜教育是需要学校、大众传媒、家庭和个人共同努力的事情。"④思想政治教育是以一定的社会政治观点、道德准则和行为规范为依托，对社会个体施加的一种具有目的性和计划性，并使其行为状态符合统一标准的具有组织规范的社会实践活动，这种实践活动具有一定的政治性。思想政治教育的根本目标就是要培养人类认识世界及改造世界的能力，但这些目标不能一蹴而就，需要逐步进行价值引领。思想政治教育包括了个体价值和社会价值，主要是主客体之间的关系范畴，个体价值中的偶像崇拜有着鲜明的思想政治教育价值。

综上所述，文献资料中对高校大学生偶像崇拜心理上的研究较少，尤其是在怎样以思想政治教育来对高校大学生的偶像崇拜心理进行引导方面。张宝君、吕瑶（2010）认为："教育工作者应以宽容、理解、客观的态度加以引导和调节，发挥偶像崇拜的积极作用，才能更有效地促进大学生的身心健康和人格的全面完善发展。"⑤

大学生处于身心逐渐成熟的成长阶段，他们既寻求对自我的认同，也希望得到他人的认可，对偶像的崇拜是一种在特定文化下产生的特殊现象，是大学生从认同他人到认同自我的认知过程。大学生在认知过程中容易对敬佩

---

① 陈跃红. 我国青少年偶像崇拜现象与教育引导 [D]. 郑州：河南大学，2007：25.
② 岳晓东. 我是你的粉丝——透视青少年偶像崇拜 [M]. 上海：上海人民出版社，2007：384 – 386.
③ 李文冰. 大学生偶像崇拜现象及教育对策 [J]. 当代青年研究，2010（04）：39.
④ 杨依溪. 大学生偶像崇拜现象及引导研究 [D]. 太原：中北大学，2016：45.
⑤ 张宝君，吕瑶. 大学生偶像崇拜的心理学解析与对策 [J]. 吉林师范大学学报（人文社会科学版），2010，38（03）：105.

和喜爱的人或物产生欣赏和钦佩的感情，但如果是不切实际地空想，把偶像理想化，则容易失去理智。因此，高校应通过思想政治教育进行适度干预，规避媒体商业化包装和粉丝经济的负面影响，引导大学生理性崇拜偶像，帮助大学生认同自我，认同为国家和社会发展做出重要贡献的偶像，从而形成正确的价值观。

三、大学生职业偶像崇拜

（一）大学生偶像崇拜心理

对于偶像崇拜心理起因的研究，西格蒙德·弗洛伊德（Sigmund Freud）认为偶像崇拜出于其性本能，是个体刚刚脱离对父母的崇拜之后，对其所选取的遥远幻想的一种崇拜。艾瑞克·弗洛姆（Erich Fromm）与其观点一致，同样认为偶像崇拜是他们对幻想中杰出人物的依恋，这种依恋的尺度，即为他们崇拜时的态度，过于理想化和强化该幻想人物的完美，则会造成一定的偏执。

偶像崇拜心理的理论依据。偶像崇拜心理社会发展说认为，人从出生起就开始寻找自我同一性，到了大学阶段，开始面临自我同一性冲突混乱，即要通过认识新的除父母亲人及同辈伙伴外的领袖人物来检验新的自我。自我同一性本意是证明身份，指个体尝试着把与自己有关的各方面结合起来，形成一个协调一致不同于他人的独具统一风格的自我；是个体在寻求自我的发展中，对自我的确认和对有关自我发展的一些重大认知。偶像崇拜是大学生在寻求自我同一性，展开自我社会化构建过程中所寻找的参照物，是其建立自我同一性的手段，而不是目的。

在偶像崇拜心理"同一性"方面的研究中，爱利克·埃里克森（Erik H Erikson）将偶像崇拜理解为儿童到成年的成长过程中，由对父母的养育式依恋，转向对有吸引力异性的浪漫式依恋。[①] 在这个过程中，个体会发展出两种崇拜状态。一是希望能和偶像有进一步发展的依恋式崇拜，即希望成为该

---

① ［美］埃里克·埃里克森. 同一性：青少年与危机［M］. 孙名之, 译. 杭州：浙江教育出版社，1998：114.

名人的恋人；另一种是认同式崇拜，即希望成为偶像那样的人物。这是个体在成长过程中，从依赖到迷恋，再到对自我肯定的完全正常的心理发展历程，是在寻找自我同一性的过程。在这个过程中，正向的崇拜可以提升大学生对自己未来的心理预期，从而成为更优秀的自己。

偶像崇拜心理是高校大学生丰富精神生活的一种重要方式。心理学专家普遍认为，偶像崇拜是社会个体对他所喜好的人物的一种社会认同与情感依恋。偶像崇拜行为不单单只是一种个体行为，它是人类社会性的一种体现，在本质上是一种社会文化现象，而且是一种包含道德、价值观在内的综合文化现象，对人类的发展和道德选择具有导向作用。相比于父母的言传身教和学校教育的目的性，偶像崇拜心理对高校大学生的思想、道德、价值观的塑造更具有导向作用。高校大学生崇拜偶像的选择具有自主性，同时也有其家庭教育与学校教育的综合考量，体现了大学生的价值选择。偶像崇拜作为一种心理现象，反映了高校大学生内心深处的情感需求，影响着他们思想道德和价值观的形成，合理地进行正确引导极其必要。

大学生的偶像崇拜在一定程度上受自身认知、思想道德、价值观的影响，从而形成个体价值倾向和观念；同时又受思想政治教育的影响，可以说思想政治教育与高校大学生的偶像崇拜心理相互影响、相互交错。徐洪波、彭怀祖（2010）在《偶像崇拜的德育思考》一书中提出，大学生缺乏独立分辨是非的能力，偶像的良莠不齐可能会使他们的审美趣味越来越低俗，逻辑性变差，应化偶像为榜样，以社会学习的方式来对待。[1]

高校大学生的偶像崇拜是普遍存在的现象，也是其成长发展过程中的一个重要阶段，是大学生从认同他人到认同自我、走向成年的一个过程，这种心理有积极的影响也有消极的影响。积极、正能量的偶像有利于大学生正确认识自我，提高大学生思想道德素质，陶冶他们的情操，丰富他们的业余生活，使其从中获得乐趣，释放自我；消极、负能量的偶像会影响大学生思想道德品质的塑造，改变他们对事情的认知，潜移默化地阻碍大学生树立正确的三观，带来不利于其成长的影响。通过思想政治教育能够对高校大学生的偶像崇拜心理进行有效引导，使他们形成正确的崇拜认知，获得良好的情感

---

[1] 徐红波，彭怀祖. 偶像崇拜现象的德育思考［J］. 教育学术月刊，2010（11）：33.

体验。同时，挖掘偶像崇拜中的思想政治教育价值，以完善当代大学生的人格，具有重要意义。当然，借助思想政治教育对大学生的偶像崇拜进行引导也要掌握方法和尺度。如果方法不得当，很可能会引发青年学生的逆反心理，如果掌握不好引导的尺度，也会出现过犹不及的结果。

（二）大学生的职业偶像

职业偶像有两层含义，一层含义指的是对职业本身的崇拜，另一层则指对从事某个职业的代表性人物的崇拜，从崇拜人到热爱职业进行迁移。比如你崇拜某一位老师，视其为偶像，那么你可能希望将来从事的职业是教师；如将从事国家公职作为职业目标，那么政府机关的领导和精英可能成为你的职业偶像；如对科学家十分崇拜，你也可能将从事科研工作作为职业追求。

职业偶像崇拜蕴含着个体的职业价值观和职业取向。大学生对职业偶像的崇拜有利于其清晰职业目标，通过职业偶像的示范带动作用，帮助大学生明确奋斗方向，开拓职业视野，丰富他们的学习生活，更深入地了解职业要求和意义，提前做好职业准备。但对职业偶像的过度沉迷，也可能会影响其正常的学习生活。如何让大学生分辨职业偶像值得学习的特质，使其由幻想型迷恋到学习型模仿，则需要思想政治教育加以引导。

不同的时代有不同的职业偶像。在建设年代，整个社会以及国家主流意识所推崇的，以及青少年实际所崇拜的人物主要是革命英雄和各行各业的模范、典型人物，其中涌现出一大批职业偶像，如创造出一套科学的细纱工作法的纺织工人郝建秀；被称为"铁人"的大庆石油工人王进喜；"心理装着全体人民，唯独没有自己"的人民公仆、党的好干部焦裕禄；科研界的陈景润、陈章良；在体育界，中国女排以"五连冠"为中国人找回了自信和骄傲，成为万众仰慕的焦点；在文学界，北岛、舒婷、顾城等诗人成为无数文学青年心目中的偶像；歌星、影星和通俗文学作家，如金庸、三毛、琼瑶也拥有一大批崇拜者和跟随者。这一时期的职业偶像，在各行各业取得了突出成就，他们精益求精的奉献精神和思想上的激励引领，使其成为大众敬佩和学习的对象。

与20世纪六七十年代相比，80年代的偶像概念更加宽泛。它超出了传统学习型、生产型偶像的范围,出现了爱慕型、消费型的偶像,如娱乐明星。而且偶像的作用不再像昔日那样一呼百应,全民崇拜。从这一时期开始,偶像出现多元化的趋势。

20世纪90年代以后,随着市场经济的发展,后现代主义思潮进入中国,权威被解构,偶像缺失。精英文化被大众文化取而代之,社会文化世俗化倾向明星,社会政治、经济都呈现出多元化态势,影视作品中塑造的青年形象也趋向多元化、娱乐化,而较少载负政治意识形态。在大众文化和商业利益的推动下,消费型的娱乐偶像如网红,开始出现。这种不需要反思、不需要追问、不需要价值和意义,仅仅注重消费形式本身的趋向需要引起重视。在实用主义的影响下,对于成功、财富的向往也使一大批企业家、传媒明星成为大学生的新偶像。

职业偶像的确立会影响大学生的职业目标和职业发展道路,正向积极的职业偶像会给予大学生以正向的职业指引,带动大学毕业生投身于所追求的职业和事业中。

第三章 人生价值：就业价值原点及其自我实现张力

对人生价值的理解和追寻是就业价值观的根本基础。本章分别从大学生"人生价值追求""财富观""个人发展观"等维度进行深入分析，呈现新时期大学生人生价值取向的特点。

第一节 人生价值追求

价值共识来源于个体内心深处对于某种价值取向的认同，这种认同建立在人们所信仰理论的科学性基础上。马克思说："理论只要说服人，就能掌握群众，而理论只要彻底，就能说服人。所谓彻底，就是抓住事物的根本。而人的根本就是人本身。"[①] 人的终极目标就是实现全面自由的发展，对人的关注，对一切人的关注，解决了人类面临的束缚，使人类成为自身的主人，这也是价值观理论的起点与归宿。

主导价值观是指："一定的历史时期内，国家倡导的对社会成员的个体行为起决定和支配作用的价值观，它通过国家手段使得个体思想从分化走向高度一致，从而保证社会总体价值目标的实现。"目前，我国是以社会主义核心价值观作为主导价值观的内核。由于生活环境、成长背景、认知水平等各方面的差异，个体的价值取向也呈多元态势。如何处理主导价值观与个体

---

① 钟启东. 从"理论彻底"到"彻底说服"——马克思"理论只要彻底就能说服人"经典论断解析[J]. 观察与思考，2020（03）：25-31.

多样价值观的内在逻辑关系，统领多元化的个体价值观并实现高层次的价值共识，成为我们进行价值观整合必须首先解决的问题。主导价值观与多元价值观之间并非平行的关系，它们一个是公共领域的价值观统摄，一个是个体领域的价值观存在。因此，我们应在保证社会主义核心价值取向的基础上，承认个体、个性及自我实现的价值。不同生活背景的人有不同层次的追求，有人追求崇高的理想，探索人生的终极意义；有人则满足于世俗的生活，注重活在当下。中国传统文化中有"君子和而不同"的社会宽容心态，在价值观多元化的今天，更要协调好二者的关系，以更加宽容的态度对待多样性的价值取向。

对大学生人生价值追求的引导必须以马克思主义理论为基础，促进主导性与个体性的统一，实现个体价值选择与社会价值主导取向的统一，满足个体个性化与社会多样化的发展需要，坚持价值观导向的一元化与个体价值取向的多元化相统一，在较高的层次上追求价值共识。

马克思认为，人的全面发展才是人们自由意识的本质追求，不能仅仅是满足生存的基本需求，还应能够让人跳出所谓的限制和约束，解放自由的意识和本质。在物质基础方面，工作应该满足人们衣、食、住、行等基本生活的需求；同时在心理层面，工作应该给人们欣喜和有希望的期待感，让人产生目标和动力；从职业发展角度来说，这份工作的职业结构和职业通道应该能够让人不论在物质上、心理上，还是自身的职业技能上都能获得发展，实现良性循环。[①]

大学生人生价值观教育的目的并不只是教会学生知识，也不仅仅是传授技能、技术，而是让学生明白学习知识和技能的目的、价值和意义，是教会他们选择人生道路，创造和体验人生价值，促进人的全面发展。大学生处于青年时期，正是生理、心理和个性社会化全面发展的时期，是由稚嫩到成熟的过渡期。大学生自身的发展特点从根本上决定着其人生价值观的形成。

从人的发展阶段来看，大学生处于自我意识十分强烈的阶段，对自我发展需求迫切，自我抉择意识明显，自我认可度较高。但与此同时，由于理想

---

① 姜楠，朱陈欣，杨乐乐. 初探马克思主义价值观对高校学生就业价值观教育的启示 [J]. 法制与社会，2019（14）：193-194.

自我与现实自我常常不一致，大学生易于产生自我意识的矛盾，进而引发各方面的自我困惑；由于自我评价和自我调节能力还相对较弱，大学生明显地存在自我评价和自我调节能力的差异。有的大学生积极适应现实，调整职业选择以适应职业发展，而有的大学生则消极对待，难以进行职业定位和选择。

需求是个体产生行为的原动力，影响着个体的发展方向。大学生处于人生需求发展的重要阶段，他们的需要决定着思想行为的动机，无论是物质需要、精神需求，还是生理、心理需要，以及自我、社会需求都表现得极为充分和强烈，因而往往呈现出强烈、矛盾、易变和多重的特点。从根本上讲，大学生心理发展的本质特征有着青年发展鲜明的过渡性质，即明显的矛盾性、不稳定性和复杂性，处于人生的"心理断乳"期。大学生要面对人生诸多新需要、新认识、新体验和新感情，要适应新生活的需要与旧的心理依赖性之间丰富、复杂而又激烈的矛盾，这是一个自我不断矛盾斗争，不断自我否定之否定的过程，由此也会带来激烈的内心冲突和自我认知困惑。

一、大学生人生价值取向的特点

当代社会多元文化不断分化与融合，在这一背景下，新时代大学生具有鲜明的时代印记。大学生身心发展与社会环境的相互作用，使其人生价值观具有鲜明的群体特点。总的来说，大学生的人生价值观不仅表现出多元、个性、自我的特点，而且也在不断接受主导价值观影响，逐渐养成核心价值观，努力形成统一思想，进而在兼顾个人需要与社会要求的双重价值标准的基础上，整合社会价值取向与个体价值取向，强调并追求自我价值，表现出多样性、矛盾性、两面性和冲突性的特点。

（一）人生价值追求上呈现多样性，自我实现的意愿强烈

随着社会多元文化的交融，不少学生在整合、兼顾社会与个人需求中呈现出选择不稳定、多变的倾向，大学生在人生价值取向上呈多元化的特点与趋势。

首先，大学生人生价值评价标准多样化。除了传统的品德、才能、对社

会的贡献、被他人或社会所需要、为社会认可和尊重、功名利禄等人生评价标准之外，自由、民主、舒适、幸福、健康等，也都不同程度上被大学生作为衡量人生价值的具体标准。

2018年，本书开展的"构建新时代大学生就业价值观体系研究"项目，进行了大学生就业价值观调查。在调查研究中发现，大学生认为其人生价值追求是"实现身心和谐"和"充分展示个人潜能"的比例排在前两位，反映了大学生在人生价值追求上实现自我价值的强烈愿望，有明显的个人本位倾向。大学生作为知识群体，在精神层面要求充实，反映了他们积极进取的人生态度和有所作为的愿望。当然，大学生在追求身心和谐、实现个人潜能上，存在着如何处理个人发展与社会需要、自我实现与贡献社会之间的关系问题。在被调查的大学生中，也有一定比例的人选择"家庭美满、生活愉快、工作理想""生活充满挑战和戏剧性""随性而为"以及"财务自由"，说明大学生对人生意义的追求趋于多样化。

其次，追求自我价值是改革开放以来青年学生人生价值观变化发展的主线。市场经济突出个人本位，20世纪80年代强调"自我设计""自我觉醒"以及"自我迷茫"；到20世纪90年代，在实务、理性当中实现自我价值与理想自我；再到新时代青年学生在自我价值与社会价值结合的基础上凸显自我价值追求，将自我的完善、个体能力的发展以及自我价值的实现融为一体。大学生越是强调自我，其人生价值的目标、实现手段与体验的个性化色彩就越为明显，差异化就越为凸显。与此同时，大学生人生价值观出现的矛盾与困惑，在一定程度上也是人生价值观不断"自我"强化的结果。

虽然大学生人生价值观中的社会本位取向发生了不少新变化，但集体主义仍然被大学生所认可，并且成为其人生价值选择和实现的道德底线、准绳。由于大学生人生价值观尚处于未成熟的发展阶段，其身心的矛盾性和社会身份的不确定性，使大学生人生价值取向在自我、集体与社会中不断分化、整合、变化、发展。既有可能向社会主义核心价值体系倡导的价值层次发展，也有可能向个人本位的价值层次转化。多数学生的价值取向呈现双重性，价值观的内在矛盾明显，部分学生的基本价值观处于动摇、困惑的选择中。大学生因理想与现实之间存在着强烈的反差甚至碰撞，过高的自我期望值与自我期望实现难度之间的冲突和矛盾,自我对个性的追求与社会规范要求之间的矛盾,均是大学生群体在实现人生价值过程中面临的难题。

(二) 人生态度上呈现矛盾性,进取与消极的人生苦乐观并存

大学生涉世未深,对人生所经历的痛苦与挫折的态度可以分为两种类型,一类是积极进取的人生态度,一类是消极悲观的人生态度。前者如"存在人际壁垒,冲突频繁""理想追求与现实条件差距太大"等,是大学生在发展过程中碰到问题后的正常反馈和反映;后者如"再幸福的人生也将归于死亡原点""人一生遭受的挫折太多,经不起考验,感到迷茫"等,反映了大学生对人生的悲观失望情绪。相关调查结果表明,大多数人选择积极进取的人生态度,少数选择乐天知命消极悲观的人生态度。[1]

(三) 内在价值评判上呈现两面性,崇尚传统与追逐现代均衡分布

当代大学生的内在价值判断既有我国传统文化所尊崇的完美人格应具备的品质,也有近年来国内外学者关于现代人应具有品质的共识。在调查研究中发现,大学生最崇尚的五种品质是诚实、自信、自尊、善良、进取。这些品质是中国传统文化中所崇尚的美德,也是现代人应具有的品格,为当代中国大学生所传承。美国著名社会学家、现代化理论研究的代表人物英格尔斯(Alex Inkeles)[2]通过跨国的、跨文化的研究,在《迈向现代化》一书中概括列举出个体现代性的 12 个特征品格:乐于接受新事物;准备接受社会的改革与变化;头脑开放,尊重不同的看法;注重未来与现在,守时惜时;注重效率、效能,对人和社会的能力充满信心;注重计划;尊重知识,追求知识;相信理性及理性支配下的社会;重视专门技术;敢于正视传统,不唯传统是从;相互了解、尊重和自重;了解生产及过程。其中自信、自尊、进取这三种现代性品格也是中华传统美德所倡导的为大学生所传承的品格。由此看来,在当代中国大学生崇尚的品格中,既有对传统文化美德的继承,也包含着对

---

[1] 韩玉璞. 新时期大学生人生价值取向探析——以安阳师范学院为例 [J]. 教育理论与实践,2017,37 (36): 32 - 33.

[2] 英格尔斯(Alex Inkeles),美国社会学家,毕业于康奈尔大学,1949 年获哥伦比亚大学博士学位,其后在斯坦福大学及哈佛大学任教。研究社会心理学、比较社会学及社会变迁,其中对现代化的研究最为著名。

现代品格的追求,价值判断呈现显著的两面性。

(四) 职业认同上呈现冲突性,特长兴趣与现实利益两难取舍

职业认同(Career Identity 或 Vocational Identity)的概念最早是从美国心理学家埃里克森的"自我同一性(Ego Identity)"理论发展而来的。艾里克森在他的人格发展理论中提出,人在青少年时期(12~18岁)面临着自我同一性和角色混乱的冲突,这一阶段个体自我意识的确定及自我概念的形成称为"自我同一性"[1]。

随着社会的分工,人们从事着不同的职业。由于个体的人生价值取向不同,从职业中获得的满足与尊严也不同,这就产生了对职业的评价和认同问题。本书开展的调查显示,"工作与专业相关度""特长和兴趣"是当前大学生择业时主要考虑的因素,"经济收入多少""发展平台大小""深造(进修)机会"也备受关注。这反映了当代大学生在职业价值观上不仅重视个人特长发挥,注重专业对工作的推动力,同时也讲求实际,重视职业给自己带来的实际利益。功利化倾向是改革开放以来大学生人生价值取向演进的基本走向,他们注重将读书、能力的培养与价值创造结合起来,不排斥奉献,但更关注在奉献过程中个人的回报,敢于大胆地言"利";关心集体,但在对国家和集体的关注中注入了个人利益的考虑,在他们的思想道德观念中渗透了越来越多的现实、功利和个人主义的成分。大学生注重特长的发挥,但特长兴趣与现实利益往往不一致,导致其职业选择上的矛盾冲突,在职业生涯规划上也存在一定焦虑。

二、大学生人生价值取向的路径

大学阶段是人生发展的重要阶段,是形成人生价值观的关键时期。新时代大学生人生价值取向的特点因社会的发展、文化的多元和时代的烙印而呈现出新的特征,多重性、多向性、丰富性、矛盾性与冲突性特征突出。为更好地引导大学生的人生价值取向,将具有正能量的人生价值取向传递出去,

---

[1] Erik H. Erikson. *Identity: Youth and Crisis* [M]. New York: W. W. Norton & Company, 1968.

就需要社会、家庭、学校、个人等多方协同，形成合力，以优化当代大学生的人生价值取向。

（一）优化家庭和社会教育

在大学生的人生价值取向建构过程中，父母的人格与价值取向会直接投射到孩子身上，并以价值观的形式烙印在他们的心灵上，影响其人生道路。由于大学生在形成独立人格的过程中，容易受到意识动因上的不稳定性和在外在诱因上的易感染性的影响，这就从客观上要求家庭要营造健康和谐、积极向上、民主平等、诚信正直、担当作为、直面挫折的氛围；要求社会要营造公平正义、人际和谐、文化健康、宽容多元的环境，为大学生形成良好价值观创设必要的环境和条件。

（二）优化学校教育

高校要重视人生价值观的教育与引导，发挥好主阵地的作用，开展好人生观、价值观的思想政治教育，在专业课教学中融入人文精神和价值取向。营造真实的情景体验，让大学生在校园生活和社会生活中对自己的价值认知进行自我赞赏、自我肯定、自我批判、自我否定。通过先进人物和榜样的示范作用，把握社会舆论导向，树立不同类型先进典型，让昂扬向上的正能量充满大学生的生活，引领当代大学生确立正确的人生价值追求。

（三）优化大学生自我教育

价值观的树立，需要学生独立思考，找准自己的坐标，而不是一味跟随别人的意见，要有自己独立的见解。学校鼓励每一位学生以蓬勃的朝气面对世界，而不是对自己生活的社会充满失望和绝望。当面对一些无力改变的社会现实时，学生首先要尽力做好自己，在摸索中前进，而不是一味地在思想上排斥、停滞不前。

大学生要加强学习、调整认知、融入社会，关键是学会自省、勇于面对、合理扬弃。合理取舍人生价值取向上的两面性，使自我实现和奉献社会结合得更加紧密。在职业选择中平衡特长与兴趣爱好、个性发展与经济收入、个体需求与社会需要。在内在价值评判上，将崇尚传统与追逐现代相结合，化解人生价值取向上的矛盾性与冲突性，使理想追求与现实冲突趋于融合，树立积极乐观、和谐健康的人生观。

第二节　财富观

一、财富及财富观的内涵

（一）财富的内涵

"财富"一词应用广泛，在不同的历史环境和学科领域下人们对财富的理解不同。由于人们所处的历史环境对人们生产生活的影响，使人们对财富也产生了不同的理解认识，中西文化对财富的理解亦是十分迥异。中国古代财富思想可以追溯到农耕文化，这一时期人们将财富看作实现先贤所崇尚的德性生活的手段。《史记·太史公自序》中写道："布衣匹夫之人，不害于政，不妨百姓，取与以时而息财富。"这里的"财富"，表示"吃、用的东西多，还有多余的金钱"。对财富的来源、财富在社会中所起的作用，以及关系到国计民生相关问题的评价，都是以中国传统的核心伦理为价值尺度，如"义利之辨""均平民安""足用节约"等。

从西方文化对财富的理解可知，在16~18世纪的西欧奉行重商主义，将财富与金银等同。18世纪50~70年代重农主义盛行，认为农业和畜业是财富的本源，这一时期对财富的理解只局限在物质层面。古希腊哲学家亚里士多德认为，"真正的财富就是生活上的必需品"，即"对家庭和城邦有用的东西"。马克思认为，市场经济是一个"以物的依赖性为基础的人的独立性"时代，正因为如此，对财富拥有的多少能体现人的物质需求层面的规定性。当代中国社会的发展特征集中展示了这一点。

"财富"一词在各个学科领域都有广泛应用，每一个领域对财富的解释都带有本学科领域的性质。在一般的经济学意义上，财富指对人具有使用价值的东西，是以满足人的需求为目的，包括自然财富、物质财富、精神财富等。因而在经济学领域中，对财富的理解包括有形的资金（如人民币、基金、股票等）和资产（如房产、车辆、珠宝等），同时也包括无形资产（如专利发明、版权等）。商品经济条件下，金钱可以买到其他财富，其他财富也可以换成金钱，因此，人们往往把金钱与财富这两个概念混用。

当我们不限于经济学领域中对"财富"一词的解释，综观社会学、哲学、文学、管理学、政治学等多门学科对"财富"概念的理解，可以有广义和狭义之分。其中，将科学技术、个人品德、知识水平等归为广义的财富概念，将财富等同于物质财富的这种分类归为狭义的财富概念。对于大学生的财富观教育应更侧重于广义财富的概念。

（二）财富观的内涵

财富观作为人生观和价值观的具体表现，是指人们对财富的最基本的观念和态度，包括如何正确认识财富、合法地获取财富、合理地支配财富，以及培养优秀的财富品质等。当今大学生的财富观受到内因和外因等多方面因素的共同作用，综合体现为个体对人生观和价值观的理解。大学生的财富观教育不仅是财富知识教育，更大程度上是对大学生财富品质的教育。

我国传统财富观使人们耻于谈钱。中华文明源远流长，积累了丰富的财富伦理思想，财富观经历了漫长的发展历程。封建社会时期的主流财富观主要是儒学文化对"义"与"利"的对立理解，提到有钱人便会与"奸商""唯利是图"等联系到一起，对金钱、财富表现出一种排斥的心理。"君子不喻利，小人不喻义"，正是重义轻利的"义本位"的体现。在封建社会鼎盛时期的财富观受制于"官本位"思想，百姓大多通过考取功名获得财富。这一价值观、财富观取向统治了中国 2000 多年，以至于人们讳言金钱，虽然心中渴望，却不愿意谈及，似乎谈钱就会降低自己的人格和品位。多年来的主流价值观和社会伦理观都排斥论财谈富，更加缺少对青年学生的财富观教育。然而，对社会的贡献和财富的获得是衡量个体的价值标准，无论是创造物质财富还是精神财富，都是对社会的贡献。所以，高校应引导大学生树立正确的财富观。

人追求正当的财富是合理的诉求。正如歌德所说："只有那些理解财富的人才会致富"，这对我们的重要启示是，不为财富所累，超越财富，进而把财富变为人的全面发展的条件。

二、大学生财富观

(一) 正确认识财富

在物质生活相对丰富的新时代，金钱作为财富的一部分已成为我们生存所需，正确认识金钱是大学生适应社会发展和自身成长的需要。然而，仍有少部分大学生将金钱作为人生奋斗的唯一目标，把金钱至上作为个人信条而对金钱顶礼膜拜。正确认识金钱绝不是倡导金钱至上、自私自利，而是树立一种对待金钱的辩证态度。高校对大学生进行财富观教育使其正确认识金钱、获得金钱、合理地使用金钱，通过对金钱的正确认识培养学生的财富观，增强社会责任感。

(二) 合理支配财富

古语云："当用则万金不惜，不当用则一文不费。"节俭是中华民族传统美德也是个人的良好品质之一，当前部分大学生存在消费结构不合理的问题，跟风消费、过度消费等现象屡见不鲜。一方面，父母为子女提供了过于丰厚的物质条件，造成子女误认为财富轻而易举就能获得，缺乏对财富合理支配的能力；另一方面，大学生还没有形成正确的财富观。家长应在日常生活中帮助子女养成合理的消费习惯，大学生也需要学会去节流和开源，合理地支配财富。

(三) 合法获取财富

由于受社会中金钱至上的价值观影响，大学生容易以经济收入的高低作为判断工作好坏的依据，这对大学生就业产生了一些负面影响。对此，高校应当加强大学生的思想教育，引导他们树立正确的就业薪酬观，不能过分看重薪酬福利的高低，而应重视职业是否具有长远发展空间、是否符合自身特点。高校可以通过开展就业辅导等活动，引导大学生用积极、理性的心态看待就业，合理调整自己的就业期望值，抓住就业机遇，努力工作，取得财富。

随着国家"大众创业，万众创新"战略的实施，给大学生带来了创业的春风，激发了大学生的创业激情和创业实践。在"双创"浪潮的推动下，不少大学生或实体创业，或开起网店当上了"小老板"。值得注意的是，在创业过程中，大学生必须遵从道德准则和法律规章，以诚信作为立身之本、兴业之宝，树立正确的财富观，以合法途径获取、积累财富。

第三节　个体发展观

人类个体从一个刚出生的婴孩逐渐成长为一名社会成员，其中既包含了个体的身体或生理发展，也包含了个体的心理发展。虽然对个体身心发展的实质存在着各种不同的理解，但这一发展过程是在许多因素的交互作用中得以实现的，其中学习、教育是非常重要的因素，影响着个体的身心发展。长期以来，研究者从不同的角度探讨身心发展的实质，提出了各种不同的个体发展观。[①]

发展观，是人们关于"发展"的本质、目的、内涵和要求的总体看法和根本主张。中国传统儒家思想中的发展观是以当时深刻的社会经济根源和政治基础为背景，着重把人发展的本质理解为道德修养的提升。大学阶段是大学生的世界观、人生观、价值观形成的关键时期。大学生个体发展观涵盖了他们在专业技能、人格素养、社会责任等各个维度的价值判断和方向抉择，是其人生规划的重要导向。

伴随着经济社会的不断发展，人才的作用越来越重要。只有人得到全面发展，人才优势才能充分发挥作用。我国是一个人口大国，人力资源很丰富，但人才竞争力相对薄弱。要实现中国的可持续稳定发展，首先必须实现人的全面发展，必须确立"人才在经济社会发展中优先发展的战略布局"，充分发挥人才的基础性、战略性和决定性作用。在 2003 年 12 月和 2010 年 5 月分别召开的全国人才工作会议上，专家一致认为，衡量人才的标准除了个体的

---

① 宗宝璟．试论塑造个体发展观的重要性［J］．时代教育（教育教学），2011（05）：236．

思想品德、工作能力和知识储备外，个体还要树立正确的人生观、价值观和世界观，坚持社会主义核心价值体系。简言之，一个人只有德才兼备，能够为国家和社会做出贡献，方可称为"人才"。

中共中央、国务院于 2010 年 6 月 6 日向全社会印发了《国家中长期人才发展规划纲要（2010—2020 年）》，这是我国第一个中长期人才发展规划，是全国人才工作的指导性文件。《国家中长期人才发展规划纲要（2010—2020 年）》提出，到 2020 年，人才发展的总体目标是：培养和造就规模宏大、结构优化、布局合理、素质优良的人才队伍，确立国家人才竞争比较优势。[①]

一、大学生成才观

（一）成才与成才观的含义

成才包含了多种评价因素，是一个人综合素质的体现。《现代汉语规范词典》把"成才"解释为："成为有用人才，如立志成才、自学成才。"成才包含了更多的社会认可，特指素质较高、符合社会道德要求，有一定贡献和作为的人。成为有用人才，是现代教育的最终目标。大学生作为"有用人才"的后备军，除了掌握必要的科学文化知识外，还需要具备良好的心理素质、较强的政治素养和创新创业能力。

成才观是指，人为了某种理想与事业能够坚守信仰而奋斗不止，并始终秉持有益于社会的观念，一般指青少年为了实现未来某种目标成为有才能的人而形成的观念。大学生成才观则指大学生依照社会主流人才观的标准对自身成长成才的基本思想及态度，因此大学生的成才观受到社会和时代背景的影响。观念是行为的先导，要使青年大学生有正确的择业行为，更新观念是首要的问题。更新观念，就是要去除脱离客观实际、不能适应历史发展要求、有碍社会进步的陈旧观念，确立能够反映客观实际、符合历史发展趋势、促进社会进步的新观念。当前，对青年大学生来说，需要重新认识"就业"的含义，树立市场经济体制下"大就业"的观念，即不论通过什么方式、在什

---

① 国家中长期人才发展规划纲要（2010—2020 年）[EB/OL]. 中国人才网，http://rencai.people.com.cn/n/2013/0125/c244802-20328041.html.

么领域、从事什么工作，只要是依法从事有一定经济收入和报酬的劳动，对社会经济发展能做出贡献的就是就业，就是有用的人才。在现实生活中，成才观对青少年的身心健康及未来发展具有重要的作用。成才观的树立必须紧紧围绕以下几个方面来进行：端正成才的动机，厘清成才的思路，明确成才的目标，找准成才的途径，从而形成正确的成才观。

成才观相对择业观而言，是一个长期的教育目标，影响着大学生择业观的形成。对大学生进行职业价值观教育，需注重引导其形成科学的成才观。科学的成才观可使大学生确立自身的成才目标，直接影响其发展方向，使学生向着学习型、创新型、复合型人才目标努力。科学的人才观在个性化成才观的基础上注入持续发展的核心理念，可改变大学生成长成才的思维模式，也促使大学生在择业观形成过程中趋于个性化、科学化。因此，培养学生形成科学的成才观是大学生职业价值观教育的重要目标。

（二）大学生成才观影响因素

成才观因不同的价值观而异。价值观是人们对各种事物和现象的价值进行认识和评价时所持有的基本观点，大学生价值观也就是大学生对现实生活中各种事物和现象进行评价、决定取舍的思想观点。人的需要有层次之分，因而价值观也有层次之分，从社会学的角度来分析，可以把它分为价值取向和价值观。价值观是主体接受了整个社会文化的政治制度、经济制度、社会意识、民族心理等社会历史文化心理积淀的深层次的观念。价值观具有历史性和一定的稳定性，价值观的嬗变标志着社会历史的发展，并对整个社会历史产生深刻影响。价值观的嬗变往往通过价值取向体现出来，并影响着实际的价值取向。大学生的价值取向包括了政治价值取向、人生价值取向、审美价值取向、职业价值取向等，并通过大学生的社会行为而映射其价值观念。

我国大学生的成才观因时代发展而不同，主要有两种模式。计划经济时期，大学生的成才观是以德为先的全面发展观。全面发展是指德、智、体、美、劳的全方面发展，这是20世纪80年代青年成才观的主体思想，在很大程度上受到当时计划经济体制的影响，强调学生在个人成才道路上要以国家需要和就业分配为导向。相对于计划经济时期的模式化成才观，如今大学生的成才观更强调个体成长。与模式化成才观不同的是，个性化成才观将大学生自身价值实现与报效国家融为一体，个性化成才观的变化更多地体现了以人为本的人才观，体现了在成才价值取向上对人性的关怀及与之相应的个性释放。

目前，我国正处于社会转型期，受到各种社会思潮以及所谓"普世价值"的影响，青年学生的成才观复杂而多变，这给以成才观、价值观教育为核心内容的高校思想政治教育工作提出了新的挑战。

在物质条件富足的新时代，学生成长的过程中，多数家庭和学校以重视智育、突出学业为追求，对成才目标、就业价值导向的重视不足，学生只管埋头读书，不关心时事政治，也不关心专业学习的匹配与个人成长发展的匹配，这不利于学生成长成才。要培养学生成为对社会有用的人，就是要让学生树立科学的成长观，明白如何通过就业选择对社会做出更大的贡献。

影响大学生成才的因素有很多，既有外部环境客观因素，又有自身主观因素。外部环境和客观因素在一定时期内基本保持不变，而容易改变和调整的是自身主观因素，其中成才观、就业价值观就是最关键的因素之一。因此，引导大学生树立正确的成才观、合理地进行就业价值取向引导，不仅是解决大学生就业问题的重要途径，对推动大学生实现高质量就业和成长也具有关键意义。

大学生要充分认识到，在成长成才过程中个体价值的实现与社会价值的创造应当和谐统一，即个人的成功以及价值的实现要与社会价值一致。同时，在个体实现社会价值的过程中充分保障合理的个体价值。正如马克思所指出的："只有在集体中，个人才能获得全面发展其才能的手段，也就是说，只有在集体中才可能有个人的自由。"[①]

二、大学生成功观

（一）成功观的含义

成功观是个体价值观的重要组成部分，并受价值观的影响。一个人拥有

---

① 马克思，恩格斯. 马克思恩格斯全集（第3卷）[M]. 中共中央马克思恩格斯列宁斯大林著作编译局，译. 北京：人民出版社，1960：84.

什么样的成功观决定了其追求发展的方向和目标，追求成功反映了人们对现实缺陷和不完美的批判、超越以及对未来理想社会生活的憧憬和向往，是实现人生意义的价值路径。

成功观对大学生人生道路的选择和创造力的激发有着重要的影响。成功是过程和结果相互交织影响的动态形势，没有一个固定的衡量标准。中国人传统的成功观大抵是集体本位，而非个人本位的，成功与否不是以自己为参照，而是以集体为参照的。对待成功，不同的人有着不同的理解。美国成功学之父奥里森·马登（Orison Marden）认为，崇高、正直的人格本身就是最大的成功[1]；李开复认为，成功就是做最好的自己[2]；周国平先生认为，成功是一个社会概念，每个追求者都渴望成功，然而，还有比成功更宝贵的东西，这就是追求本身[3]。可见，成功的性质、成功的质量、追求的过程比成功本身更重要。拥有名利、金钱和地位并不意味着成功，人生价值体现在多个方面，成功与否也存在多种衡量标准。

大学生的成功观受到从幼时到大学阶段各种价值倾向的影响。大学生的成功观作为其学习和发展中的精神支柱和内在动力，决定着大学生会以怎样的精神面貌、行为规范和价值判断来选择和追求自己的未来。大学生的成功观不仅与其个人的发展前途息息相关，还关系到整个社会的价值取舍。

（二）培育正确的成功观

社会上对成功的理解存在着一些误区：一是将成功绝对化，否定了个人价值与社会价值的一致性，在一定程度上影响大学生对追求成功方式的选择和坚持。二是将成功狭隘化，在狭隘的成功与失败二元对立的评价标准下，把个体追求成功的独特丰富生命体验简单粗暴地归纳为要么成功要么失败，使人在成王败寇、非此即彼的所谓成功之路上苦苦挣扎。三是将成功模板化，照搬成功人士的做法无异于是刻舟求剑、缘木求鱼。不同的机遇和巧合造就了个体不同的成功经验，这些不定性因素对个体最终能否获得成功有着

---

[1] 奥里森·马登. 高贵的人格 [M]. 杜松，游清华，译. 长春：吉林文史出版社，2010：162.
[2] 李开复. 做最好的自己 [M]. 北京：人民出版社，2005：7.
[3] 周国平. 风中的纸屑 [M]. 沈阳：万卷出版公司，2009：51.

至关重要的影响，我们应当从他人的成功中借鉴其优秀意志品质和正确行为模式。

为促进良好社会风气，形成正确的成功观，《光明日报》专门发文——《我们需要什么样的成功观》，其中写道："从个体角度看，物质生活固然重要，然而金钱权力本身并不能带给人持久的幸福。如果过度崇尚金钱权力，大多数人自然就轻视文化、艺术、科研等其他才能的培养，社会的创造力将逐渐干涸，中国经济升级版和自主创新也将沦为无源之水、无本之木。

"与沉迷金钱、权力的成功观不同，正确的成功观不偏执于塑造有权有钱的'人上人'，而是促使个体不断超越自己，在平等的氛围中各尽所能，做最好的自己，名利只是成功的副产品。'每个人的自由发展是一切人自由发展的条件'，经济社会的不断发展，需要各行各业提供优秀的人才支持。最好的农民、工人、教师、医生……有了这些千千万万的最好，我们才会有最好的中国。

"我们需要培育正确的成功观，它以公正、责任、平等、诚信等为价值准则，它让社会更加繁荣美好，它呵护每个微小的梦想，让平凡的人相信'有梦想，谁都了不起'。"[①]

综上所述，我们可以将科学的成功观阐述定义为：在一种平和的心态下，充分自由地发展自己，在和谐的社会里扮演好属于自己的每一个社会角色，即使没有像圣人一样立德、立功、立言，成就一番伟业，创造有价值的产品和思想，也能够一生默默地坚持奉献自己、超越自己，享受应得的权利、履行应尽的义务，最终做到自我价值与社会价值的和谐统一，过一种充实、快乐、从容、有价值的人生。

我们要充分认识到科学的成功观不仅指引大学生为实现自身理想和远大抱负而去寻找合适的方法和路径，而且能够使大学生找到自己的目标定位，指引着大学生为实现个人价值和社会价值而努力。同时，科学的成功观促使大学生尽可能地发挥个人能动性，为自己树立一个科学的、可实现的明确目标，最终实现自我价值与社会价值的统一。每一位新时代大学生都可以从科

---

① 李宗彦. 我们需要什么样的成功观［N/OL］. 光明日报，2013－07－30（2）［2021－01－21］. http：//epaper.gmw.cn/gmrb/html/2013－07/30/nw.D110000gmrb_20130730_5－02.htm.

学成功观中寻求到自己成长成才的精神动力,它使一个个看似遥远而艰巨的目标有了实现的可能,引导大学生脚踏实地向着目标努力前进。

三、职业发展观

(一) 职业发展的含义

职业发展是组织用来帮助员工获取目前及将来工作所需的技能、知识的一种规划。实际上,职业发展是组织对企业人力资源进行的知识、能力和技术的发展性培训、教育等活动。对于个体而言,职业发展是致力于个人职业道路的探索、建立、取得成功和成就的终身的职业活动。对于组织而言,是组织有效开发人力资源,确保组织需要的岗位有充足人选的方法。①

职业发展就是个体在自己选定的领域里,在自己能力所及的范围内,成为最好的专家。所谓专家并不一定是研究开发人员或技术顾问,而是在某一领域有深入和广泛的经验,对该领域有深刻而独到认知的人。职业发展过程中需要的行政管理能力、员工培养能力、团队建设能力、规划和沟通能力等,是个体在职业发展过程中必须培养的能力要素,虽然不是职业发展的最终目标,但却是实现职业发展的重要能力工具。

职业发展观是现代人力资源管理的基本思想之一。所谓职业发展观,从企业方面来说,就是要为其成员构建职业发展通道,使之与组织的需求相匹配、相协调、相融合,以达到满足组织及其成员各自需要,同时实现组织目标和个人目标的目的。职业发展观的核心,是要使员工个人职业生涯和组织需求在相互作用中实现协调与融合。②

(二) 个性化人才培养促进职业发展

学生是高校培养的对象和客体,高校通过课程教学、学术交流、实习实践等培养途径来培养人才。在培养过程中,大学生既是教育客体又是自身发展的主体,高校通过外在的教育塑造使大学生积极主动地将其内化为知识、

---

① 陆雄文. 管理学大辞典 [M]. 上海:上海辞书出版社,2013.
② 龙勇. 经济新常态下大学生职业发展观引导与教育研究 [J]. 现代职业教育,2017(32):52.

能力、品格等素养。

高校在人才培养过程中，该如何将职业发展的理念贯穿其中？首先，要理解人才培养和个性化人才培养模式。在高等教育中，人才培养必须要明确以下七个方面：一是教育理念的确立；二是人才培养目标的设定；三是人才培养对象的遴选；四是人才培养主体的开发；五是人才培养途径的选择；六是人才培养过程的优化；七是人才培养制度的保障。人才培养是一个系统工程，它包括培养的理念、目标、主体、客体、途径、模式与制度七大要素。其次，高校要在一定的教育思想指导下，形成关于教育活动基本属性、目标价值、职能任务以及活动原则等方面的教育理念和办学理念。个性化人才培养模式就是培养主体为了实现特定的人才培养目标，在一定的教育理念指导和培养制度保障下，由若干要素构成的注重提升培养对象独特性、主体性、创造性与和谐性的培养过程理论模型与操作式样。高校个性化人才培养为学生成为社会有用之才和学生将来的职业发展打下基础。

1. 大学生的主体创造性

职业发展是个体在职业生涯过程中创造性地发展。主体性是个性发展的内在动力。主体性既包括个体要求独立自主的自觉意识，又包括个体进行自我选择、自我设计，达到自我实现的能力。创造性是个体发展的最高形式，是主体在产生新颖、独特和有社会价值的观念或产品的过程中表现出来的超越原有水平，突破既定模式的一种能力，是人的主体性、主体潜能的集中体现。因此，创造性的发展对培养学生的主体精神，开发学生的主体潜能，促进学生将来的职业发展有着极其重要的作用。

第一，"以生为本"，促进学生的个性发展是个性化人才培养模式的重要特征。"以生为本"是"以人为本"理念在教育中的具体体现，"人既是发展的第一主角，又是发展的终极目标"[①]，个性化人才培养重在体现"以生为本"的理念，立足于促进学生的个性化发展，并通过促进个性化发展来推动社会性发展。个性化人才培养所要促进的个性发展在于使每一个学生充分认识自己，在个性特质上的基础全面发展，进一步明确自己的个性发展方向，

---

① 联合国教科文组织. 教育——财富蕴藏其中 [M]. 联合国教科文组织总部中文科, 译. 北京：教育科学出版社，2001：15.

形成个性特征。

第二,个性化人才培养重视加强学生的独特性。个性化培养所主张的个性潜能的发展,不是潜能的平均发展。每个人都有着独特的生命,生命的独特性就表明每个人都具有优势潜能,教育就是要"扬长避短",最主要的是在每个学生身上发现其最具优势的一面,找出他发展的方向,通过有目的、有针对性、特色化的教育,努力挖掘每个学生的独特优势和巨大潜力,使其优势潜能得到最大化、最优化的发展。

第三,个性化人才培养注重提高学生的主体性。主体性是个性形成发展的内部动力机制。虽然教育在学生的个性发展中发挥着主导性的作用,但学生个性的形成和发展是学生在教育等外部因素的影响下,自主选择和能动建构的结果。因此,要培养良好的个性,必须重视提升学生的主体性。主体性是个体通过自我教育、自我建构达到自我实现的能力,这种能力会伴随在职业发展过程中。人的良好个性的形成需要自我教育,苏霍姆林斯基非常重视自我教育的作用,他指出:"自我教育是学校教育中极重要的一个因素,没有自我教育就没有真正的教育。"[①]

第四,个性化人才培养强调提高学生的创造性。个性发展从根本上讲,体现为人的创造精神与创造能力,个性发展的核心是创造精神的发展。[②]个性的充分发展是走向创造的必由之路。[③] 个性化人才培养强调尊重学生的个性差异,在培养过程中通过一系列优化的制度体系,为学生的个性发展创造自由的空间和充分的条件,有利于学生优化组合自己的个性特质,引导学生去发现自己的优势潜能,从而明确自己的创新方向,增强创新能力。

第五,个性化人才培养重视促进个性的和谐性。个性包括智力、情感,与此相关联的兴趣、需要、动机、态度、意志、性格等要素,但诸要素并不是孤立存在的,也不可能孤立地发挥效应,而是互相渗透、互相制约、交互作用的整体。个性化人才培养重视调动和发挥全部心理活动的整体作用,促进智、情、意、性的和谐发展。

---

① 王天一. 苏霍姆林斯基教育理论体系 [M]. 北京: 人民教育出版社, 1992: 47.
② 刘献君. 高等学校个性化教育探索 [J]. 高等教育研究, 2011 (3): 1-9.
③ 张楚廷. 全面发展实质即个性发展 [J]. 北京大学教育评论, 2004 (2): 70-74.

2. 大学生的核心竞争力与职业发展

随着我国社会经济的发展,企业对员工综合素质的要求越来越高,这意味着企业为实现更好地发展,在人事招聘上将提高对新员工综合素质的要求。通过人才选拔,优化企业技术管理结构,有利于企业综合实力的提升,但这也意味着求职者的录用淘汰率也会大大提高。

(1) 综合素质和核心竞争力是实现高质量就业的关键。毕业生就业质量是高等教育成果的展示,高质量就业是学生通过高等教育阶段学习、实践而找到高质量工作岗位的一种就业状态,因而,高质量就业对凸显学校综合实力和教学竞争力有着极为重要的意义。高校要促进学生高质量就业,不仅要大力开展就业指导工作,更需要帮助大学生提高自身综合素养、提升核心竞争力,这是大学生高质量就业的必要条件之一。

(2) 大学生核心竞争力的构成要素。大学生核心竞争力是以个人专长为核心的知识、能力、素质等各方面的综合体,是其综合素质的集中体现。综合素质是人文精神、科学素养与创新能力等多要素的统一,概括起来,它主要体现为三种能力,即认知能力、实践能力、创新能力。

认知能力包括思维力,思维力是智力的核心内容,是大学生最重要的智力资本,是学习能力、预测能力、发现能力、分析能力的基础。实践能力包括意志力、适应力、凝聚力等。意志力是行为指向的维持力,推动个体持之以恒、锲而不舍、迎难而上、不断进取。适应力是一种重要的行为能力,它使个体具有超前的预测性,借助一切可以利用的资源,用最优化的方式和最小的成本实现效益最大化。凝聚力是重要的人格魅力,它使个体形成对自身的克制力、对合作者的亲和力、对组织的领导力和维系力。创新能力包括创造力,创造力是价值实现的直接驱动力和应用能力,是把知识、技能变为现实生产力的最核心的能力。

(3) 学生职业发展的相关因素。从个体因素来看,职业发展的前提是个体的职业能力和职业规划。如果大学生对自身职业规划不明确,对自己所学专业发展方向了解不足,自身的职业定位不准确、不契合实际,就很难有较好的职业发展。从学校因素来看,高校要重视就业,营造就业氛围,加强就业联动协同机制建设,拓展就业渠道,提供就业信息与平台,利用实习实践培养学生职业技能。从社会因素来看,要形成正确的舆论导向,创造良好的社会文化环境和公平的就业市场，鼓励大学生创新创业，促进大学生充分就业，发挥好社会大环境作用，推动大学生就业工作良好有序地发展，为学生职业发展提供积极有利的发展条件。

因此，大学生就业核心竞争力的培养对其职业发展具有至关重要的作用。

第四章　就业动机：价值内驱力及其"期望—价值"实现

第一节　成就动机理论

成就动机是推动个体获得成就的内在力量，是一种重要的社会性动机，对个体的工作、学习都会产生很大的推动作用。深入研究成就动机，进而采取有效措施控制、激发个体的成就动机，无论对组织的发展还是对员工个人的成长都有重要的意义。

一、成就动机的内涵

（一）成就动机概念

成就动机是指对自认重要或有价值的工作或活动，个体愿意去做，并力求成功的一种内在推动力量。成就动机是由成就需要所引起的，成就动机是一种较高级的社会动机，是个体积极主动地从事某种自认为重要或有价值的工作或活动。成就动机的影响因素主要分为三个方面：首先是目标的吸引力；其次是风险及成败的主观概率；最后是个体施展才干的机会及平台。

成就动机的概念最早来源于默里（H. A. Marray）提出的成就需要，他把人类的基本需要分为20种，其中居于首位的就是成就需要。默里将成就需要定义为"克服障碍、施展才能，力求尽快尽好地完成困难任务"的驱动力。继默里之后，在1950—1965年这一时期，关于成就动机的研究主要从两个不同侧面展开。一是以麦克莱兰（D. C. McClelland）为代表进行的自上而下的研究，着重探讨社会文化对成就动机、价值观的影响，进而分析社会集体成员的成就动机水平与该社会经济、科技发展之间的关系。二是以阿特金森（J. W. Atkinson）为代表进行的成就动机微观方面的研究，着重研究成就动机的实质、动机的发生发展以及成就行为认知和归因等问题。麦克莱兰和阿特金森于1953年合著了《成就动机》一书，成为成就动机概念的正式提出者，他们在《成就动机》一书中写道："成就动机就是与自己所特有的良好或优秀的标准相竞争之下，个体所学习而来的一种追求成功的需要或驱动力。"此后，其定义范畴又有了新的发展，如成就动机的多维概念认为，成就动机是具有多种成分的心理结构。因此，成就动机被定义为对优秀标准的竞争或者个体设定、实现目标的愿望。

归纳起来，对成就动机的概念界定主要有两种观点，一种是自我取向的成就动机，主要表现为追求自我、挑战自我和实现自我价值的最大化，是一种自我提高的内在驱动力；另一种是社会取向的成就动机，以集体主义文化为基础，强调个体追求的成就主要来自家庭和社会的期待，即自我的成就并非由其独有的特征来界定，而由所处的社会关系来确定，反映的是一种互依共生、角色责任的自我成就。

（二）成就动机研究现状

西方学者对成就动机的研究主要从自我追求成就的角度出发，认为追求成就的心理主要由两种趋向构成，一是追求成功的趋向；二是避免失败的趋向，个体成就动机水平的高低会对其行为效果产生不同影响。[①]

近年来，我国学者在借鉴国外研究的基础上，对成就动机做了进一步研究。济南大学社会科学学院的王本法（2002）认为，所谓成就动机指的是想要很好地完成困难的工作，在竞争的条件下获得良好成绩的那种动机。[②] 台湾师范大学教授张春兴认为，成就动机是个体追求成就的内在动力，包括三方面含义：个体追求进步以达成希望目标的内在动力；从事某种工作时，个

---

① 王颜芳，程文娟. 成就动机研究现状与展望 [J]. 管理工程师，2016，21（06）：60 – 66.
② 王本法. 奥苏贝尔的成就动机驱力构成论及其意义 [J]. 天津市教科院学报，2002（04）：53 – 55.

体自我投入、精益求精的心理倾向；个体在不顺利的情景中，克服困难、扫清障碍，努力达到目标的心理倾向。陈仲庚、甘怡群（1993）认为，成就动机是个体把自己的活动保持在尽可能高的水平和不断增加的努力之中，从而把活动推到最好标准的心理倾向。[①] 张兴贵（2000）认为，成就动机是人们追求高目标，完成困难任务，竞争并超越他人的人格力量。[②]

成就动机受到经济发展、社会环境、文化形态等外部因素的影响。比如，受中国传统文化、现实社会风气和家族氛围等因素的影响，有些个体更倾向于社会取向的成就动机。同时，成就动机也与个体特质紧密相关，不同个体的成就动机各有不同。尽管不同的学者对成就动机有着不同的界定，但有其共同点，他们都认为成就动机是个体在社会生存中逐步形成的，是促使人们追求成功与卓越的内部动力，它与竞争和效率提高有关，具有较强的社会意义。

二、成就动机理论

（一）麦克莱兰的社会成就动机理论

美国心理学家麦克莱兰领导的调查小组通过大量的研究，创立了社会成就动机理论，该理论以温特伯特姆（winterbottom）和韦伯的研究为基础。温特伯特姆的研究指出，母亲的独立性训练有助于孩子成就动机的发展。韦伯指出，新教改革促进了个体的独立性和责任感。麦克莱兰通过对多个国家、地区不同时期成就动机与经济增长关系的调查发现，个体成就动机的差异是由于儿童时期的不同经历造成的，最后他得出结论："正在取得成就的社会，并不是由于人口增长、政治制度、经济状况或自然资源为特别有利的条件，而是由于成就动机较高的执行者的存在和一种在儿童训练中强调成就的社会倾向。"

麦克莱兰的研究结论启示人们，高成就动机是优秀人才的一项基本素质，这一研究引起了学者们对成就动机的进一步关注。

[①] 陈仲庚，甘怡群. 人格心理学概要［M］. 北京：时代文化出版公司，1993：152.
[②] 张兴贵. 成就动机研究的回顾与展望［J］. 湛江师范学院学报，2000（01）：101-105.

（二）阿特金森的"期望—价值"成就理论

美国心理学家阿特金森认为，个体的成就动机由期望成功与害怕失败两种稳定的倾向构成。当个体处在成就导向的环境中，两种倾向可以同时被唤起，此时个体导向目标的驱力——成就动机，就是这两种倾向的代数和。阿特金森发现，如果个体寻求成功的动机相对于回避失败的动机更强，他们对成功将有更高的主观概率估计。同理，当个体回避失败的动机大于寻求成功的动机时，个体对失败将有更高的主观概率估计。阿特金森提出了冒险偏好模型，即以个体对成功的渴望和对失败的回避两种倾向冲突的结果来解释个体的冒险行为。追求成功倾向明显的个体，往往具有积极的进取精神和良好的工作业绩。相反，回避失败倾向明显的个体，往往为避免失败的结果，采取消极退缩的态度和行为。

（三）韦纳的成就动机归因理论

韦纳（B. Weiner）把认知因素引入到成就动机理论中，从认知心理学角度对成就动机进行探讨，说明了人的成败对未来成就行为的重要影响。他的成就动机归因理论进一步发展了成就动机理论。韦纳认为，个体对成功或失败的结果认定存在四种主要原因：能力、努力、任务难度和运气，这些原因都可以从原因部分（内部和外部）、稳定性（稳定和不稳定）、控制性（可控和不可控）三个维度加以区分。个体对成败的不同原因、不同维度的归因会对个体以后的态度、行为产生不同的影响。比如，如果把失败归因于能力等稳定因素，则会使个体对未来的成就结果产生失败的预期；如果把失败归因于努力程度不足这一可控的不稳定因素，则会产生积极的正效应。

（四）班杜拉的自我效能成就动机理论

班杜拉（Albert Bandura）认为，人们仅凭意志力并不足以实施自己的行为，必须具备有效运用其力量的自我保证，自我效能感就起到这样的作用。自我效能感是指人们对自己实现特定领域行为目标所需能力的信心或信念。自我效能感通过影响人们的思维方式、情感反应等，最终影响人们的行为选择。

班杜拉的研究表明，自我效能感的知觉与人的实际能力并不完全吻合。在动机作用的过程中，相对于能力而言，对自己能否胜任的知觉起着更为重要的作用。

（五）洛克的成就目标理论

洛克（Locke）提出的成就目标理论认为，在成就动机的诸多归因中，能力是影响成就动机的关键因素，能力的差异感觉和无差异感觉影响着个体对任务难度的选择。能力的差异感觉是指个体面对成就情景时，对自身能力水平的判断。有能力差异感觉的个体把追求高能力表现作为自己行为的目标，完成任务只是作为表现能力的一种手段。能力的无差异感是指个体面对成就情景时，把完成任务作为他们的目标，能力只是完成任务的一种手段。

第二节 大学生就业动机

一、就业动机的含义

动机（Motivation）指行为的动力，即个体行为开始、维持、导向和终止的动力。[1]

美国心理学家佛隆通过对个体择业行为的研究，在《工作和激励》一书中，提出激发员工行为的期望理论，认为个体动机强度与满足个体需求的价值及期望成正比，就业动机的强度取决于实现个体价值的大小和期望值的高低。

所谓就业动机（Job Motivation），或称择业动机（Choosing Career Motivation），是一个比较广泛的概念，由现行社会制度和社会经济发展水平决定。就业动机蕴含于大学生就业过程中，反映大学生就业问题的心理根源，是就业过程中影响就业行为的内在动力。就业动机对就业行为产生影响，从而决

---

[1] 库恩. 心理学导论：思想与行为的认识之路（第11版）[M]. 郑钢, 译. 北京：中国轻工业出版社, 2008.

定了就业结果。① 就业动机的因素，包含动机本身及其影响因素，如观念、态度、价值观、理想、兴趣、期望、需要等。

二、大学生就业动机的影响因素

安徽师范大学李洋对收录在中国期刊网上的611篇大学生就业动机性因素研究的文献（2008—2012年）进行了计量学分析，结果发现：就业动机性因素研究集中于观念、期望（期待）、兴趣三个维度，而对动机本身、态度两维度的研究明显不足；就业动机性因素研究方法的选择较为单一，文献法和调查法是最常用的两种方法，访谈法和实验法应用较少；研究类型多样化，描述性、解释性、干预性这三种研究类型以及之间的结合研究均有涉及；研究方式以独立研究为主，出现了省际、国际的合作。②

近年来，大学生的就业问题是社会关注的焦点。大学生的就业动机水平是影响就业效果、就业质量的重要因素之一。复旦大学的夏惟怡（2010）在自我决定动机理论和自我效能感理论的基础上做出假设，以高校应届毕业生的自我决定就业动机及其影响因素为研究内容，探索大学生的自我效能感和环境中积极支持、消极干预、信息帮助的现状及其对自我决定就业动机的作用和影响。

通过问卷调查和数据分析发现，高校应届毕业生总体上来说，就业动机中的自主动机和外在动机水平都较高，在性别、学历、专业和生源上差异不大；就业效能感和自我决定就业动机指数呈显著正相关，效能感越高的学生就业动机的自主水平越高；学生在就业过程中感受到的积极支持与自我决定动机、就业效能感均呈显著正相关，网络信息帮助与自我决定动机、就业效能感也呈显著正相关；而消极干预与自我决定动机、就业效能感呈负相关。

研究结果表明，自我决定理论在就业领域具有一定的适用性，积极的情感支持和网络信息支持有助于激发学生就业动机，提高就业积极性。同时，为了促进学生就业，应当进一步整合和完善校内网络就业信息服务，并在此

---

① 夏惟怡. 自我决定就业动机及其作用机制研究［D］. 上海：复旦大学，2010.
② 李洋. 我国大学生就业动机性因素研究的计量学分析［J］. 武汉职业技术学院学报，2013，12（04）：86-89.

基础上加强对学生的职业生涯教育和就业指导。①

值得注意的是，个体经济动机也占有重要位置，对于绝大多数人来说就业劳动不可避免地是一种谋生手段，无论就业动机和影响因素多么复杂，人们从事各种社会生产劳动首先就要考虑经济动机，这是就业动机研究中的一个最基本、最重要的内容。但是，我们不能因此就排除就业动机中非经济因素的存在。对于多数人来说，就业还包含着更高层次的生活和精神需求，即出于理想、信念、目标、观念、习俗等的需求和价值的实现而从事某一种职业。因此，我们要加强这些方面的分析，使就业动机的研究更完全、更充分。

---

① 夏惟怡. 自我决定就业动机及其作用机制研究 [D]. 上海：复旦大学，2010.

第五章　职业选择及发展：基于价值观的自选择机制

马克思从辩证唯物主义和历史唯物主义的角度发出，为"职业"从经济学、社会学的角度提出了新的研究范式。具体而言，可分为三点：第一，人的生存和发展是存在于一定职业之内的。人类与动物的最本质区别是，人的本质属性是社会性。马克思在《关于费尔巴哈的提纲》中说："人的本质在其现实性上乃是一切社会关系的总和。"① 人类的活动与动物的本能活动不同，它是一种有目的、有计划、有组织的社会实践性活动，而人改造社会和自然的方式就是从事一定的职业，并以此维持人的生存，促进社会的发展。伴随社会分工的出现，维持生存的基本手段出现了两种方式，即从事特定的物质生产劳动和从事特定的精神生产劳动。第二，物质生产劳动是人类生存必须的基本活动。人对自然的需要是人生存最基本的需要，将人们融入到特定社会关系中才能满足这些需要，并通过在特定领域内进行物质生产而实现。马克思指出："人们为了生活，首先就需要吃喝住穿以及其他一些东西。因此第一个历史活动就是生产满足这些需要的资料，即生产物质生活本身。"② 第三，从事精神生产是人们在一定程度上指导物质生产实践而展开的拓展性需要。一方面，它是对人的生存需要的补充；另一方面，它又是人的发展需要的体现。人类的生存和发展离不开人在特定领域中从事体力或者脑力工作，随着社会分工的细化，人通过不同职业平台，满足物质和精神生

---

① 马克思，恩格斯. 马克思恩格斯选集（第1卷）[M]. 中共中央马克思恩格斯列宁斯大林著作编译局，译. 北京：人民出版社，1995：55.
② 马克思，恩格斯. 马克思恩格斯选集（第1卷）[M]. 中共中央马克思恩格斯列宁斯大林著作编译局，译. 北京：人民出版社，1995：57.

产的需要，以必要条件的形式存在于个体在社会中生存与发展的所有环节，也是个体的本质力量得以实现的平台。

人在社会中从事一定的职业，经历一系列职位和角色，形成的职业历程就是职业生涯。职业生涯是个体接受培训教育以及职业发展所形成的结果，并且职业生涯在个体生涯中占据核心与关键的位置，是个体全部生活的主体。职业生涯以心理开发、生理开发、智力开发、技能开发、伦理开发等人的潜能开发为基础，以工作职责、工作业绩评价，工资待遇、职称、职务变动为内容，是以满足需求为目标的工作经历和内心体验经历。

依据职业生涯发展专家舒伯的职业生涯发展理论，大学生在校学习阶段正处于了解社会现实状况，进行职业尝试的职业生涯探索阶段，也是从学业生涯到职业生涯的过渡阶段。大学生在学业生涯阶段以学习为重，同时也要为选择职业做好准备，更要考虑将来的职业发展。职业生涯是一个动态的过程，不论职位高低，不论成功与否，每个工作着的个体都有自己的职业生涯。一个人在职业岗位上所度过的与工作活动相关的经历，是其一生中最重要的历程，对人生价值起着决定性作用。

第一节 大学生职业选择

从历史进程来看，随着生产力的发展，三次社会大分工使得不同的产业、行业、职业逐渐拓展区分开来，形成了人们选择职业的前提。为了获得生存资料与发展资料，人们必须选择职业，但在漫长的社会发展过程中，最初人们的选择余地是非常有限的。人作为个体并没有真正的自由，囿于以"物的依赖"为基础的生产力与生产关系发展的初级阶段、社会分工固化、社会结构形式以及人自身固有的传统观念的强制性禁锢，人们处于普遍异化的状态而没有自由。因此，职业选择是个体与社会发展相融合的过程，是人的全面自由发展与社会主客观约束化解矛盾、相互融合的过程，职业选择最终就是要解决人的全面自由发展与社会发展需要和谐统一的问题。

一、职业选择以社会分工为前提

马克思主义职业选择理论十分丰富，建立在马克思主义唯物论上，其所展现的逻辑范式是生产力决定生产关系、经济基础决定上层建筑。马克思主义职业选择理论将个体置于历史矛盾运动和现实客观条件中，是一种唯物史观的职业选择理论。

职业是分工的社会化表现，职业选择是社会分工体现于个体主观意识、个人职业能力而产生的行为。马克思深入探讨了生产力、生产关系、社会分工、异化劳动的关系问题。社会分工是劳动的组织形式，具有生产力与生产关系的二重属性，反映着生产力的发展阶段，也制约着生产关系的所有制形式。一方面，分工是在生产力水平的决定性作用下，对生产资料、劳动对象、劳动产品的分配；另一方面，分工的结果是人们对资本与劳动产品不同程度的占有，是形成和制约生产关系及其他社会关系的基础，产生了精神劳动与体力劳动的区别、城市与农村的分离、阶级关系的对立、社会结构的构建与世俗观念的转变。在《德意志意识形态》一书中，马克思考察了中世纪以来私有制发展的三个时期，即商业、工场手工业、机器大工业的生产力、社会分工、异化劳动的状况，得出"分工提高劳动的生产力，增加社会的财富"的论断，社会分工是引发生产力发展的重要杠杆。[①] 同时他也指出，分工是人畸形发展的根源，是社会文明进步和发展的结果，是社会生产力及社会分工发展的结果。从某种程度上也可以说，社会文明和发展程度越高，社会分工就越细致，社会产生的工作岗位就越多，充分满足人类自身需求的就业机会就会越多，人的全面自由发展才可能实现。因此，在马克思看来，人类社会生产力的发展带来社会分工，社会分工推动生产力发展，产生劳动与人的异化，构建出新的社会关系与社会意识。这样，马克思就从唯物史观的角度探究社会分工的形成，探寻其生产力根源，这种社会分工作为生产关系的历史的固定化与模式化，又作用于社会的政治体制及思想观念，作用于人的主观意识层面，进而对个体职业选择偏好产生影响。

---

① 马克思. 1844 年经济学哲学手稿 [M]. 中共中央马克思恩格斯列宁斯大林著作编译局, 译. 北京：人民出版社，2000.

第五章 职业选择及发展：基于价值观的自选择机制

历史上个体的职业选择并非自由随意的，而是在特定的社会分工下进行。马克思认为，社会分工是劳动的固化，社会中的每一个人被一种非自愿的力量固定于某一种劳动之中，无法自由变换或轮流从事其他劳动，而且被这种力量所压迫，"自然形成的分工而非出于自愿，那么对于人本身而言是一种异化的、与他对立的抗力，这种外力压迫着人，而非人掌控着这种力量"①。从个体异化而言，社会分工将人从事的职业长期固定在某一领域，将劳动者个人局限于某一特定专业或技能内，限制了人其他能力的发展，造成了人在智力、体力上的机械式重复与情感上的麻木僵化。从社会异化而言，社会分工使社会结构与社会观念畸形化、片面化。劳动的不流动性使得社会资源长期集中在一部分人手中，当经济优势延伸至政治与文化领域，就会使整个社会结构失衡并产生对抗，造成不同级别、不同工种、不同行业产业、不同地域的对立或不平衡。这种不合理的现实长期存在，形成地位高低、劳动贵贱的看法，以及由此产生的贫富尊卑等世俗观念，困扰着个体的职业选择，扭曲人的自由发展。

社会分工是产生异化的前因，是人之所以无法自由劳动、全面发展的根源，要实现择业的理想状态，就必须消灭社会分工。"个人力量（关系）由于分工而转化为物的力量这一现象，不能靠人们从头脑里抛开关于这一现象的一般观念的办法来消灭，只能依靠个人重新驾驭这些物的力量，靠消灭分工的办法来消灭这种异化的现象。"②

马克思在《德意志意识形态》中提出分工造成了人的片面、畸形发展的观点，"就个人自身来考察，个人是受分工支配的，分工使他变成片面的人，使他畸形发展，使他受到限制"③，分工也剥夺了大多数个体全面发展的机会，使个体固定在一定的活动范围中，这个范围是强加于个体而非出于自愿。职业的选择直接决定个体将从事何种类型的劳动活动，妥协于何种约束以满足社会的劳动分工。受制于社会生产力水平所处的历史阶段，劳动尚无法实

---

① 马克思，恩格斯. 马克思恩格斯全集（第1卷）[M]. 中共中央马克思恩格斯列宁斯大林著作编译局，译. 北京：人民出版社，1995：85.
② 马克思，恩格斯. 马克思恩格斯全集（第1卷）[M]. 中共中央马克思恩格斯列宁斯大林著作编译局，译. 北京：人民出版社，1995：18.
③ 马克思，恩格斯. 马克思恩格斯全集（第3卷）[M]. 中共中央马克思恩格斯列宁斯大林著作编译局，译. 北京：人民出版社，1960：514.

现自由自觉，职业选择无法为人的全面自由发展创造实现路径，因而马克思将人的全面自由发展，也就是人类的幸福和自身的完美，作为人生职业选择的最高价值理想，希望通过改变社会的旧式分工，最终实现"每个人自由发展，进而实现一切人自由的发展"[①]。

二、职业选择与历史发展过程相适应

马克思主义认为，人的职业选择与社会历史、人自身的发展密切相关，与人的解放程度、人自身的发展水平相适应。在马克思主义理论体系中，人的全面自由发展是最高的价值追求，而这个过程就是人不断实现解放的过程。人自身不断解放的过程，也就是人择业自主性不断增强，理想择业状态不断实现的过程。所以马克思主义职业选择理论与马克思关于人的解放理论指向同一个价值归宿，人的解放是职业选择的基础，而职业选择有利于促进人的解放。

马克思主义认为，人的解放就是要解除政治、经济、社会文化、物质精神等方面束缚和禁锢人类发展的各种障碍。关于人的解放，马克思主要提出了如下内容。

第一，把人从异化的人的世界中解放出来。这一观点在马克思所著的《1844年经济学哲学手稿》中有较为全面的阐述。人类作为一种"类存在物"，其本质就是人在自己的生产、生活等实践活动中与自然、社会、人自身所结成的错综复杂的相互关系，这些关系构成了人的世界。人的这一世界本来是和谐美好的，但在现实的资本主义社会中，它变得对立冲突，极不和谐。因此，要实现人的解放就要把人从与自然、社会、人自身之间的异化关系中解放出来，恢复其原有的本真。

第二，使人解除异化、雇佣劳动的束缚。马克思在《1844年经济学哲学手稿》中，通过批判黑格尔片面强调劳动的积极作用，看不到劳动的消极作用的做法，提出解除异化劳动对人的奴役、束缚和摧残，使其变成自由自觉的劳动的思想。在《1857—1858年经济学手稿》中，马克思再次强调劳动解放就是要消灭雇佣劳动，实现人的自由联合劳动。在《哥达纲领批判》中，

---

① 马克思，恩格斯. 马克思恩格斯全集（第1卷）[M]. 中共中央马克思恩格斯列宁斯大林著作编译局，译. 第2版. 北京：人民出版社，1995：273.

第五章 职业选择及发展：基于价值观的自选择机制

马克思进一步重申，劳动解放不单单是消灭资本主义分配方式的问题，而是消灭资本主义生产方式和劳动制度的问题，是消除生产的资本主义条件的问题。正如西方马克思主义者弗洛姆所言："马克思所关心的是使人从那种毁灭人的个性、使人变形为物、使人成为物的奴隶的劳动中解放出来。"[①]

第三，使人摆脱非人感觉的束缚。马克思在《1844 年经济学哲学手稿》中认为，在异化劳动的现实中，人的感觉被异化为非人的感觉，就是这种感觉仅仅满足于粗鲁的表面化的实际需要，而此种有限"占有""拥有"的感觉与动物的感觉没有什么实质的区别。在马克思看来，人解放的本质就是让人的一切感觉变为属人的感觉、为人的感觉，把被异化的社会感觉变为属人的社会感觉、为人的社会感觉。这个解放从客体来说，就是把"异己和非人的对象"变为属人的对象、为人的对象，造就使非人感觉变为属人感觉的"对象"。把异化的对象变为属人的对象，就是要改变人对自然界的态度，不是把它看作占有的目的，而是看作"自我享受的对象"。

第四，把人从旧式分工中解放出来。马克思在《德意志意识形态》中认为，社会分工分离了物质劳动和精神劳动，导致阶级、阶层分化，从而产生了社会差别，并使其日益扩大，造成了个人或家庭利益与社会共同体利益之间的矛盾。所以，强制分工是人类社会不平等的起源，它造成了个体与社会的双重异化。要实现人类解放，就必须消灭自然的、强制的分工，以自觉的、自愿的分工代之。

第五，把人从物的奴役中解放出来，如金钱、商品、货币、资本等。马克思早在《论犹太人问题》中就提出，从个人来看，人的解放的实质就是把人从对金钱的膜拜状态中拯救出来。在《资本论》及其手稿中，马克思经过进一步研究，提出把人从商品、货币、资本等物的奴役中解放出来的思想。

人的解放是一个历史过程。马克思始终从社会历史的发展的角度出发，通过考察人的发展与社会发展的关系，揭示了二者的辩证统一关系，揭示出人的发展的三大形态及其基本特征。一是资本主义以前的社会建立在自然经济基础上，是以"人的依赖关系"为特征，人的发展"只是在相对狭窄和孤立的范围和地点上"进行，表现为"原始的丰富"和积累。二是资本主义社

[①] 马克思.1844 年经济学哲学手稿［M］.中共中央马克思恩格斯列宁斯大林著作编译局，译.北京：人民出版社，2000：61.

会建立在发达的商品经济基础上,是以"物的依赖性为基础的人的独立性"。在这一阶段,社会分工因其高度发达、专门化、细分化的特点,导致人的发展趋向非全面化、职业化、专业化,较之人与人的依赖性阶段,人的发展从原始丰富走向内容丰富化和形式片面化。三是共产主义社会建立在产品经济和共同社会生产能力基础上,实现人对现有生产力的全面占有和支配,任何人都可以自由地从事任何职业,人的发展实现了内容、形式的契合与丰富。

三、大学生职业选择

大学生职业选择受到各种主客观因素的影响,找到适合的职业对大学毕业生而言非常重要。一些大学毕业生就业后出现职业稳定性较低、职业流动性较大的现象,这在很大程度上是由于毕业生职业定位和职业决策的不合理和盲目性。大学生要谋求一个比较理想的职业,就应该寻求生活理想与现实岗位的平衡,并找到结合点的最佳状态[1],进行科学的职业选择。

职业选择的影响因素主要分为三大类:个体因素、家庭因素和职业因素,其中个体的性别、性格、内在能力等在诸多影响因素中占据着重要位置;家庭经济条件、家人的职业类型是影响大学生选择职业的关键要素,某种程度上具有决定性的作用;职业的薪资待遇、社会地位等也对学生职业选择具有非常大的影响力。由于影响职业选择的因素很多,一方面,作为就业工作者要深入了解这些因素的特性及对每名学生的影响力;另一方面,政府、社会、学校要共同采取有效策略,以平衡学生个体、家庭和职业之间的有效力、科学力、和谐力。[2]

大学毕业生的职业选择虽属于主观意向,但他们的职业选择实则与其家庭环境、工作环境、自身特质有着千丝万缕的联系,在一定程度上决定着毕业生的职业发展倾向。因此,大学生是否能科学而合理地进行职业选择,受到环境以及个体的影响,同时高校也要对学生进行积极的职业指导,了解影响学生职业发展倾向的多种因素,如学生性别、性格特点、智力特点、职业兴趣、职业

---

[1] 王明,孙培磊. 大学生职业生涯规划与求职指导 [M]. 北京:清华大学出版社,2012:82.

[2] 周倩,王松洁. 大学生职业选择特点与引导策略思考 [J]. 教育与教学研究,2016,30(12):63-68.

能力、家庭及重要他人、专业、薪资待遇、职业发展前景等，使大学生把职业理想与个人特质结合起来，以实现最佳的人的特质与职业相匹配。

第二节　大学生职业成熟度

一、职业成熟度的内涵

职业成熟度（Vocational Maturity）是指个体在完成与其年龄相应的职业生涯发展任务上的心理准备程度。20世纪以来，职业成熟度这一概念一直在职业心理学中占据着主导位置，是测量和检验职业发展程度的有效工具。克赖茨（Crites）首先提出职业成熟度一词，但这个概念却是由舒伯用来描述青少年职业发展水平而确定下来的。[①] 舒伯认为，职业发展是个体发展的一个层面，职业成熟和心理成熟在意义上是类似的概念。

人的职业发展是个终生的过程，它呈现出阶段性的特点。在不同阶段，人们有不同的职业发展任务或目标，只有很好地完成了该目标才是成熟的表现。因此，可将大学生进入职业看成是职业发展的一个特定阶段，其主要任务是确定自己的职业目标，做好职业准备，并努力找到适合的职业。韦斯特布鲁克（Westbrook，1973）认为，职业成熟主要指个体心理发展的完善过程，其核心体现为一种认知能力。如果一个人的职业认知达到了一定水平，能够做出符合自己特点的职业选择，就表明其职业成熟。[②] 贝茨（Betz，1988）提出，职业成熟度是个体掌握与其职业发展阶段相适应的职业发展目标的程度，由知识和态度两种成分构成。[③] 克赖茨继承并发展了舒伯的观点，将职业成熟度视为个体在生涯发展上的速率与程度，并进一步指出，

[①] 沈之菲. 生涯心理辅导 [M]. 上海：上海教育出版社，2000：56.

[②] Westbrook BW. Career maturity: The Concept, the Instrument and the Research [M] //Walsh WB, Osipow SH. Handbook of Vocational Psychology: Foundations. New Jersey: Lawrence Erlbaum Associates, 1983: 263–304.

[③] Betz, N. E., Klein, K. L. &Taylor, K. M. Evaluation of a Short form of the Career Decision–making Self–efficacy Scale [J]. Journal of Career Assessment, 1996 (04): 47–57.

它可用来代表个体职业发展的程度以及做出职业选择的准备状态。克赖茨等（1995）认为，职业成熟度是个体对做出职业决策所需条件的知晓程度以及选择的现实性和一致性的程度。[①] 卢佐（Luzzo，1995）认同职业成熟度的定义，并在此基础上做出了进一步的解释，认为职业成熟度是个体做出与相应职业发展任务相适应的职业决策预处理的准备程度。

国内学者的研究多借鉴国外的观点。程蓉等（2018）认为，职业成熟度是衡量个体职业心理特点和发展水平的关键指标，也是评估学校职业教育工作和人力资源单位管理工作的重要标准。[②] 职业成熟度愈高，代表个体对职业的规划与执行能力愈强，能够做出最适当的职业选择，进而获得成功的职业发展。反之，职业成熟度愈低，表示个体对职业的规划与执行能力愈欠缺，愈有可能做出不正确的职业选择，带来个人职业生涯的迟滞发展。职业成熟度是就业成功和职业发展的关键因素之一。龙立荣等（2000）认为，职业成熟度是衡量职业发展水平的一种尺度；冯剑峰（2002）认为，职业成熟描绘了个体职业生涯的发展轨迹，其内容包括个体的知识技能水平、对工作世界的认知和态度以及对各种职业选择进行决策的能力。

综合国内外学者的研究可以发现，目前对于职业成熟度的理解、认识与解释总体上可归为两类：第一类是将职业成熟度归纳为一种对应一定职业发展阶段或职业发展任务的职业准备程度或状态，其代表人物是舒伯（1955）、克赖茨（1974）、贝茨（1988）、金（1989）、卢佐（1995）等。对大学生而言，能够根据自己的心理特点以及职业要求进行合理而科学的匹配，做出职业选择，采取现实可行的措施并最终获得职业，其职业成熟度就较高，反之则较低。第二类是将职业成熟度界定为一种能力或意识，其代表人物是韦斯特布鲁克（1973）、奥勒（1996）、利文森（1998）。

从以上研究可以看出，职业成熟度是一个与个体生命发展阶段和职业发展阶段相关联的概念，是用来衡量职业发展水平的一种尺度，它综合体现着一个人的认知、能力、态度、价值观。职业成熟度与个体所处的不同发展阶

---

① 杨旭华. 大学生职业成熟度结构的探索与验证［J］. 中国人力资源开发，2011（11）：16－21.

② 程蓉，邓冰，袁章奎. 高中生未来时间洞察力与社会支持、职业成熟度的关联性研究. 教育科学论坛，2018（34）：75－77.

第五章　职业选择及发展：基于价值观的自选择机制

段相联系，人的每个年龄阶段都与职业发展有着相互配合的关系，职业生涯发展会伴随着年龄的成长而递进，每个年龄阶段各有其发展任务，只有成功地完成了相应职业发展阶段的发展任务，才是职业成熟度高的表现。

职业成熟度的参照是由同龄人的评测结果组成的常模量表。职业成熟度受个体心理发展因素影响，也受环境因素影响。随着个体身心发展到不同状态，以及成长过程中与职业有关的各种环境变化，形成了个体职业成熟的不同阶段，因而它是一个连贯的过程，并具有阶段性，每个阶段中都有各自的任务需要个体去完成。如果一个人能根据自己的心理特点以及职业或工作的要求，制订职业目标，做出职业选择，采取客观可行的措施，获得良好的职业发展，就是职业成熟度高的体现。反之，就会被视为职业成熟度低。

大学生处于职业探索阶段，这一阶段的主要任务是了解自己和职业，并初步进行职业尝试，选择具体化的工作类型，在可选择的职业中明确最适合自己的，并在所选定的职业领域从事相关工作。之后的建立阶段则根据前一阶段的工作经验积累，逐步形成稳定的职业地位，并提高自身能力，实现晋升。在维持阶段不仅要维持既有的职位和成就，更要掌握新的知识和技能，追求创新创造。最后的衰退阶段则随着身心的衰弱、退化，逐渐减少职业投入，开始退休生活。

随着研究的深入，人们发现人的一生往往不止一次职业选择，可能会面临多次决策，而且更重要的是，职业心理发展水平与职业选择不是等同的概念。因此，个体的职业成熟度对于不同的群体有不同的标准，而且在评估处于不同职业发展阶段的职业成熟度时，也有不同的尺度。比如，大学生有大学生的职业成熟度标准，在职人员有在职人员的标准。对于个体职业发展目标实现状况的评估，同样要参照不同的评价标准。例如，一个人在进入职场前，其职业发展水平可以用与职业选择相关的心理活动发展水平来衡量，但在进入职场后，其职业发展水平的高低不只是与职业选择有关，还包括如何适应职业所在的组织，如何胜任自己的职业，如何发展晋升，在面临退休退出职业时如何计划打算等。

舒伯提出职业发展与职业成熟有五个原则：①发展是随机的、未分化的行为，是朝向目标导向的特定行为；②发展朝向现实感增强的方向；③发展从依赖朝向独立性增强的方向；④成熟的个体善于选择一个目标；⑤成熟个体的行为是目标导向的。在这五大原则的基础上，舒伯从五个方面对职业成熟进行了描述。第一，职业方向的选择涉及对职业生涯选择的关注和有效地利用职业信息；第二，对自己所喜欢职业相关信息的详细了解和计划；第三，职业偏好的稳定性，这种稳定性和职业选择的稳定性相关；第四，个性化，包括对工作的态度；第五，明智的职业选择，包括恰当地处理这种选择与能力、行为、兴趣等方面之间的关系。舒伯认为，青年人的职业成熟度主要由四个维度构成，即职业规划、职业探索、职业信息、职业决策。

二、职业成熟度的影响因素

一些学者对大学生职业成熟度的影响因素进行了探讨，从内在个人因素，如个体学业能力、自我认同感、职业价值、职业兴趣、职业目标、生涯决策自我效能等，以及外部社会因素，如职业市场、家庭学校教育、职业环境等进行了分析。

在职业成熟度的影响因素中，职业价值和职业目标对职业选择态度和职业选择能力的发展均有显著影响。职业成熟度越高，就业准备开始得越早，对当前职业的了解程度越高，职业预期收获的态度也越乐观。职业选择行为在职业选择态度与职业选择能力两方面均与就业状况密切相关，职业选择态度和职业选择能力均能直接影响就业状况；职业成熟度既可以直接影响就业状况，也可以通过影响职业选择能力和影响职业选择态度间接影响就业状况。[①]

（一）影响职业成熟度的内部个体因素

大学生内在个体因素对职业成熟度有很大影响。有学者认为，个体因素从多方面影响着职业成熟度，从而对职业选择起着决定性的作用，其中自我认同感、职业价值观、就业意愿、职业兴趣、就业行为、综合素质等是最直接的影响因素。有学者从生理特征、专业技能、心理特征、个人经历等方面探

---

① 朱静怡. 职业成熟度、毕业生职业选择行为及就业状况的关系研究——以华中科技大学为例[D]. 武汉：华中科技大学，2008.

讨了个体职业选择的影响因素模型。还有学者探讨了性格、能力、职业兴趣、自我效能感、价值观等职业性向测试在职业选择中的效用及对职业成熟度的影响。

在就业中，有部分大学生存在以下问题：不能认清当前的就业形势，自我认知不足，就业定位不准确；缺乏职业生涯规划；就业观念不切实际，有业不想就；核心竞争力不强，综合素质不高；求职技巧不足，对求职过程中的困难、挫折心理承受不足；缺乏主动性和吃苦耐劳精神，过分依赖学校和家长，难以满足用人企业的需求。这些问题都是自我本位主义、就业价值取向偏离、就业心态不稳定、就业意识不积极、职业素质不高等职业成熟度低的表现。

（二）影响职业成熟度的外部社会因素

近年来，有一批学者还积极探讨了影响职业成熟度的外部社会因素，如父母期望、生活环境、社会舆论等。也有学者探讨了社会整体文化、亚文化和现实环境等因素对大学生职业选择和发展的影响。

影响职业成熟度的外部社会因素有：职业性别歧视，就业行业或企业地位，岗位与专业是否对口，工作环境，就业地域、薪酬，就业市场的公平性，不同地域的社会风尚、历史、地理、教育、经济发展、竞争压力和文化融合等文化背景的差异，以及家庭社会资本，如家庭收入、父母职业类型、工作任职、就业期望、家庭关系氛围、就业沟通等。这些因素不仅影响着大学生的职业成熟度，也影响其职业选择和发展。

第三节　大学生职业素质与职业发展

职业素质是指劳动者在一定生理和心理条件基础上，通过教育培训、劳动实践和自我修炼等途径形成和发展起来的，在职业活动中发挥重要作用的内在基本品质，主要包括思想品德素质、职业道德素质、专业素质、科学文化素质、身体素质、心理素质、职业能力等方面。

一、大学生职业素质培养

大学生的职业素质是综合素质的一种体现,可用"冰山理论"来解释。浮在海面之上的部分,代表着大学生所拥有的职业形象、职业资格、职业知识、职业技能等,可以通过各种学历证书、职业资格证书来证明,或通过专业考试来验证,所以称作大学生的显性素质;冰山潜在海面之下的部分,则代表着大学生的职业道德、职业意识、职业态度、职业作风等方面,是看不见的隐性素质。显性素质和隐性素质的总和就构成了大学生所应具备的全部职业素质。[①] 由此可见,显性素质是大学生职业素质的外在表现形式,只占冰山的一小部分,但因其外在可见,又可通过教育培训立竿见影地提高,故而极易引起大学生和高校的重视与关注。大部分的职业素质是看不见也不容易被关注的隐性素质,它占据冰山的大部分,支撑着大学生的显性职业素质,决定着他们的职业行为,在更深层次上影响他们的就业与发展,最终成为决定大学生就业与职业发展顺利与否的关键因素。例如,许多企业不愿招聘应届毕业生的真正原因就是,应届毕业生虽然在显性职业素质方面,如职业知识、职业技能等,基本能符合企业要求,或通过短期学习就能达到企业要求,但企业更关注的是员工是否有基本的职业道德操守,即强烈的责任意识、服务意识、忠诚度、个人信誉等。这些隐性职业素质不是通过短期培训就可以获得的,而是长期培养形成的品质,在招聘时不易考察,因而企业在接收应届毕业生时存有一些顾虑。

因此,对大学生的职业素质应进行全方位的培养,既重视显性职业素质的培训,更注重隐性职业素质的养成,从根本上提升大学生的核心竞争力。全方位职业素质培养的作用就是要将大学生潜在的职业意识和职业精神挖掘出来,将隐性的和显性的职业素质整合协同起来,更大限度地发挥隐性素质的核心作用。

(一)职业素质的重要性

大学生养成良好的显性与隐性职业素质,是获得职业发展的基石,是通

---

① 徐剑. 成功素质论——影响成功最重要的 60 种商数 [M]. 北京:机械工业出版社,2008.

向理想人生的通行证。在职业中形成工作信仰，敬业才能立业，立业才能谋求发展。

1. 良好的职业素质是大学生就业与职业发展的核心竞争力

从经济学的角度来看，大学生要想找到心仪的工作，就必须满足用人单位的岗位需求。用人单位的需求是什么呢？企业不是教育机构，不会等待大学生入职后通过岗位培训继续进修，从而成为"全面发展"的人；企业更不是慈善机构，因担心大学生找不到工作而主动履行神圣的社会职责。企业是商业机构，需要大学生付出劳动，而后再以工资的形式按劳付酬。企业需要大学生不仅具有专业知识，更要具有劳动素质和劳动能力。"成绩、专业知识不是阻碍大学生就业的最大难题，职业规范和职业意识等职业素质缺乏才是最致命的。如果在职业素质、动手能力和社会经验之间挑选，用人单位一定首先挑选职业素质好的人才。"[①] 大学生具有良好职业素质既是用人单位的需求，也是自身就业与发展的必备条件。

2. 加强职业素质培养是学校培养高素质人才的关键

从市场的角度来看，毕业生的综合素质与就业质量是衡量一所学校教育质量的重要指标，是社会对学校满意度评价的核心，"满足社会需要"正是高等教育的培养目标之一。当今世界各国，以经济和科技实力为基础的综合国力的竞争日趋激烈，且仍将长期存在。这种竞争，在很大程度上取决于人才的数量与质量，因此，我国明确提出了科教兴国、人才强国战略，并作为重大的国家战略。要实施和推进科教兴国战略和人才强国战略，就必须大力培养和造就各类高素质人才。随着我国高等教育由"精英教育"转向"大众教育"，高等教育的任务和目标发生了变化，不仅要为国家培养高精尖人才，还必须为国家打造一批具有高级技能、较高知识水平的技能型劳动者，提高中华民族的整体素质。正如党的十六大提出的要"造就数以亿计的高素质劳动者、数以千万计的专门人才和一大批拔尖创新人才"，而加强大学生职业素质的培养是培养符合社会需要的高素质人才的关键，也更有利于职业教育的发展。

---

① 李俊琦. 职业素质与就业能力训练［M］. 北京：清华大学出版社，2009.

3. 员工良好的职业素质是企业生存与发展的基石

一方面，高校注重大学生职业素质培养，保障企业能稳定有计划地接收其所需要的高素质人才，减少在员工岗前培训方面的时间与经费投入，节约企业成本。另一方面，企业的发展有赖于高的经济效率，高的经济效率源于高素质的员工。高素质的大学毕业生入职企业，是企业生存与发展的人才保证，这种新鲜血液的注入将为企业增添活力、提高效率、增加效益。

（二）大学生职业素质培养的途径

1. 大学生自我完善促进职业素质提升

大学生作为职业素质培养的主体，要珍惜在大学阶段学习专业知识、培养技术技能的有利条件，用好丰富的校园资源，有意识、有目的地加强职业素质的自我修炼。

首先，要树立职业意识，做好职业规划。大学生的职业选择不应是面临就业时的突击解决，而是贯穿于大学教育的全过程。大学生应从踏进大学校门开始，就明确专业走向和本专业的就业方向，把个人志向、国家利益与社会需要有机结合，科学规划大学生活，充分利用校园资源，合理构建自己的知识结构，锻炼自己与将来从事工作岗位相关的基本能力和专业能力，培养职业岗位需要的实践能力。现实情况并不乐观，一方面，一些大学生误以为进入大学就可以从繁重的学习中彻底解放出来，轻松享受生活，虚度光阴；也有的人怀揣理想跨进大学，却又在没有约束的校园里迷失方向、迷失自我。另一方面，中国社会调查所完成的一项在校大学生心理健康状况调查显示，75%的大学生认为心理压力主要来自社会就业；50%的大学生对自己毕业后的发展方向感到迷茫困惑，毫无目标；41.7%的大学生表示目前没考虑那么多，毕业时再考虑；只有8.3%的人对自己的未来有明确的目标并充满信心。[①] 如果大学生在大学期间对自己的发展规划不明确，不能运用职业规划理论科学规划未来的工作与人生发展方向，将影响其就业准备和职业定位，甚至影响到将来对工作的适应和发展。培养职业意识就是要规划好未来，为就业早做准备。大学生应借助科学的职业理论和专业的职业测评工具，

---

① 尤君. 职业素质基础教程［M］. 北京：化学工业出版社，2010.

第五章 职业选择及发展：基于价值观的自选择机制

全面认识和了解自己的性格倾向、气质类型、能力优势、职业兴趣、职业价值观等，明确自己是一个什么样的人，将来想做什么，能做什么，社会环境提供了怎样的条件。然后，根据自身优势，结合市场需求来确定自己的发展方向和就业范围，明确职业发展目标，并利用好大学时光和校园资源，为就业做好充分准备。

其次，加强学校教育，培养显性素质。培养应用型人才的高校要在培养模式、专业设置、课程内容设计、实践实训上注重以就业为目标，以社会需求为导向，以岗位知识与职业技能为核心，通过"双证书、双师资、双环境"教育，强化学生的显性素质。大学生应养成良好的学习习惯，提升自主学习能力，充分利用学校丰富的教育资源，构建学科专业的知识与体系，通过社会实践、实习实训加强对专业的理解与运用，充分了解行业和专业的需求，并为就业和可持续发展做好知识与能力储备。

最后，转变思想观念，发掘隐性素质。隐性素质是大学生职业素质的核心，是影响大学生就业与可持续发展的关键，它体现在很多方面。据调查显示，世界500强企业在员工职业素质的培养与侧重上，最重视的是进取心与热情、沟通技能、成功经历、理性思考、成熟度、计划与组织、面对压力这七个方面。[①] 由此可见，隐性素质在职业发展中的重要性。所以大学生要自觉地通过社会实践与自我完善，有意识地培养隐性职业素质。

2. 高校教育教学改革促进大学生职业素质提升

爱因斯坦说过："用专业知识教育人是不够的。通过专业教育，他可以成为一种有用的机器，但是不能成为一个和谐发展的人。学校的目标始终应当是，青年人在离开学校时，是作为一个和谐的人，而不是作为一个专家。"[②] 一个和谐的人，除了安身立命的专业知识，更需要综合的职业素质作为支撑，高校教育应全面培养大学生的显性和隐性职业素质，并将隐性职业素质的培养作为重点，从大学生入校到毕业，将职业素质教育贯穿于培养过程始终。

首先，在人才培养方案中将大学生职业素质培养纳入人才培养的系统工

[①] 尤君. 职业素质基础教程 [M]. 北京：化学工业出版社，2010.
[②] 耿银平. "淑女班"走俏对高教的启示 [N]. 湖北日报，2011-09-20.

程，贯穿于大学教育的始终。学校教育要使大学生在接受专业知识的同时，也明白专业与职业的关系、学习与职业的关系、职业与生涯的关系；在定向职场时，既具有过硬的显性职业素质，更具有较高的隐性职业素质，成为符合社会需要的高素质人才。

其次，在各专业的课程体系架构中，重视大学生职业生涯规划与就业指导、大学生职业素质拓展等课程的实效；在专业教育培养显性职业素质的同时，通过专业实训、社会实践等活动，渗透隐性职业素质的培养；重视师资队伍的师德建设，让大学生在名师大师的言传身教下，注重修炼自身思想品德素质，努力塑造良好的职业形象。

3. 社会资源支持促进大学生职业素质提升

大学生职业素质的培养，不能完全依靠学生的自我完善和学校的教育改革，社会资源的支持与运用尤为重要。学校可与企业合作，联合打造"订单班""共建班"，为企业"量身定做"合格的职业人，让学生在校内就完成岗前培训和职业素质培养，帮助企业节约人力成本。企业也可将资源与学校共享，通过就业实习基地、校内实训基地的共建，为学生提供职场"实战演练"的机会，让学生在仿真模拟训练中掌握职业技能，提升职业素质。

学校可邀请企业家、社会专业人士、行业专家走进校园，通过报告会、讲座、访谈、沙龙、工作坊等方式，向学生宣传企业文化，传授实践经验，解答职场困惑，让学生以榜样为力量，重视职业素质的自我养成。适当引入社会教育机构进校园，以其专业化和职业化的培训教师，对大学生进行专业的入职培训和职业素质拓展训练，提高大学生综合素质。总之，培养社会需要的高素质人才，是高等教育的目标之一，而这一目标的实现，需要大学生、高校、社会和企业多方协同，合力提升大学生的显性和隐性职业素质，共同促进人才培养质量。

二、大学生职业发展

（一）职业发展的概念

1957 年，舒伯提出了职业发展的自我概念理论，认为"个体通过检验各种角色扮演经历来增进对自己的观察和了解，当自我概念发生较大分化时，其中一个特殊方面即职业自我概念就成为青少年职业选择的关键因素"[①]。舒伯同时也认为,在不同的阶段,个体对职业的认识或追求是变化发展的,并且前一阶段任务完成的情况,会影响到后一阶段的发展情况。

个体职业发展与组织发展是同向同行的。个体职业发展是将个体的发展规划与组织的发展愿景相结合,将自身的知识、能力、技术等人力资本与组织的发展性培训、教育等活动相结合,从而使个体更加契合工作岗位需要,使组织拥有合格、高效的人力资源。同时,组织也将为个体提供更广阔的成长平台和更丰富的成长机会,以满足个体发展预期。

大学阶段是学生职业发展的探索阶段。大学生进行专业学习和参与社会实践的过程,就是对职业发展的初步探索和尝试,可以为将来进入工作岗位提前做好心理准备和知识技能储备。

(二) 大学生职业发展影响因素

关于影响大学生职业发展的因素有很多,如职业目标的制订情况,核心就业竞争力的强弱,人际关系的维持情况,是否进行了有针对性的实习培训,是否取得了良好的专业成绩,是否有勤工俭学、参加社会实践兼职的经验,偶然事件的经历,以及家庭、成长环境、社会文化因素等。下面从个人、学校、社会三个角度来分析影响学生职业发展的相关因素。

1. 个人因素

(1) 对自身职业规划不明确。有些大学生在对待个人生涯和职业生涯规划时认识不清,态度上不够主动,临近毕业而被动就业,没有结合自身实际情况和兴趣爱好而对就业进行合理的规划和积极准备,对招聘单位的了解程度不足,盲目跟风随大流。学生在校期间需要对自身职业发展做出科学规划,并针对自身实际情况进行有效的动态调整,利用招聘平台和学校双选平台对招聘单位进行深入了解,及时发现自身的不足之处,弥补差距。

(2) 对自己所学专业了解不深入。很多大学生对自己所学专业的认知和发展前景了解不足,有些学生是在高考填报志愿的时候被调剂了专业,有些

---

① 闵维方. 中国教育与人力资源发展报告 (2005—2006) [M]. 北京: 北京大学出版社, 2005: 37.

学生是遵循家人的意愿而选择了专业，还有些学生是因为专业热门或对所填报专业好奇而冲动选择。学生进校后应及时对自己所学专业的人才培养目标进行了解，主动查阅所学专业的研究前沿、专业课程和毕业生就业方向，调整好心态，积极地进行就业准备。大学期间，学校也为学生提供了专业的实习实践平台，学生可以利用学校资源，深入了解专业与行业、专业与职业的关系。

（3）对自身定位不清晰。一些在校大学生在就业选择中缺乏对就业形势的预判，不能对自身的职业意向做出准确清晰的定位，容易盲目从众，增加了找到符合自身实际情况的职业的难度，也增加了被淘汰的风险。提前了解就业形势以及单位的用人需求，结合自身实际情况做出合理、准确的职业定位，才能提高就业成功率。

2. 学校因素

学校作为学生教育学习的基地，在学生的教育教学过程中扮演着重要角色，大学毕业生的就业工作关系到国家的人才培养，是学校的重点工作。面对严峻的就业形势，高校应增强学生的就业意识，帮助学生树立正确的就业价值观，使学生能够切身理解就业的重要性并对自身的就业状态进行深入分析和调整。学校还要开展科学有效的就业创业课程，营造就业创业氛围，举办"接地气"的就业创业活动，搭建实践平台，提高学生的就业实践能力，使学生通过参加就业活动，提高核心竞争力，同时发现自身在就业过程中的不足之处，及时学习完善。此外，还要让学生在就业时有充分的心理准备，以良好的就业心态面对和处理就业问题。

3. 社会因素

大学生就业不仅关系到国计民生，还关系到社会的和谐稳定。社会对大学生就业的关注度持续上升，政府及社会各方高度重视，支持和促进大学生就业。社会舆论、社会文化环境、就业市场影响着大学生在就业活动中的选择和决定，在社会层面应形成正确的舆论导向，创造良好的社会文化环境，鼓励大学生创业，帮助大学生就业，充分发挥好社会大环境的推动作用，为学生职业发展提供积极有利的发展条件，使大学生就业工作得以有序推进。

（三）核心就业竞争力促进职业发展

核心就业竞争力决定了大学生的职业发展道路，并为今后的职业发展提供源源不断的推动力。因此，加强对大学生核心就业竞争力的培养对其职业发展尤为重要。

核心就业竞争力来自于个体的核心竞争力，个体的核心竞争力是其相较于竞争对手而言所具备的竞争优势与核心能力，主要包括学习能力、实践能力、创新能力、目标动力等。学习能力是指一个人离开学校走进社会以后的持续学习能力，包括如何安排学习时间、采用什么学习方法、选择什么学习内容等，尤其是将所学知识应用于实际的能力；实践能力就是动手能力、操作能力、实际工作能力，是对确定任务的胜任能力、对规划目标的执行能力，也就是在工作中的真功夫、真本事；创新能力是发现新问题、提出新问题、研究新问题、解决新问题的能力；目标动力是一个人的理想信念和具体明确的奋斗目标，这也是学习能力、实践能力、创新能力的动力源。

大学生核心就业竞争力具有价值性、独特性、时间性、综合性等特征。第一，价值性。大学生的核心就业竞争力首先要能为用人单位所用并创造价值，给用人单位带来比其他人更多的效益。因此，学生的就业价值必须与用人单位的现实需求相吻合。第二，独特性。就业核心竞争力是学生个体所特有的，其他人难以模仿的能力。也就是说，它不同于普通的专业知识和技能，无法从书本上习得，这种难以模仿的能力可以为大学生就业带来有利条件，并在就业中形成优势。第三，时间性。大学生的核心竞争力不是一蹴而就，而是靠长期的积累和训练形成的，是一个循序渐进的过程，会随着大学期间的学习和积累渐渐加强，最终形成竞争优势。第四，综合性。就业核心竞争力不是大学里学到的有关就业的各种知识技能的简单相加，而是将所有促进就业的知识和技能融会贯通后形成的个体独特的能力。

高校要通过教育培养，让学生知道核心就业竞争力的特征，使学生通过学习、实践活动，构建个人的科学的核心就业竞争力知识及能力体系，并指导学生调整自身状态，发掘竞争潜力，弥补自身竞争力的不足，结合自身和外界因素做出科学、合理的职业发展规划，寻找适合自身条件的职业岗位，进而推动职业发展。

下 卷

第六章　职业与劳动之辨：幸福职业与劳动素养

劳动首先是为了满足人的生存需要，但是人的劳动并不仅停留于个体生存的直接需要，而会超越个体的直接需要去为群体和社会发展提供物质前提。以分工和协作为形式的劳动，就是所谓的职业劳动。尽管在人类社会早期，劳动分工还仅限于农业、畜牧业、手工业等基础劳动类型相分离的粗略水平，但正是这种粗略的劳动分工使职业劳动得以形成，使劳动交换获得发展，同时也促使社会分工以前所未有的速度发展。

从古典政治经济学和黑格尔哲学开始，就提出了"劳动是人的本质"的思想。马克思充分肯定了这一思想，并认为其"伟大之处首先在于，黑格尔把人的自我产生看作一个过程，把对象化看作失去对象，看作外化和这种外化的扬弃；因而，他抓住了劳动的本质，把对象性的人、现实的因而是真正的人理解为他自己的劳动的结果"[1]。这就是说，劳动既是人的本质的对象化和外化的过程，又是人的本质形成和确证的过程。劳动过程中所展开的一切关系，无论是人与物的关系还是人与人的关系，都是人的或属人的关系；劳动过程所创造的一切成果，无论是实物形态的还是精神形态的，都是人的本质的对象化或外化的成果。这样，人参与劳动的过程，同时也就是自我塑造的过程。

---

[1] 马克思,恩格斯. 马克思恩格斯全集（第42卷）[M]. 中共中央马克思恩格斯列宁斯大林著作编译局,译. 北京：人民出版社,1979：163.

第一节 劳动观

一、认识劳动

(一) 劳动的含义

劳动创造了人。劳动是人存在的方式,是人与动物区别的根本特征,是人类社会存在和发展的基础,劳动的最终目的是实现人自由而全面的发展。人类社会的发展离不开劳动,人类社会的发展史就是劳动发展史。

人类的进化过程在基因重组和机体结构进化的基础上还有文化创造的内容,并且随着进化水平的提高,文化创造的部分越来越重要。人类独有的文化积累模式使人类形成了适应自然的独特方式,在这一过程中,劳动无疑起着决定性的作用。正因为如此,恩格斯指出,劳动"是整个人类生活的第一个基本条件,而且达到这样的程度,以致我们在某种意义上不得不说,劳动创造了人本身"[①]。恩格斯认为,手的使用和语言、思维的产生,都是在生产劳动过程中形成和发展的。正是由于劳动,人才得以从动物界中分化出来,所以说劳动创造了人本身。[②]

统一价值论认为,劳动的本质就是消除不确定性,而消除不确定性等同于提高有序性,提高有序性就是提高功能有序性,即增加价值量。因此,劳动的根本作用和本质内涵在于改变系统的价值总量,劳动是价值的真正源泉。

我们知道,不是所有的劳动都能创造财富,也不是所有的劳动都追求利润,更不是所有的劳动都以得到报酬为目的。劳动是生存和生活的需要,也是生命的需要,更是人类发展和存在的需要。我们通过劳动改变自己,改善生活,改造世界。因此,不同的劳动有着不同的收获,不同的劳动者有着不同的需要,不同的追求有着不同的劳动途径,不同的职业有着不同

---

① 马克思,恩格斯. 马克思恩格斯选集(第3卷)[M]. 中共中央马克思恩格斯列宁斯大林著作编译局,译. 北京:人民出版社,1960:508.
② 王迪. 劳动与人类社会发展[M]. 北京:光明日报出版社,2012:43.

的奉献。

无论是有价劳动还是无价劳动，都是可贵的和值得珍惜的。劳动有苦有累，使人摆脱贫穷，更让人改变自身而发展进步。劳动不仅关系到人的健康和智慧，也关系到人的快乐和美好。劳动使我们生活丰富多彩，劳动锻炼造就了我们人类。人的伟大其实就在于会劳动、能劳动和爱劳动，没有劳动的人生毫无意义，有劳动的生活才是真正的人生。

劳动观是指人们对劳动的根本看法和根本观点，它是人们世界观、人生观和价值观的重要组成部分。正确的劳动观有助于形成正确的劳动态度，帮助人们懂得尊重劳动和劳动人民，珍惜劳动成果，并积极投入到劳动中，为提高劳动生产效率，创造社会财富做出贡献。错误的劳动观则会使人做出相反的行为选择，产生消极的社会影响。当代大学生作为一个重要的社会群体，他们不仅肩负着全面建成小康社会的重任，而且还担负着实现中华民族伟大复兴中国梦的使命，大学生的劳动观正确与否，不但决定其一生的学习、工作、生活态度与生活方式，还在一定程度上影响着整个社会劳动观的趋势。

从职业发展角度来说，职业结构和职业通道推动着人的职业技能的良性循环发展。在就业中体现的劳动，是人们实现价值的载体和途径，在生产关系中，这个劳动既可以是体力劳动，也包括脑力劳动、创新创造劳动等，这些抽象的劳动可以被具体和量化体现为劳动的价值。

（二）马克思主义劳动观

马克思认为："劳动首先是人和自然之间的过程，是人以自身的活动来引起、调整和控制人和自然之间的物质变换过程。"[①] 这就是说，劳动首先是主体人与客体自然之间的物质性交往关系，与此同时才发生人与人之间的物质性交往关系。

劳动是创造价值的唯一源泉，这是马克思对劳动的科学论断。随着传统工业社会向现代社会过渡，劳动的类型、形式和特性都发生了很大转变。正确认识劳动的新变化，对于把握当今时代的性质、社会阶层的演变与性质、

---

① 马克思，恩格斯. 马克思恩格斯全集（第23卷）[M]. 中共中央马克思恩格斯列宁斯大林著作编译局，译. 北京：人民出版社，1972：201-202.

社会新阶段矛盾的新变化，有着极其重要的理论和现实意义。

在《1844年经济学哲学手稿》中，马克思着重考察了"生产劳动"这个核心范畴，从哲学和人类学的高度对劳动的本质作用和劳动的发展进行了阐释。马克思指出，劳动是人的本质，生产劳动是社会存在和发展的基础，社会历史就是劳动的异化和扬弃异化的历史。马克思还指出："整个所谓的世界历史不外是人通过人的劳动而诞生的过程，是自然界对人来说的生成过程。"① 马克思认为，人理想状态的劳动是自由自觉的活动，他把这种劳动与人的类本质联系起来，发现了劳动的物质规定性（对自然的依赖）和属人性（对动物界的超越）特征。马克思在这个时期对劳动的阐述主要有三点，第一，对劳动主体的能动性和劳动客体的存在性进行了辩证的分析，在劳动上实现了主体和客体的统一。第二，对劳动的主体、人的社会性进行了阐释，由此分析了劳动的社会性。第三，通过对社会和自然的关系进行分析，明确指出生产实践在社会发展中的基础作用，分析了生产劳动的内在矛盾和生产劳动过程中诸多要素的相互关系，初步揭示了生产力和生产关系的辩证关系。

马克思通过对劳动社会性的界定实现了劳动观的历史性突破，认为现实的劳动不仅包括人改造自然的物质生产劳动，还包括人和人社会关系的劳动，进一步对《1844年经济学哲学手稿》中劳动的概念进行拓展。

马克思主义劳动思想有着深刻内涵，包括劳动本质论、劳动异化论、劳动价值论等。

1. 劳动本质论

劳动对于客观世界、人类社会和自然改造的重要意义，马克思从不同角度进行了论述。马克思、恩格斯认为，劳动"只是指人用来实现人和自然之间的物质交换的一般人类生产活动"②，"整个所谓世界历史不外是人通过人的劳动而诞生的过程"③。马克思揭示出："劳动首先是人和自然之间的过程，

---

① 马克思.1844年经济学哲学手稿[M].中共中央马克思恩格斯列宁斯大林著作编译局，译.北京：人民出版社，2000：92.

② 马克思，恩格斯.马克思恩格斯全集（第25卷）[M].中共中央马克思恩格斯列宁斯大林著作编译局，译.北京：人民出版社，1974：383.

③ 马克思.资本论（第1卷）[M].中共中央马克思恩格斯列宁斯大林著作编译局，译.北京：人民出版社，2004：131.

是人以自身的活动来引起、调整和控制人和自然之间的物质变换的过程。"①马克思主义劳动观从唯物史观的角度,论述了劳动的本质和其对人类社会的不可或缺,揭示出人类的生存和发展是以劳动为根本力量和存在方式,社会一旦停止劳动将会濒临灭亡。因此,劳动是人类社会的决定性因素,劳动推动着社会历史向前发展,劳动不仅创造了人类,更是创造了世界和历史。

2. 劳动异化论

马克思在《1844年经济学哲学手稿》中,从多维角度阐释了资本主义条件下的异化劳动理论,提出劳动者与劳动产品、劳动者与劳动活动、人与自己的类本质相异化,由此推出人与人的异化。

马克思认为:"劳动所生产的对象,即劳动产品,作为一种异己的存在物,作为不依赖于生产者的力量,同劳动者相对立。"② 他指出:"正是通过对对象世界的改造,人才实际上确证自己是类的存在物。这种生产是他的能动的、类的生活。"③ 他还指出:"人从自己的劳动产品、自己的生命活动、自己的类的本质异化出去这一事实所造成的直接结果就是:人从人那里的异化。当人与自己本身相对立的时候,那么其他人也与他相对立。"④ 马克思通过对异化劳动的深入研究,进而揭示了资本主义制度条件下资本主义劳动的秘密,并揭示了资本主义私有制劳动的本质即是雇佣劳动。

3. 劳动价值论

马克思指出,活劳动是创造价值的唯一源泉,并从生理和社会意义两个方面来阐释劳动,"一方面是人类劳动在生理学意义上的耗费;另一方面是人类劳动在特殊的有一定目的的形式上的耗费"⑤。

马克思主义劳动价值观认为,劳动创造人本身,而且促使人性日臻完善,

---

① 马克思. 资本论(第1卷)[M]. 中共中央马克思恩格斯列宁斯大林著作编译局,译. 北京:人民出版社,2004:201.
② 马克思.1844年经济学哲学手稿[M]. 中共中央马克思恩格斯列宁斯大林著作编译局,译. 北京:人民出版社,2000:44.
③ 马克思.1844年经济学哲学手稿[M]. 中共中央马克思恩格斯列宁斯大林著作编译局,译. 北京:人民出版社,2000:51.
④ 马克思.1844年经济学哲学手稿[M]. 中共中央马克思恩格斯列宁斯大林著作编译局,译. 北京:人民出版社,2000:51.
⑤ 马克思. 资本论(第1卷)[M]. 中共中央马克思恩格斯列宁斯大林著作编译局,译. 北京:人民出版社,2004:60.

使劳动个体的身心自由解放。劳动还是通向客观世界与主观世界的媒介，劳动不仅使人们在谋生的过程中获得个人物质财富，同时也创造了社会物质财富。劳动不仅使劳动主体的人得到满足、快乐，而且也使人实现自我价值并超越自我。

随着社会历史的发展，劳动作为人类最基本的存在方式并没有因时代更迭而被改变或消失。伴随着科学技术的不断变革，经过不断的适应、发展和创新，劳动形式更为多样化和复杂化，劳动的科技含量显著提升。同时，社会对劳动的创造性要求变得更高，我们必须科学认识和理解劳动，劳动仍是人得以实现自我发展和自我完善的必由途径。

劳动价值观决定着劳动教育观，马克思主义教育学原理强调，劳动对人的本质的形成，以及对人全面发展的重要性。在社会主义教育中，将教育与生产劳动相结合是人才培养的根本原则和基本性质之一，学校劳动思政教育的核心目标就是要促进学习者形成正确的劳动价值观。

（三）劳动与职业道德

人通过劳动来塑造自身并实现需要的满足。在劳动过程中人们逐渐形成一种约定俗成的道德观念，这种以劳动分工和职业劳动为根源的道德，从一开始就具有职业道德的性质和特征，实际上它是以劳动分工和职业劳动的需要而产生的，并用以规范和完善劳动过程本身。

职业道德作为劳动规则，既是人劳动的产物，又是劳动的人的本性，不仅以主体人之间的交往关系为基础和规范对象，而且应以主体人与客体自然之间的交往关系为基础和规范对象。这就是说，作为劳动规则的职业道德，是人类与自然界交往关系的行为准则，应当从人类与自然共同利益的角度来规范各种职业行为，来协调人与自然的平衡关系、人与人之间的利益关系。当伦理学把职业道德单纯解释为职业劳动者之间利益关系的规范要求和协调原则的时候，不可避免地会把人类对待自然、对待生态环境的态度排除在职业道德的视野之外。

劳动发展的历史证明，以往人们过于注重当下的利益获得和资源争夺，而对职业行为的间接后果和社会进步的宏观效应缺乏长远打算，以至于导致经济发展与道德进步、社会文明与科技发展的二律背反。人类毫无顾忌地劫掠自然资源，使生态环境遭到严重破坏，最终危及人类自身的生存发展。这些历史性教训，与人们对职业道德的理解仅限于人类而忽略自然的偏狭性密切相关。

总之，如果不能从劳动这一人类的本质特征出发来解释职业道德的根源，就难免引发对职业道德的偏狭理解，并在事实上导致各种偏离人类文明的不当职业行为。

劳动首先是为了满足人生存的需要，但是人的劳动并不停留于个体生存的直接需要，而是会超越个体的直接需要去为群体和社会的发展提供物质前提。人类劳动的这一特征，正是职业道德能够摆脱狭隘私利的纠缠而升华为社会美德的内在根源。

当然，职业道德能够在多大程度上摆脱狭隘私利的纠缠，这要取决于劳动的具体实现形式。职业劳动和职业道德以社会分工为前提，在这种条件下，职业劳动恰恰是以超越个体生存的直接需要为实现手段的。从形式上看，一切职业劳动都是为他人、为社会所提供的劳动。因此，作为职业劳动产物的职业道德从本性上就具备了能够摆脱狭隘私利纠缠的品格。职业道德的这种品格，正是人的社会性本质通过社会分工的形式得以展示和确证。

习近平总书记在全国高校思想政治工作会议上指出，全国高校思想政治工作要"培育理性平和的健康心态，加强人文关怀和心理疏导"[①]。思想政治教育理论所依托的是马克思主义理论，只有用马克思主义哲学来指导实践，实现技术理性与价值理性的统一，运用两种理性培育出健全的职业人格，才能在职业选择的过程中保持理性的心态。心理疏导的作用在于提高职业生涯规划的理性程度，运用专业的心理学知识对学生进行合理的评估，帮助学生找到适合自己的职业选择，这是解决学生盲目追求非理性动机的根本。高校要引导大学生做到不以主观非理性动机来选择职业，而是客观科学地分析看待自己的职业性格和职业能力，从而使其更充分地认识社会和自我。

---

① 习近平．习近平总书记在全国高校思想政治工作会议上的重要讲话［N］．人民日报，2016 - 12 - 09．

二、中国特色社会主义劳动思想的继承与发展

马克思指出："生产劳动同智育和体育相结合……是造就全面发展的人的唯一方法。"① 党和国家历代领导人大力倡导全社会的劳动风尚，重视"教育与生产劳动"的结合，重视劳动竞赛和劳模评选表彰的示范引领作用。习近平总书记强调"劳动是人类的本质活动，劳动光荣、创造伟大是对人类文明进步规律的重要诠释"。②

习近平总书记关于劳动的重要系列论述，是基于历史维度，在继承和发展马克思主义劳动思想的基础上，发展了中国特色社会主义劳动思想理论体系。习近平总书记强调："劳动创造了中华民族，造就了中华民族的辉煌历史，也必将创造出中华民族的光明未来。"③ 在 2018 年劳动节前夕，习近平总书记给中国劳动关系学院劳模本科班学员回信，勉励广大劳动者诚实劳动、勤勉工作，成为新时代的奋斗者。在同年的全国教育大会上，习近平总书记提出，要坚持"培养德智体美劳全面发展的社会主义建设者和接班人"的人才目标，再次强调在劳动态度上对学生予以积极引导，"要在学生中弘扬劳动精神，教育引导学生崇尚劳动、尊重劳动"；在劳动观念上引导学生"懂得劳动最光荣、劳动最崇高、劳动最伟大、劳动最美丽的道理"；在劳动实践上大力提倡学生"能够辛勤劳动、诚实劳动、创造性劳动"。习近平总书记关于加强劳动教育、弘扬劳动精神的重要论述，具有深刻的时代内涵和现实针对性，对高校加强劳动思政教育提出了新任务，对劳动思政教育融入高校育人体系提出了新要求。2018 年 9 月 15 日，光明日报发表评论文章《努力构建德智体美劳全面培养的教育体系》，提出"加强劳育，要在学生中弘扬劳动精神"④。

---

① 马克思. 资本论（第 1 卷）[M]. 中共中央马克思恩格斯列宁斯大林著作编译局，译. 北京：人民出版社，2004：60.
② 习近平. 在庆祝"五一"国际劳动节暨表彰全国劳动模范和先进工作者大会上的讲话 [N]. 人民日报，2015 – 04 – 29.
③ 习近平. 在同全国劳动模范代表座谈时的讲话 [N]. 人民日报，2013 – 04 – 29.
④ 光明日报评论员. 努力构建德智体美劳全面培养的教育体系 [EB/OL]. (2018 – 09 – 15) [2021 – 01 – 21]. https：//baijiahao. baidu. com/s? id =1611660044825493913&wfr = spider&for = pc.

2019年7月3日，教育部为深入贯彻落实好习近平总书记关于劳动教育的系列重要论述，专门召开了大中小学劳动教育专题调研座谈会，完整系统地阐释了劳动教育的核心内涵，要求教育系统要保证劳动教育的正确方向，发挥劳动教育在学生成长过程中的重要作用；提出在不同阶段，劳动教育有不同的目标、过程和评价，学校要从实际出发与之相适应。劳动教育融入思政元素成为新时代劳动教育的必然要求。2019年11月26日，中央全面深化改革委员会审议通过《关于全面加强新时代大中小学劳动教育的意见》，意见强调要把劳动教育纳入人才培养全过程，把握育人导向，遵循教育规律，创新体制机制，注重教育实效，实现知行合一。2020年3月20日，中共中央、国务院印发《关于全面加强新时代大中小学劳动教育的意见》，全面指导劳动教育，进一步强调了劳动教育对于人才培养的重要性。

（一）大学生对"辛勤劳动、诚实劳动、创造性劳动"的认识

大学生们正处于一个崇尚劳动的新时代，处于职业生涯发展的探索、建立阶段，他们的劳动价值观、职业价值观以及职业能力正在逐渐形成。大学生的职业选择和发展往往与其对劳动的理解、对劳动的认同等劳动价值观息息相关。

习近平总书记在2015年庆祝"五一"国际劳动节暨表彰全国劳动模范和先进工作者大会上强调："劳动是人类的本质活动，劳动光荣、创造伟大是对人类文明进步规律的重要诠释。"尤其强调："我们一定要在全社会大力弘扬劳模精神、劳动精神，引导广大人民群众树立辛勤劳动、诚实劳动、创造性劳动的理念，让劳动光荣、创造伟大成为铿锵的时代强音，让劳动最光荣、劳动最崇高、劳动最伟大、劳动最美丽蔚然成风。"2018年"五一"前夕，习近平总书记回信勉励中国劳动关系学院劳模本科班学员"弘扬劳模精神，让诚实劳动、勤勉工作蔚然成风"，激励广大劳动群众"争做新时代的奋斗者"。让新时代的劳动精神、劳模精神、工匠精神根植于大学生内心，通过就业、通过劳动、通过职业发展，让"三种精神"引领他们奋发有为，激励他们创造不平凡的人生，从而实现自我价值，实现自我的全面发展。[①]

---

① 许涛. 大学生就业观探究［J］. 中国大学生就业，2019（07）：38-42.

在就业中体现的劳动,是人们实现价值的载体和途径,在生产关系中,这个劳动既可以是体力劳动,也包括脑力、创新创造等劳动,并且这些抽象的劳动可以被具体和量化为劳动的价值。大学生要积极主动地投身到就业劳动中去,激发自己创造价值的能力,不仅满足自己的生存需要,更要在就业中满足自己心理上的本质需要,让自己生活在欣喜和充满希望的状态中。[1]

(二)劳动精神与职业选择

1. 劳动精神是职业选择的思想基础

(1)劳动精神的时代内涵。

马克思主义劳动价值观认为,劳动是使人性达到至美至善、达到彻底自由的必由之路。劳动不仅创造了社会物质财富,是人们谋生的手段,是个体获得物质需要的基础,同时也是实现自我、超越自我,使劳动主体的人得到满足、快乐和自我价值的根本途径,更是通向客观世界与主观世界的媒介。

在我国,一以贯之地倡导劳动精神。2004 年,中共中央国务院印发的《关于进一步加强和改进大学生思想政治教育的意见》是改革开放以来首个关于大学生思想政治教育的文件,其中专门强调高校大学生的思想政治教育要"积极探索和建立社会实践与专业学习相结合、与服务社会相结合、与勤工助学相结合、与择业就业相结合、与创新创业相结合的管理体制"[2]。通过支持大学生参加生产劳动、志愿服务等,社会实践活动,培养大学生的劳动观念和职业道德。

2014 年,习近平总书记与劳动模范和先进工作者、先进人物代表进行座谈时,从劳动思想、劳动习惯和劳动素质等方面提出:"教育引导广大青少年牢固树立热爱劳动的思想、牢固养成热爱劳动的习惯,为祖国发展培养一代又一代勤于劳动、善于劳动的高素质劳动者。"[3] 2018 年,习近平总书记在全国教育大会上,亦从劳动态度、劳动认识和劳动实践等方面对学生提出了

---

[1] 姜楠,朱陈欣,杨乐乐. 初探马克思主义价值观对高校学生就业价值观教育的启示 [J]. 法制与社会,2019 (14): 193-194.

[2] 中共中央国务院发出《关于进一步加强和改进大学生思想政治教育的意见》[J]. 中国高等教育,2004 (20): 5-7.

[3] 习近平. 在乌鲁木齐接见劳动模范和先进工作者、先进人物代表向全国广大劳动者致以"五一"节问候 [N]. 人民日报,2014-05-01.

进一步要求，引导学生"长大后能够辛勤劳动、诚实劳动、创造性劳动"①。

新时代倡导"辛勤劳动、诚实劳动、创造性劳动"，弘扬劳动精神、充分尊重劳动、积极有效建设和谐劳动关系，是时代的要求也是大学生职业发展的需要。当代大学生只有充分理解劳动精神的时代内涵，才能主动培养劳动意识、劳动精神，通过劳动实现梦想；只有弘扬劳动精神，才能在劳动实践中把自己的青春梦、中国梦变成现实。

（2）劳动精神是职业道德、职业素养的根本。

在职业选择过程中，大学生从校园到职场，从学生到社会人，从读书学习的状态到工作劳动的状态，整个社会角色都发生了转换。除了提升专业素质，大学生们更要主动承担劳动，努力贡献自己的聪明才智。作为走向职场的社会人不仅要具有职业道德，还需要有职场人基本的职业素养，其根本就是要有劳动精神，让"爱岗敬业、劳动光荣"的理念内化于心，提高自己的思想觉悟和劳动积极性，通过劳动创造美好生活，铸就完美人生。

2. 劳模精神是职业发展的思想引领

（1）劳模精神的时代意义。

不同的时代，劳模精神有着不同的内涵。习近平总书记曾说："劳动模范是民族的精英、人民的楷模"，他肯定"广大劳模们，以平凡的劳动创造了不平凡的业绩"，也充分阐释了"爱岗敬业、争创一流，艰苦奋斗、勇于创新，淡泊名利、甘于奉献"的劳模精神，尤其对劳模精神"丰富了民族，乃至时代精神的内涵，是极为宝贵的精神财富"予以充分肯定。

劳模精神、劳动精神、工匠精神体现了以爱国主义为核心的民族精神和以改革创新为核心的时代精神，同时也彰显了社会主义核心价值观的深刻内涵。习近平总书记鼓励全社会劳动者，"社会主义是干出来的，新时代也是干出来的"，倡导"全社会都应该尊敬劳动模范、弘扬劳模精神"。

推崇劳动精神已成为社会主义新时代的主旋律。劳动模范虽然身处不同岗位，但具有同样的劳模精神，他们犹如时代的精神标杆，通过平凡的岗位创造美好未来，通过平凡的劳动创造不平凡的业绩，同时感染大学生们勤奋

---

① 习近平在全国教育大会上强调 坚持中国特色社会主义教育发展道路 培养德智体美劳全面发展的社会主义建设者和接班人 [J]. 党建研究，2018（10）：2.

做事、勤勉为人，鼓舞了一代代大学生汲取其精神力量，奋发作为。

（2）劳模精神促进职业发展。

劳模精神是一种立足本职干实事、拼搏奉献创一流的精神，更是一份责任、使命和担当。

习近平总书记对劳动模范提出了新期望："希望你们珍惜荣誉、努力学习，在各自岗位上继续拼搏、再创佳绩"，扩大劳动模范的精神影响力。他鼓励劳模们："用你们的干劲、闯劲、钻劲鼓舞更多的人，激励广大劳动群众争做新时代的奋斗者。"习近平总书记还特别指出，劳模精神生动诠释了社会主义核心价值观，有着强大的精神力量。劳动模范在工作中对自己严格要求和无私奉献、不求回报的精神，具有很强的影响力和感染力，直接影响和带动周围的人一起潜心钻研工作、精益求精、创新创造。大学生要领会劳模精神的时代意义和丰富内涵，在职业生涯发展过程中学习和弘扬劳模精神，学习他们争创一流的进取精神、无私奉献的优秀品质、认真负责的敬业精神，从而使自己在职业发展中成为行家里手，争做新时代的弄潮儿。

3. 工匠精神是职业追求的精神信仰

（1）工匠精神是对职业的坚守与传承。

工匠精神是一种职业风范，更是一种情怀和信念。工匠精神是对工作的执着，对工作的奉献，并在工作中追求卓越、追求极致的一种价值取向。

很多工匠把自己所从事的职业作为事业来追求，在工作中表现出对事业的敬畏心和忘我的精神境界，不仅对自己高标准、严要求，而且通过自己所从事的工作不断打磨产品与技能，塑造自我，创造价值。他们不仅传承历史积淀下来的技艺和技能，而且坚守职业，很多工匠甚至一辈子只专注于一项技艺。正因为有了这样的坚守与传承，工匠们把从事的职业当成了一种信仰、一种职业追求。高校在培养教育学生时，要将爱岗敬业、精益求精的工匠精神渗透到学生的学习和生活中，培养学生认真、负责、严谨的工作态度。通过社会实践、实习实训等活动让学生深入体会专注、专业的工匠精神，进而在将来的职业发展中使学生潜移默化地形成职业素养。

（2）工匠精神是对职业的创新与创造。

工匠精神是一种踏实务实、执着专一、追求极致的价值观，不仅表达着工匠对技能和技艺的不舍追求，更是传达一种对职业敬畏的极致境界。2013

年习近平总书记在同全国劳动模范代表座谈时强调:"当代工人不仅要有力量,还要有智慧、有技术,能发明、会创新,以实际行动奏响时代主旋律。"①

在互联网时代,工匠精神不仅在于坚守和传承,新时代的大国工匠为工匠精神赋予了新的时代内容,它更是一种创新和创造,已从传统的"个人、体力、传承"向"集体、智力、创新"转化,延伸和丰富了工匠精神的时代内涵。在学校教育中,要将工匠精神和创新创造精神结合起来,渗透到人才培养过程中,努力培养出具有创新精神、有竞争力的高素质人才,这样更有利于学生未来的职业发展。

4. 以"三种精神"促进大学生职业选择及发展

在中国特色社会主义教育事业的发展进程中,劳动教育、劳模精神是全面培养人才的重要内容和有力抓手。劳动与教育相结合是我国长期贯彻的教育方针,劳动教育是我国社会主义学校办学所必须遵循的一项基本原则。更重要的是,劳动教育关乎到如何培养人,最终把受教育者培养成怎样的劳动者这一重要命题。

(1) 以劳动精神引领大学生合理选择职业。

①劳动精神对大学生合理选择职业的重要性。

习近平总书记多次发表重要讲话,强调牢固树立劳动观念的重要性,他在讲话中指出:"人世间的美好梦想,只有通过诚实劳动才能实现;发展中的各种难题,只有通过诚实劳动才能破解。"②

由于市场竞争、就业压力的加剧,以及享乐主义等不良思潮的影响,一些大学生的劳动意识比较淡薄,对脑力劳动、体力劳动与社会地位的关系认识模糊,对劳动、劳动精神的认识和理解出现了一定程度的偏差。这就使他们在选择职业时过多地关注薪酬待遇、工作条件、福利享受、职业发展前景、工作地域、社会地位等,表现出较强的功利性劳动价值观。因此,加强劳动教育、端正劳动态度和观念是大学生合理选择职业的前提。

---

① 习近平. 在同全国劳动模范代表座谈时的讲话 [EB/OL]. 新华社. 2013 - 04 - 28. http: www.gov.cn/ldhd/2013 - 04/28/content - 2393150. htm.

② 习近平. 人世间的美好梦想,只有通过诚实劳动才能实现 [N]. 中国青年报,2013 - 04 - 29.

②劳动精神促进大学生全面发展。

新时代大学生被父母及家人呵护备至,较为缺乏体力劳动和独立生活的锻炼,对劳动的认识不足,对劳动精神的理解不深入,致使他们在就业选择时表现出多维度、多元化、现实化的趋势。在选择职业过程中,他们还呈现出追求享乐的现实功利性、从众性和矛盾性等特点。

作为国家的建设者和接班人,新时代需要德、智、体、美、劳全面发展的大学生。因此,培育劳动精神,实现个体的全面发展是自我也是时代的要求。新时代大学生不仅要掌握专业知识和专业技能,更要提高综合素质,成为全面发展的新一代。高校通过将劳动教育与专业教育相融合,劳动教育与就业指导和职业发展相融合,培育大学生的劳动精神,使他们形成良好的劳动习惯和正确的劳动观,树立团队意识、劳动纪律意识,培养艰苦奋斗、不怕吃苦的精神和勇敢顽强的意志力,以丰富和完善自我。大学生在进行职业价值取向时,要将物质和精神双层价值相统一,个体价值与社会价值相统一,个人情怀与服务国家相统一,通过劳动实践创造价值,增强成就感,真正成为社会主义事业需要的高素质的合格建设者和可靠接班人。

(2) 以劳模精神、工匠精神促进大学生职业发展。

创新驱动,质量为先。我国正处于从制造大国向制造强国迈进的过程中,党的十九大报告强调,要"大力弘扬劳动模范精神和工匠精神",在全社会"营造出劳动光荣的社会风尚,精益求精的敬业风气"。劳模精神、工匠精神生动体现了社会主义核心价值观,其蕴含的"专业、敬业、执着、创新"等核心要义与大学生在职业发展和价值追求取向上具有一致性。因此,在学校教育,特别是对大学生的职业教育中,要将三种精神融入人才培养的全过程,培养其职业精神和职业素养。

习近平总书记在一系列重要讲话中指出,要大力弘扬劳模精神、劳动精神、工匠精神;把劳模精神、工匠精神与职业道德教育和人文精神的培育相结合,把劳模精神、工匠精神与大学生的职业理想信念相结合,塑造大学生的职业价值观。大学生对于劳动的认识和价值判断,对劳模精神、工匠精神的继承,以及对职业的敬畏和责任感,不仅促进其合理选择职业,实现充分就业、高质量就业,而且促使他们认同劳动、了解职业,使其在职业发展中更好地将工匠精神与创新创造相融合,通过奉献才智不断地全面发展,完善升华自我,从而实现自己的职业理想和人生价值。①

(三) 职业苦乐观

人们在职业活动中关于苦与乐的基本认知称之为"职业苦乐观"。职业苦乐观是每个个体世界观、人生观、价值观在其职业上的具体表现,它一方面是由世界观、人生观、价值观所决定的;另一方面又根据人们所处的地位、生活环境、工作压力、知识水平、道德修养的不同,而形成不同的职业苦乐观。

职业苦乐观与人们一生的职业活动密切相连,是职业责任、职业使命、职业态度、职业道德、职业奉献的集中体现,它决定着一个人在其职业生涯中的职业行为、工作效率、工作品质和职业发展。马琼通过对西南交通大学2011届毕业生的就业观、就业行为与就业结果的实证研究发现,学生在对薪酬普遍要求较高的同时,对于工作压力的大小和工作环境的舒适度也十分注重,工作轻松的同时又有高额的收入回报往往是学生所看重和追求的。学生对社会职业的认识没有亲身体验,还只停留在感知阶段,在物质充裕的新时代很多学生不用吃苦耐劳,也能得到或拥有较好的生活环境,因而容易形成趋乐避苦的心理和态度。②

树立正确的职业苦乐观,有助于大学生成长成才。习近平总书记在讲话中指出:"让勤奋学习成为青春飞扬的动力,让增长本领成为青春搏击的能量。"③ 在中国特色社会主义市场经济条件下,人们的职业苦乐观有三种表现形式:一种是胸怀时代责任和历史使命,具有强烈的服务意识和责任心,为改革开放和社会主义现代化建设,无私奉献且又脚踏实地,是以苦为乐的职业观;一种是能履行好应有职责,积极把握个人发展,努力实现个人与职业协调发展;还有一种是功利色彩严重,以自我为中心,利用一些手段为自己谋利益的职业观。通过了解,不少学生认为,在困难的工作环境中进行高强度的职业活动就是职业之苦,所以在进行职业规划和职业选择时倾向于趋乐避苦甚至贪图安逸。因此,学校在进行职业苦乐观教育

---

① 许涛. 大学生就业观探究 [J]. 中国大学生就业, 2019 (07): 38 – 42.
② 马琼. 浅析就业观对大学生就业的影响 [J]. 人民论坛, 2012 (05): 110 – 111.
③ 习近平在全国高校思想政治工作会议上强调 把思想政治工作贯穿教育教学全过程 开创我国高等教育事业发展新局面 [N]. 人民日报, 2016 – 12 – 09.

时，应引导学生们树立起有责任意识和奉献精神的苦乐观，将个人履职、个人发展与职业奉献协同起来。学校在思想政治教育的过程中，要引导学生克服享乐主义思想的影响，避免自私、狭隘、功利地对待职业，在职业选择上正确处理个人职业发展和奉献国家的关系，绝不能置国家、集体和他人的利益于不顾，要积极为社会主义建设事业贡献自己的青春力量。

职业劳动是人们谋生的手段。大学生只有体味劳动的艰辛，在劳动中塑造健康的心理素质，在奋斗拼搏中磨练自己的意志，树立社会主义劳动价值观，才能获得受益终身的宝贵精神财富。高校在劳动教育中，要使学生崇尚劳动、追求劳动创造、尊重劳动主体，以辛勤劳动为荣、以好逸恶劳为耻。通过社会实践、实习实训等活动让学生感悟劳模精神、劳动精神、工匠精神，进而使其不断成长为有理想信念、有过硬本领、有责任担当的社会主义建设者和接班人。

第二节 劳动素养

劳动是人类适应自然的活动和改造自然的独特方式，劳动推动人类不断发展。生产力就是人的劳动能力、人的实践活动能力和生产的本质力量。从本原看，生产力是具有劳动能力的人，跟生产资料相结合而构成的改造自然的能力。恩格斯认为，古猿通过劳动转化为人，形成劳动生产力，是生产力形成的标志和历史的开始。

恩格斯对生物进化、劳动进化的看法是建立在科学的基础上的。从完全的意义上看，所谓生产力，乃是人类征服自然、改造社会和塑造自我的能力，归根结底，是人类的本质力量在历史中的全部展开。

一、大学生劳动素养的重要性

2016年12月7日，习近平总书记在全国高校思想政治工作会议上强调，高校要把"立德树人"作为中心环节，把思想政治工作贯穿教育教学全过程，实现全员育人、全程育人、全方位育人，努力开创我国高等教育事业发展新局面。2018年9月10日，习近平总书记在全国教育大会上号召"要在学生中弘扬劳动精神，教育引导学生崇尚劳动、尊重劳动"，强调要"努力构建德智体美劳全面培养的教育体系"①。劳动教育是社会主义教育的根本原则之一，贯彻落实劳动教育，在学生中弘扬劳动精神，培育大学生劳动素养是高校思想政治工作的重要内容，更是坚持"三全育人"和落实人才培养目标的重要举措和抓手。高校要始终围绕立德树人的根本任务，培育学生崇尚劳动，懂得劳动光荣，成为具有劳动知识技能和较高劳动素养，辛勤劳动、诚实劳动、创造性劳动的社会主义劳动者。

（一）大学生劳动素养培育的现实意义

苏联著名教育学家马卡连柯高度重视劳动在教育教学中的重要作用，他认为，劳动教育的主要任务不仅仅是为社会培养具备一定生产技能的劳动者，更重要的是促进学生优秀道德品格的发展。苏联教育理论家和实践家苏霍姆林斯基在马卡连柯关于劳动教育思想的基础上，构建了劳动教育实践体系。他强调，劳动教育的最终目标就在于全面提高人的劳动素养，劳动素养不只包含完善的实际技能和技巧，还包括劳动活动在一个人的精神生活中的作用和地位，劳动创造活动的智力充实性和完满性、道德丰富性和公民目的性。通过提高劳动素养，促进公民道德的养成，最终培养真正的人，而国家与社会的发展正需要这样的公民。②

劳动者劳动素养的高低关系到国家的强大和社会的进步。《国家中长期教育改革和发展规划纲要（2010—2020年）》提出，到2020年我国高等教育规模将达到3550万人次，青年群体关乎未来我国社会主义事业建设是否源源不断、后继有人，他们在劳动岗位上能否胜任以及对社会的贡献大小，与自身的劳动素养高低成正比。青年人在新时代实现自身价值，担当起民族复兴和促进国家发展的大任，离不开全社会对青年学子劳动素养的全方位、全过程培育。

---

① 习近平．在全国教育大会上强调坚持中国特色社会主义教育发展道路 培养德智体美劳全面发展的社会主义建设者和接班人［EB/OL］．新华网．2018-09-10．http：//www.xinhuanet.com/politics/2018-09/10/c_1123408400.htm.

② 朱博．苏霍姆林斯基劳动教育思想研究［D］．武汉：华中师范大学，2018.

青年大学生处于物质丰裕的时代，缺少艰苦环境的历练和对艰难生活的认知，部分大学生的劳动观念、劳动态度、劳动习惯、劳动品质等方面的素养偏低。在"三全育人"的理念下，新时代劳动教育被赋予更高的使命和内涵。面对物质生活水平不断提高的社会大环境，如果缺乏高水平的劳动素养，大学生很容易在踏出校门后迷失在丰裕的物质生活中而淡化劳动意识。同时，大学生对于"优质生活""高质量就业"的看法也发生了很大变化，越来越聚焦于高层次的精神追求，不仅满足于最基本的生存权的实现，在踏入社会后更追求自我发展及个人生活中的创造性和主体性。这需要学校各部门全员参与，明确劳动教育的总体目标，全面构建体现时代特征的劳动教育体系，通过劳动教育，进一步提升高校大学生的劳动素养，全过程、全方位引导大学生正确认识和理解马克思主义劳动观，牢固树立劳动光荣的观念，在实践中感悟劳动，收获劳动成果，寻求积极的人生意义。

（二）劳动素养培育与"三全育人"具有目标融通性

"三全育人"的全员育人指的是由学生本人、学生家庭、学校及社会大环境所组成的"四位一体"的育人机制，全程育人即对学生的培养及教育贯穿于从进校门到毕业整个过程，全方位育人就是通过各种教育载体，如思想政治引领、学生管理与服务、奖惩资助、社会实践、实习实训、就业指导等将教育融入学生全面发展的各个环节。"三全育人"的目的是通过德、智、体、美、劳"五育"，促进学生的全面进步和发展。劳动素养的培育与"三全育人"在人才培养目标上具有融通性，不少学者对劳动素养有较深入的阐释。创新人才教育研究会顾问卓晴君认为，学生的劳动素养包括七个方面：劳动观念、劳动态度、劳动习惯和品质、劳动情感、劳动知识、劳动技能、劳动思维。[①] 培养学生的劳动素养不仅要依靠劳动教育，更要为劳动素养培养体系的建构提供广阔的发展空间。除劳动学科外，其他学科中也蕴含着大量劳动要素，高校在人才培养过程中，要因势利导，将劳动素养的培育融入学生教育的全过程，通过劳动教育产生实效。北京师范大学马克思主义学院邵长威指出："劳动素养是指处于社会实践活动中的实践主体在掌握一定知

---

① 卓晴君．劳动教育：培育学生核心素养的关键工程［J］．创新人才教育，2017（1）：14－16．

识储备和劳动技能基础上开展实践活动,特别是劳动实践中所展现的优良品质的集合,包括劳动意识、劳动精神、劳动能力以及知识储备和创新精神等状况。"[1] 他特别强调了大学生的劳动素养要在掌握扎实专业知识的同时,具备积极主动的劳动意识,尊重他人劳动成果,不仅能开展学习、生活、工作中的脑力与体力实践活动,更要能够根据条件,创造性地开展创新、创造活动。天津社会科学院社会学研究所研究员关颖指出,劳动素养是人在劳动过程中劳动观念、劳动心态和劳动技能的综合体现,之所以把"爱劳动"与"爱学习""爱祖国"相提并论,是因为劳动对孩子的全面发展具有奠基作用,劳动素养培育是孩子一生的财富。[2] 以上专家学者的研究论述都指出劳动素养是社会、国家所需人才的基本核心素质,对于个体全面发展具有重要意义。由此可见,培养学生具备良好的劳动素养,就是要引导大学生树立正确的劳动观念,养成积极的劳动态度,具备一定的劳动知识与技能,并在此基础上开展创新、创造性地劳动,这与三全育人体系培养学生综合素质,促进学生全面发展的目标具有互通一致性。

二、劳动素养的基本内涵及价值

(一) 劳动素养的基本内涵

劳动素养是劳动者在劳动过程中与之相匹配的劳动知识、劳动心态和劳动技能的综合概括。劳动素养中的劳动心态包括工作态度、服务心态和对工作需求的认知等;劳动技能是完成工作任务以及解决工作矛盾与问题的专业技能。劳动素养是衡量劳动者能否完成某项对应性工作的最根本、最直接的工作能力指标,劳动素养的培育是人全面发展的根本动力。马克思在《1844年经济学哲学手稿》中指出,正是在劳动中人类的存在才得以体现,人的本质才得以反映,人才称其为人。[3] 在时代发展进程中,劳动不仅是谋生的手

---

[1] 邵长威. 思想政治教育视域下提升大学生劳动素养的途径探索 [J]. 辽宁工业大学学报(社会科学版),2019,21 (04):98-100,106.
[2] 关颖. 劳动素养,孩子一生的财富 [N]. 人民政协报,2018-05-02.
[3] 马克思,恩格斯. 马克思恩格斯选集(第1卷)[M]. 中共中央马克思恩格斯列宁斯大林著作编译局,译. 北京:人民出版社,1995.

段,更是个体价值最终实现的途径。随着科学技术的发展,在创新创造的大趋势下,劳动更加智能化、现代化,但这并未改变劳动是使人全面发展的根本内核。

在社会主义教育体系中,将教育与生产劳动相结合是人才培养的根本原则和基本性质之一,学校培育学生劳动素养的核心目标就是要使学生形成正确的劳动价值观。劳动、劳动素养对人的本质的形成,以及对人的全面发展具有至关重要的作用,是实现学生智力、体力发展,乃至全面发展的必然要素。人的劳动不是简单的机械制造再生产,而是赋予劳动以生命意义的劳动者按一定的标准要求而开展的创造性工作。马克思主义劳动观,将劳动分为生产劳动和非生产劳动,相应地将劳动教育分为生产劳动教育和非生产劳动教育。非生产劳动教育又分为日常生活劳动教育和服务性劳动教育,日常生活劳动教育注重在学生个人生活自理中强化劳动自主意识,体验持家之道,这是学生健康发展、适应社会生活的重要基础;服务性劳动教育具有较强的时代特点,注重利用知识、技能、工具、设备等为他人和社会提供服务,特别是在公益劳动、志愿服务中强化社会责任,培养良好的社会公德。因此,劳动教育不仅体现在个人生活、生产、生存能力上,更体现在社会责任和社会担当上。因此,学校要通过劳动教育培育学生的劳动素养,并贯穿在人才培养的全方位和全过程。

(二) 劳动素养是思想政治教育的重要内容

2018年,习近平总书记在"五一"劳动节前夕给中国劳动关系学院劳模本科班学员回信,强调要在全社会弘扬劳动精神,形成尊崇劳动的社会风尚。[①] 许多学校根据回信精神组织开展了系列活动,邀请劳模参加师生代表座谈会,组织各学院开展劳动教育主题班会,引导全校学生深入理解和学习"回信精神""劳动精神",滋养学生的劳动素养。一些学校还组织开展"大国工匠在校园""劳模在身边"等系列教育活动,邀请劳动教育研究专家、劳模校友、在基层就业的优秀校友开展主题讲座、新生入学教育及劳模大讲堂等活动。劳模和校友从不同的角度,结合自己学习、工作、助人的经历和

---

① 习近平总书记给我校劳模本科班学员回信[EB/OL]. 中国劳动关系学院校园网,2018-04-30. https://news.culr.edu.cn/xxxw/40672.htm.

扎根基层的奋斗事迹，用朴实的话语、真实的经历分享自己的劳动实践，教育引导学生领悟劳动之美、深厚劳动情怀。

培养学生的劳动素养，不仅要发挥劳模的导向优势，做好榜样教育，帮助学生树立劳动自信，更要在学生日常生活、学习中全方位加强劳动素养的宣传引导，将劳动素养的培育与学生思想政治教育融会贯通，作为个人核心素养的根本而促进提高。新时代高校学生是在互联网环境下成长起来的一代，培养学生劳动素养，也要积极利用新媒体的传播优势，在互动中实现有效传播，加强"两微一端"网络平台的维护和运营，以潜移默化的方式影响学生，从而使他们形成正确的劳动价值取向，不断提升劳动素养。

（三）劳动素养是个人素质的核心要素

社会对劳动者的素质要求与学校培育高素质人才的目标是一致的，劳动素养始终是个体作为一名劳动者的核心要素。

1. 劳动素养是学校人才培养的核心目标

2020年3月20日，中共中央、国务院印发《关于全面加强新时代大中小学劳动教育的意见》，全面指导学校开展劳动教育，把劳动教育纳入人才培养全过程。该意见强调，劳动教育是中国特色社会主义教育制度的重要内容，要全面贯彻党的教育方针，坚持立德树人，把劳动教育纳入人才培养全过程，贯通大中小各学段，贯穿家庭、学校、社会各方面，把握育人导向，遵循教育规律，创新体制机制，注重教育实效，实现知行合一，促进学生形成正确的世界观、人生观、价值观和劳动观。[1] 劳动教育是培育学生核心素养的关键工程[2]，无论是社会、学校还是家庭的劳动教育，其重点均是培育学生的劳动素养。劳动素养既是个人成长进步的基础素养，更是当代大学生综合素养的重要组成部分。劳动素养的培养不能仅仅理解为开设劳动素养课程，学生在课程学习中就能自发形成，而要从了解劳动对于推动社会和历史发展的价值观出发，建构全员参与、全过程、全方位的劳动素养培育体系。

---

[1] 中共中央 国务院发布《关于全面加强新时代大中小学劳动教育的意见》[EB/OL]，中华人民共和国教育部，2020-03-26. http://www.moe.gov.cn/jyb_xwfb/gzdt_gzdt/s5987/202003/t20200326_434970.html.

[2] 卓晴君. 劳动教育：培育学生核心素养的关键工程 [J]. 创新人才教育，2017（1）：14-16.

2. 劳动素养是学生求职就业的基本条件

劳动观念是学生对于劳动的根本看法和基本态度，正确的劳动观能引导人们形成对劳动的科学看法和观点。目前，高校大学生的劳动价值观呈现出价值取向功利性、价值判断多元化的特点，劳动态度不积极、劳动观念淡薄、劳动习惯缺乏、劳动精神缺失等观念上的偏差和问题层出不穷。长此以往，高校大学生容易出现就业规划模糊、盲从他人、好高骛远、拈轻怕重等求职偏差，这些问题的产生，主要原因就在于大学生劳动素养的缺乏。在高校全员育人中全过程引导，融入正确的劳动价值观，全方位加强劳动能力的培养，有助于大学生在择业时明确自身优势，以较高的劳动素养匹配劳动岗位，从而顺利求职就业。

3. 劳动素养是社会对劳动者的根本要求

当前，我国发展正处于重要战略机遇期，经济态势出现新的变化和新的形态：一是国家经济发展虽然速度放缓，但经济增长率仍处于国际领先地位；二是在经济新态势下，我国经济结构出现明显的调整升级，产业结构从中低端向中高端转换，服务业比重呈上升态势；三是经济发展由要素驱动、投资驱动转变为创新驱动；四是国内外经济形势面临诸多挑战。

在新经济发展背景下，社会对于高素质劳动力的需求以及大学生的就业环境都出现了较大的变化。经济结构的优化调整使传统劳动力需求量下降，新兴产业创造新的劳动岗位，服务业及互联网相关行业的劳动力需求大量增加。新经济态势及社会形势的变化，对劳动者的劳动素养及劳动技能有了更高标准的要求，劳动者不仅要具备基本的劳动技能，还要有正确的劳动观念和积极的劳动精神，从而满足新时代对劳动者劳动素养的新要求。

三、大学生劳动素养的培育体系建构

"三全育人"的教育改革要求不仅要对当下的育人项目、载体、资源进行整合，更要对长远的育人格局、体系和标准进行重新建构。构建大学生劳动素养体系不仅要从高校自身的优势出发，扩大影响，形成校园劳动风尚，也要善于创新，牢固树立"立德树人"的根本任务，将劳动素养培育体系融入到思想政治教育、学科知识教育、社会实践教育等各个环节当中，实现劳动认知、劳动习得、劳动体验、劳动创新的知行合一。高校应不断拓展劳动实践基地，健全劳动评价体系，形成劳动氛围，建构以劳动素养为核心的一体化培育体系和以劳动促进学生能力，以劳动提升学生综合素养，以劳动引领学生全面发展的长效机制。

（一）深化劳动认知，涵养劳动情怀

大学生因"从家门到校门，从校门再到校门"的成长环境，缺乏在社会生活中参与劳动，进行劳动创造的直接机会，其劳动态度、劳动习惯、劳动技能等劳动素养还有待加强。

较高的劳动素养得益于正确的劳动认知，高校要着力培养青年一代的劳动品格和积极的劳动态度，使他们能够主动地参加劳动，意识到劳动的不可或缺。习近平总书记在全国教育大会中指出："要在学生中弘扬劳动精神，教育引导学生崇尚劳动、尊重劳动、懂得劳动最光荣、劳动最崇高、劳动最伟大、劳动最美丽的道理，长大后能够辛苦劳动、诚实劳动、创造性劳动。"① 因此，锻造劳动素养要勇于走出大学校园，鼓励学生不仅要深入参与到学校各类劳动实践活动中，更要在社会磨砺中去认知劳动的本质，学习劳动知识，掌握劳动技能，锤炼劳动品格。高校可以结合学科专业特色，提高学生对劳动科学的认知，将劳动科学的教学和研究纳入到人才培养方案中，开设具有劳动特色的专业课程，形成劳动学科群，从而培养劳动情怀深厚，劳动素养较高的优秀毕业生。在新生入学教育中，各高校可以向新生们介绍学校人才培养体系，树立其劳动强国的初心和使命，使新生从入学开始就热爱国家，热爱劳动，勤于学习思考，练就过硬本领，怀揣一颗热情和进取之心，成为一名"立德守正，崇劳创新"的优秀大学生。

新时代对加强劳动教育提出了新的要求。培养具备较高劳动素养的国家所需人才，需要将专业学习、高校学科特色和行业特色相结合，强化学生对劳动的认识，培养正确的劳动观念；要将劳动素养的提升融入到高校学科专业、思想政治教育课程和辅导员日常思政辅导中，使课堂不再是单纯的知识

---

① 习近平. 在全国教育大会上强调坚持中国特色社会主义教育发展道路 培养德智体美劳全面发展的社会主义建设者和接班人 [EB/OL]. 新华网，2018-09-10. http://www.xinhuanet.com/politics/2018-09/10/c_1123408400.htm.

灌输，而是以构建全员、全过程、全方位人才培养体系为目的；将课程内容与劳动素养的提升相结合，使学生在学习专业知识的同时形成劳动品格。同时，发挥劳模先进人物的榜样优势，将先进事迹与专业课堂相结合，使学生不仅爱劳动、会劳动，更要明劳动之理懂劳动科学知识，增强劳动意识，树立正确的劳动价值观，提升劳动素养。

（二）注重劳动习得，培养专业技能

教育部印发的《高校思想政治工作质量提升工程实施纲要》提出："坚持理论教育与实践养成相结合，整合各类实践资源，强化项目管理，丰富实践内容，创新实践形式，拓展实践平台，完善支持机制，教育引导学生在亲身参与中增强实践能力，树立家国情怀。"[①] 高等教育所培养的劳动技能，主要是专业技能，除课堂理论教学、制度保障、学生思想意识的转变外，学校还要将提升学生劳动素养纳入学校实践育人的立体网络之中，将劳动教育融入实践活动和专业劳动技能培训当中。

在实践活动中，学校可通过设置勤工助学岗位，帮助家庭困难学生通过劳动实践自食其力，使其通过诚实劳动和辛勤劳动实现自身价值，增强劳动技能，提升劳动素养。同时，学校应在各类学生活动中融入劳动教育，加强学生劳动素养的培育。例如，通过春季植树活动、学雷锋活动、社区服务等让学生深入到劳动一线，拓展劳动实践平台，培养学生的劳动实践能力；通过举办"五月劳动文化节"等品牌系列活动加强学生对劳动文化的理解；通过组织与劳动主题相关的学生话剧如《劳动者之歌》，让学生自编、自导、自演，全程参与其中，以艺术的形式感染青年学子，使同学们热爱劳动，牢记中华民族的伟大复兴是劳动者的奋斗历程；通过开展劳动主题的诗词朗诵会等活动，把古今中外讴歌劳动的诗词、名言名句、经典著作进行宣传展示，以寓教于乐的方式开展劳动教育，也可邀请劳动模范参与其中，通过他们的激情朗诵更能让学生切身领悟劳动精神，感悟劳动与奋斗、初心与使命。这些形式新颖、内容多样的活动不仅丰富学生的课外生活，深受学生喜爱，也

---

① 中华人民共和国教育部. 中共教育部党组关于印发《高校思想政治工作质量提升工程实施纲要》的通知 [EB/OL]，2017 - 12 - 4. www. moe. gov. cn/srcsite/A12/s7060/201712/t20171206_320698. html.

让学生在参与活动的同时，全面地提升个人的劳动素养，增强劳动实践技能。

（三）深入劳动体验，体味劳动艰辛

学校可将劳动教育充分融入到国防教育训练、职业生涯体验、社会实习实践等环节中，使学生真正体验劳动。例如，组织学生参加军事特训营活动，磨炼学生的意志品质，增强学生国防观念，激发学生献身国防、报效国家、牢记使命、奋斗青春的思想共识和行动自觉。充分利用实习工厂、实训车间、校外实习基地等劳动实践场所，让学生走进企业，置身于劳动现场，让劳动实践不流于形式，在劳动体验中体味艰辛、提升劳动素养。

在深入到劳动现场的实践活动中，学校还要注重加强对师生的劳动安全教育，强化劳动风险意识，建立健全安全教育与管理并重的劳动安全保障体系，科学评估劳动安全风险，及时排查隐患，完善紧急事故处理机制，做好劳动风险防控预案等。

（四）发挥资源优势，拓展实践基地

培育大学生的劳动素养，要拓展劳动实践基地，大力加强学校劳动教育设施的标准化建设。比如，高校可建立学生事务一站式服务中心，帮助学生通过劳动进行自我管理、自我服务，自主办理各项学生事务，有效提高学生自我管理能力及服务他人的劳动能力。高校还可建立大学生创新创业园，使大学生在校期间就可进行创新创业活动，增加与社会沟通、交流的机会，全面提升各方面劳动能力，增强劳动素养。

大学期间，学生在学校内所接受的劳动训练要逐步与社会标准和要求进行接轨，高校要在大学生实习、实践活动的基础上，对学生开展大量有针对性的就业、创业指导。指导不能只停留在理论层面和校园内，学校要大力拓展培育劳动技能、提升劳动素养的场所，以满足学生走出校园、开拓眼界、深入社会的多样化需求，要充分发挥学校的学科专业优势和服务社会的功能，建立相对稳定的实习和劳动实践基地。同时，具备较高劳动技能的教师要对在实习、实践基地参与劳动的学生加以引导。比如，有些高校积极发挥劳模资源优势，拓展劳动实践基地建设；聘请劳模担任兼职辅导员，让劳模深入学生的日常学习与生活，对学生开展劳动教育，并通过劳模辅导员的引领，

将劳模精神、劳动精神和工匠精神融入到实践、教育活动中。

（五）健全评价体系，激发劳动自觉

在评价制度方面，国务院印发的《关于全面加强新时代大中小学劳动教育的意见》中提出，将劳动素养纳入学生综合素质评价体系，全面客观记录课内外劳动过程和结果；把劳动素养评价结果作为衡量学生全面发展情况的重要内容，作为评优评先的重要参考和毕业依据，作为高一级学校录取的重要参考或依据。因此，高校要将劳动素养纳入学生综合素质评价体系，建立劳动素养评价制度，制定评价标准，加强实际劳动技能的考核和劳动价值观的引导，把劳动素养评价结果作为衡量学生全面发展的重要内容。

高校可在原有的学生综合素质评价体系基础上，对积极参与劳动和具备较高劳动素养的学生予以肯定，在奖项设置上可增设单项奖学金，如"劳动之星""勤工之星"等，专门表彰在学习生活中具有良好劳动习惯、高尚劳动品质、深厚劳动情怀、积极参加各项劳动教育及实践活动的学生。通过奖励机制，倡导劳动奉献，激发学生的劳动自觉性，引导学生形成正确的劳动价值观，让学生在推优评优过程中树立劳动榜样，不断提升劳动素养。

（六）鼓励劳动创新，推动价值创造

随着我国经济的发展，从"中国制造"转型为"中国创造"，对于劳动力的需求也在发生改变。尤其在数字时代，社会对人才的劳动素养要求呈现出新的特点，在原有体力劳动与物质生产劳动的基础上，对于探索性创新劳动和艺术审美性劳动等也提出了更高的要求。大学生要转变思想意识、在提升劳动技能的基础上，勇于打破常规，掌握多种基本劳动技能，进行劳动创新，从而获得较强的社会竞争力。高校培养学生的劳动素养，不仅要把握好育人导向，把准劳动教育的价值取向，引导学生树立正确的劳动观念，还要遵循教育规律、成长规律，符合当代学生的年龄、行为特点，更要体现时代特征，适应科技发展和产业变革，针对劳动新形态，注重新兴技术创新，深化产学教融合，完善劳动素养培育模式，真正把学生培养成乐于劳动、善于创新的社会所需的劳动者。

（七）加强宣传导向，形成劳动风尚

当代社会的教育发展离不开全媒体、自媒体的信息传播，对于大学生劳动素养的培育也离不开社会氛围和社会舆论的宣传导向。新时代高校大学生有着较强的自主性和个人独立性，对于新生代的教育对象来说，培育劳动素养也需要创新性的互动模式和生动活泼的教育形式，让劳动风尚潜移默化成学生的劳动认知。从社会角度来看，要积极营造全社会关心和支持劳动教育的良好氛围，宣传推广劳动教育典型经验、劳动模范先进事迹，通过高校大学生喜闻乐见的形式歌颂普通劳动者。近年来，国家对"大国工匠""时代楷模"等荣誉称号进行人物评选和宣传，对于大学生来说既是榜样的力量，也是提高自身劳动素养、提升劳动技能的方向。此外，多家媒体还运用当代青年喜闻乐见的"两微一端"、视频网络日志（Vlog）和短视频的方式宣传全国劳动模范与五一劳动奖章获得者，大力弘扬劳模精神、劳动精神和工匠精神，让更多的高校学子感受到劳动模范就在身边，在全社会形成崇尚劳动、尊重劳动和劳动者的时代风尚，用劳动榜样代替娱乐偶像，使高校学生主动从小事做起，从日常做起，从出力流汗和劳动做起，努力提升劳动素养。

第七章 大学生就业质量：外塑资本与就业满意度

第一节 就业质量内涵

高校毕业生就业质量的高低直接关系到高等教育质量，同时也反映了高校人才培养的质量状况。

一、就业质量的基本含义

就业，包括就业数量与就业质量两个方面。就业质量是指劳动者在与生产资料相结合，从事社会劳动过程中劳动条件的优劣程度。就业质量的主要内容有：专业与岗位适配性、就业的稳定性、劳动薪酬、工作环境、职业发展机会、劳动者权益保护、劳动者个人满意度、社会保障、社会评价等要素。

就业质量可以从宏观和微观两个层面考察。在社会宏观层面，就业质量衡量一个国家（地区）全体劳动者劳动条件的优劣程度，可以通过反映该地区劳动者劳动条件诸要素的统计数据来显示，如社会平均工资、社会保障覆盖面、待遇水平、平均工作时间、工伤事故率、职业病发病率、劳动力流动率、劳动争议发生率和处理率等。从劳动者个体微观层面考察，就业质量是衡量劳动者个体在从事社会劳动中所得到劳动条件的优劣程度，如劳动报酬的高低、有无社会保障待遇及水平的高低、工作时间的长短、劳动强度的大小、自身劳动权益能否得到保护，以及劳动者对所从事工作的满意度、职业发展空间、社会评价等。

国际劳工组织在第87届国际劳工大会上,最早提出了以就业质量为主要内容的体面劳动的概念,这种体面劳动包含的基本要素有:人格尊严、自由、安全、公平、男女平等、可持续工作机会等。①

二、就业质量相关研究

国内外对高校毕业生就业质量的评价指标有诸多相关研究。比如:河北师范大学刘素华(2005)在《建立我国就业质量量化评价体系的步骤与方法》一文中以就业质量的内容为确定评价要素的依据,突出主要问题和矛盾,设计了大学毕业生就业质量评价要素,建立了大学毕业生就业质量评价指标体系(见表7-1)。

表7-1 就业质量评价指标体系

一级指标	权重	二级指标	权重
聘用条件	23%	工作时间	5%
		劳动报酬	10%
		工作稳定性	4%
		职工培训	4%
工作环境	24%	物理环境	10%
		安全环境	10%
		心理环境	4%
劳动关系	30%	劳动合同	10%
		民主管理	5%
		工会组织	6%
		平等协商和集体合同	5%
		社会对话	4%
社会保障	23%	养老保险	5%
		医疗保险	5%
		工伤保险	5%
		失业保险	4%
		生育保险	4%

---

① 国际劳工局. 劳动力市场主要指标体系[M]. 国际劳工与信息研究所,译. 北京:中国劳动社会保障出版社,2001.

该指标体系设置了4个一级指标和17个二级指标、具体包括：①聘用条件（权重为23%），它又分为工作时间（权重5%）、劳动报酬（权重10%）、工作稳定性（权重4%）、职工培训（权重4%）四个要素。②工作环境（权重24%），它分为物理环境（权重10%）、安全环境（权重10%）、心理环境（权重4%）三个要素。③劳动关系（权重30%），它分为劳动合同（权重10%）、民主管理（权重5%）、工会组织（权重6%）、平等协商和集体合同（权重5%）、社会对话（权重4%）五个要素。④社会保障（权重23%），它分为养老保险（权重5%）、医疗保险（权重5%）、工伤保险（权重5%）、失业保险（权重4%）、生育保险（权重4%）五个要素。在各项指标的权重分配上，运用层次分析法，比较出各指标的重要程度，赋予不同的权重，并将得出的大学毕业生就业质量指标体系转化为评分表，将调查问卷中的各个选项根据就业质量评分表转化为分值后，按大学毕业生总体毕业的时间汇总，最终计算出平均值。①

厦门大学戴銮（2012）在《高校毕业生就业质量评估指标体系的构建》中提出了大学生就业质量评价指标的初步构建，有3个准则层和7个评估指标。3个一级准则层为工作特征、待遇水平、人职匹配度，二级指标层为就业单位性质、就业地区（归属工作特征），工资水平、社会保险待遇、企业其他福利（归属待遇水平），专业对口情况、个人满意度（归属人职匹配度）。②

重庆大学颜军（2012）在《大学生就业质量分析与综合评价》一文中借助模糊综合评价方法，构建了大学生就业质量评价体系。颜军通过应用举例得出定性与定量结论，提出了4个一级因素和19个二级因素。一级因素包括工作环境、雇佣条件、劳动关系、社会保障。二级因素则包括物理环境、安全环境、企业文化、晋升空间（归属工作环境）；就业地域、工作时间、劳动报酬、工作稳定性、职工培训（归属雇用条件）；劳动合同、民主管理、工会组织、社会对话（归属劳动关系）；养老保险、医疗保险、工伤保险、失业保险、生育保险、住房公积金（归属劳动保障）。在美国，高校毕业生就业质量的统计和评价通常是由政府专职部门、职业界和高等院校三者承担。

---

① 刘素华. 建立我国就业质量量化评价体系的步骤与方法 [J]. 人口与经济, 2005 (06): 36-40.
② 戴銮. 高校毕业生就业质量评估指标体系的构建 [J]. 当代教育理论与实践, 2012, 4 (08): 56-58.

职业与就业安全、健康与福利、技术质量、工作与生活和谐这四个基本就业质量评价维度在业界得到了最为广泛的认可。①

提高毕业生就业质量是解决大学生就业问题，提升就业满意度的重要内容。就业质量受多种因素影响，从学者们的研究中可以得出，就业机会、就业收益与就业质量呈正相关。就业收益中的薪酬福利、工作稳定性、工作环境和单位性质与就业机会之间的相关系数为负，并且显著，说明这些指标对就业机会可能有负向影响；就业收益中的发展空间、专业对口、兴趣爱好和就业成本中的求职时间、求职花费与就业机会之间的相关系数显著为正，意味着这些指标对就业机会可能存在正向影响。

在就业满意度方面，薪酬福利、工作稳定性、工作环境、单位性质与就业满意度之间呈显著的正向相关，发展空间、专业对口和兴趣爱好与就业满意度之间也呈显著的正向相关，说明这些指标对就业满意度可能存在显著的正向影响。但求职时间和求职花费与就业满意度之间呈负相关。

第二节 就业质量影响因素分析

自我国大学扩招以来，大学生的人数不断攀升，到 2022 年全国毕业生总数达到 1076 万，创下历史新高，大学生就业面临新的挑战，就业压力不断加大。社会各界在高度关注高校毕业生就业率的同时，更加注重提升就业质量。高校毕业生就业质量的高低，反映着高校人才培养的质量状况，也直接关系到高等教育的质量水平。

一、大学生就业质量评价指标体系及影响因素

（一）大学生就业质量评价指标体系

高校的就业质量与人才培养质量密切相关，由于高校毕业生人数的猛增，

---

① 颜军. 大学生就业质量分析与综合评价 [J]. 教育教学论坛，2012（32）：147-150.

社会普遍关注毕业生的就业率，但就业率并不足以全面反映高校毕业生的就业状况。为促进高校完善就业状况反馈机制，建立人才培养联动机制，教育部要求2015年底所有高校都要编制和发布本校毕业生的就业质量年度报告，且各省级高校毕业生就业工作部门也要在年底前向社会发布当年本地高校毕业生就业质量年度报告，并对高校予以指导、督促和检查。

近年来，北京高校在向社会发布就业质量报告时，多采用一个较为通行的就业质量指标体系（见表7-2）。该体系包括4个一级指标：就业率，权重为0.3；就业结构，权重为0.2；职业发展，权重为0.2；社会评价，权重为0.3；9个二级指标：落实率、项目就业率、专业对口率、行业分布、平均起薪、稳定度、发展预期、用人单位满意度和学生（家庭）满意度。

表7-2　　　　　　　　　就业质量指标体系

一级指标	二级指标	权重
就业率	落实率	0.3
	项目就业率	
就业结构	专业对口率	0.2
	行业分布	
职业发展	平均起薪	0.2
	稳定度	
	发展预期	
社会评价	用人单位满意度	0.3
	学生（家庭）满意度	

（二）大学生就业质量影响因素

就业质量是一个综合概念，由多种指标构成，影响大学生就业质量的因素也是多方面的。王永进（2005）从社会转型的角度分析，认为影响大学生就业的主要因素不仅包括政治、经济、教育、文化等方面的社会因素，还包括个体的知识素质、自我评价、心理冲突等个体因素。[①] 北京师范大学大学生就业研究课题组从经济学角度分析，认为影响大学毕业生就业的因素有劳

---

① 王永进. 转型期影响大学生就业的主要因素 [J]. 南通大学学报，2005 (1)：16-18.

动力市场的制度性分割、家庭经济情况、联系单位个数、期望收益、社会资本因素、区域经济和城乡经济发展不平衡等。①

以上研究可以看出，从不同角度出发，影响大学生就业质量的因素不尽相同。但从高校的视角来看，人力资本和社会资本对大学生的就业实现和就业质量的高低具有决定性影响和作用。②

二、人力资本和社会资本对大学生就业质量的双重影响

劳动者获得的知识、技能和健康可以为其带来收益，如工资、福利等，形成一种特定的资本——人力资本。人力资本（Human Capital）是指劳动者受到教育、培训、实践经验、迁移、保健等方面的投资而获得的知识和技能的积累，亦称"非物力资本"。在国内，很多学者接受了舒尔茨的人力资本定义，即人力资本是体现在人身上的知识、能力和健康。由于这种知识、技能与健康可以为其所有者带来工资等收益，因而形成了一种特定的资本，即人力资本。对人力资本进行投资可以提高劳动者的边际生产力，毕业生所具备的人力资本对整个就业过程有着重要的影响。

社会资本是指个体或团体之间的关联——社会网络、互惠性规范和由此产生的信任，是人们在社会结构中所处的位置给他们带来的资源。社会资本与物质资本、人力资本一样，是个体与组织中他人之间的联系可以给其带来的未来收益。中国传统文化以家族为核心，社会资本对个人的资源配置起着重要的作用。毕业生的社会资源不仅包括来自家庭背景的社会关系，还包括个人在成长过程中与学校和社会建立起来的社会关系。

（一）人力资本、社会资本对求职过程的正向影响

为深入、动态了解毕业生的就业状况，中国劳动关系学院对毕业生进行了网络问卷调查。此次调查以 2015 届本专科毕业生为调查对象，共发放问卷

---

① 冯华. 五种因素影响了毕业生择业——北京师范大学"大学生就业研究课题组"调查 [J]. 中国大学生就业，2005（5）：41-42.

② 许涛. 高校视角下人力资本与社会资本对大学生就业质量的影响——以中国劳动关系学院为例 [J]. 中国劳动关系学院学报，2016，30（01）：62-64.

1875 份，其中有效样本 1306 份。问卷题项从基本情况、教育培养与就业服务、求职过程、就业结果、自主创业五个方面全面、系统掌握毕业生的就业意向、就业心态、就业结果、就业困难等现状。

1. 人力资本、社会资本对择业途径的影响

利用 SPSS 统计分析软件对 1306 份大学生样本数据进行分析描述，输出结果如表 7-3 所示。

表 7-3　　　　　　　　　　大学生落实就业单位的途径

有效途径	频率（人）	百分比（%）	有效百分比（%）	累积百分比（%）
校内宣讲、招聘会	110	8.4	8.5	8.5
学校就业信息网	117	9.0	9.0	17.5
学校老师、家长推荐	290	22.2	22.3	39.8
校外网站	443	33.9	34.1	74.0
报纸招聘广告	52	4.0	4.0	78.0
实习转就业	210	16.1	16.2	94.1
直接联系单位	76	5.8	5.9	100
其他	0	0	0	0
合计	1298	99.4	100	
缺失系统	8	0.6		
合计	1306	100		

调查结果显示，大学生通过学校老师、家长推荐，校内宣讲、招聘会，学校就业信息网，校外网站，报纸招聘广告等社会资本途径实现就业的累积百分比为 78.0%；通过实习转就业、直接联系单位等个人资本途径实现就业的有效百分比为 22.0%。校外网站、学校老师、家长推荐、实习转就业为大学生的主要择业途径。

2. 人力资本、社会资本对择业能力和就业竞争力的影响

人力资本和社会资本对大学生职业选择有显著影响，人力资本越强的大学生更能充分利用其拥有的社会资本，职业选择的意向就越明确。人力资本和社会资本对大学生择业能力和就业竞争力的影响可通过用人单位对毕业生综合质量的评价来体现。对 1306 份样本进行 SPSS 统计分析，输出结果如表 7-4 所示。

表 7-4　　　　　　　　用人单位对毕业生综合质量的评价

毕业生综合质量满意度	频率（人）	百分比（%）	有效百分比（%）	累积百分比（%）
很满意	578	44.3	44.5	44.5
满意	367	28.1	28.3	72.8
基本满意	185	14.2	14.3	87.1
一般	142	10.9	10.9	98.0
不满意	26	2.0	2.0	100
合计	1298	99.4	100	
缺失 系统	8	0.6		
合计	1306	100		

毕业生的综合质量也体现在择业能力和就业竞争力上。在"用人单位对毕业生综合质量的评价"中，回答"很满意""满意""基本满意"的有效百分比分别为44.5%、28.3%、14.3%，三项累积百分比为87.1%，说明用人单位对招录毕业生的综合质量即人力资本和社会资本的总体表现比较满意。

（二）人力资本、社会资本对职业稳定和职业发展的正向影响

1. 人力资本、社会资本对职业稳定度的影响

毕业生在选择第一份职业时往往受到多种因素影响，且毕业生从学校过渡到社会需要时间适应，在工作岗位中经过一定的经验积累才能完成自我定位和职业规划。应届毕业大学生的职业稳定度具有不确定性，而社会资本丰富或者人力资本水平较高的毕业生在选择职业时更能理性把握机会，职业稳定度更高。通过对1306份有效数据的分析显示，预期在本单位工作3年及以上的大学生占样本总体的23.26%，预期在本单位工作1~3年的为49.84%，毕业生的职业稳定度较好。

2. 人力资本、社会资本对职业发展预期的影响

大学生在校期间通过完成学习任务、参与社会实践以获得知识和技能的积累，同时对自己的学业生涯和职业生涯进行初步的规划，结合实际选择职业并制定个人发展路径。拥有丰富社会资源的学生对于职业的了解比较深入，在职位竞争中更为有利，对职业发展预期认可度也较高。

根据 1306 份有效数据的分析显示，43.68% 的毕业生有较好的职业发展空间，发展路径较为清晰。44.68% 的毕业生表示能看到职业的发展空间，但是缺乏明确的发展路径规划。毕业生们在职业发展预期上，最关注的是个人职业发展机会，其次是薪资福利。

（三）人力资本、社会资本对就业满意度的影响

通过对 1306 份大学生样本进行 SPSS 统计分析，输出结果如表 7-5 所示。

表 7-5　　　　　　　毕业生对工作单位和岗位总体满意度

工作单位、岗位满意度	频率（人）	百分比（%）	有效百分比（%）	累积百分比（%）
很满意	356	27.3	27.4	27.4
满意	423	32.4	32.6	60.0
基本满意	303	23.2	23.3	83.4
一般	143	10.9	11.0	94.4
不满意	73	5.6	5.6	100
合计	1298	99.4	100	
缺失 系统	8	0.6		
合计	1306	100		

大学生通过对自身人力资本和社会资本的使用，求职于用人单位并获得工作岗位。通过调查，毕业生对工作单位和岗位总体满意的累积百分比达到 83.4%，回答"一般"的有效百分比为 11.0%，只有 5.6% 的毕业生选择"不满意"。人力资本和社会资本与就业满意度成正比。[①]

（四）人力资本和社会资本的相互促进影响

人力资本对社会资本有积极的影响，大学生在校期间通过专业训练能够提升自我素质等人力资本，而通过专业实践能够与社会建立起一定的社会关系，所属学校的综合实力、社会影响力等也能促进社会资本的提升。

---

① 许涛. 高校视角下人力资本与社会资本对大学生就业质量的影响——以中国劳动关系学院为例 [J]. 中国劳动关系学院学报, 2016, 30 (01): 62-64.

社会资本对人力资本也有促进作用。毕业生的社会资源不仅包括来自家庭背景的社会关系，还包括个人在成长过程中与学校和社会建立起来的社会关系。部分大学生由于其家庭在社会结构中所处的优势位置能够为他们带来一定的社会资源，或者由于名校效应使其更容易获得社会资源。比如就业信息来源更直接容易、求职成本更低、优先获取良好的就业机会、有稳定的经济支撑等，都有利于大学生人力资本价值的实现。

三、投资人力资本和社会资本以提升就业质量

（一）社会的公平环境

就业质量的好坏与社会就业环境的公平与否息息相关，否则社会资本就会优于人力资本而导致社会失衡。政府要对就业市场进行宏观调控，营造公平的就业环境。教育部要求用人单位发布大学生招聘信息时，杜绝任何形式的就业歧视。不允许出现"限定985高校、211高校"等字样，严禁发布有关学历、性别、户籍等歧视性条款的信息，更不允许发布虚假和欺诈等非法的就业信息。用人单位应创新用人机制，在选聘人才时应坚持以人为本，对大学毕业生的人力资本和社会资本予以综合评价，有效开发和积累人力资源，提高人力资源使用率。

（二）大学生的主动积累

对于高校毕业生而言，本身具有的人力资本对其就业结果和就业质量起着至关重要的作用。就业质量的提升有赖于人力资本的积累，比如专业知识、专业技能和价值观、成才观、就业观等意识形态人力资本。大学生可以制订自己的职业规划，通过专业学习、能力构建、技能训练、社会实践等方式来开发潜能，提高综合素质，培养职业素养，提升自己的就业竞争力。

（三）高校的增值平台

高校是一个庞大的社会载体，不仅促进大学毕业生人力资本的积累，而且是学生有力的潜在社会资本，其综合实力和社会资源也影响着毕业生的就业质量。高校要发挥自身优势，结合社会经济环境和就业形势，在专业设置、

人才培养机制方面以市场需求为导向，在增强实力和拓展影响力的同时促进毕业生积累社会资本。

高校作为学生人力资本和社会资本的增值平台，要充分发挥就业工作部门的作用，通过与用人单位的合作，调动社会资源，为大学生就业提供有效的需求信息；充分发挥教师的专业资源优势，促进就业质量的提升。此外，学校还要充分拓展校友等社会资源，帮助毕业生对接岗位，助其成功就业。

第八章　大学生就业价值取向："个人—国家—家庭"需求侧导向

大学生就业形势与科技发展、经济态势、社会环境、教育体制、就业机制等有着密切联系。大学扩招以来，毕业生的人数不断攀升，2022年全国高校毕业生人数达到1076万人，使市场经济体制下的"自主择业"充满了竞争与压力，大学生的就业形势日趋复杂严峻。

大学毕业生处于职业生涯发展的探索、建立阶段，面临着由校园走向职场，由学生向社会人的角色转换，他们的就业观、劳动观、职业能力，尤其是就业价值观正在逐渐形成。大学生的职业选择与职业发展受其就业价值观，以及社会转型过程中传统的择业观念等各方面因素的影响。

大学生就业价值观是由其自身特质、对职业的认识、个体的实践活动、社会影响、学校教育、自我成长而形成并不断发展完善的。每个人的就业价值观都会受到政治、经济、文化、教育、社会意识形态、家庭等因素的影响，主要有以下三个层面：在宏观层面，就业价值观受到社会政治、经济、文化、社会意识形态的影响。在中观层面，它受到国家教育政策、教育制度导向以及社会人力资本主要矛盾转变的影响。在微观层面，它受到就业地域、专业发展、家庭环境等因素以及大学生个人的兴趣、爱好、特长、性格、气质等方面的影响。

就业价值观在一定程度上影响着大学生对不同职业的选择取舍和其职业发展，同时还影响着大学生对即将从事职业的劳动认知和劳动态度。因此，就业价值观不仅关涉求职者个人，而且是涉及整个社会的重大民生问题。大学生的就业价值取向不仅关涉个体的职业选择，更是直接关系到"个体—国家—家庭"三维需求侧的平衡，即新时代大学生是在个体自我本位的实现、国家发展战略的精准需求、家庭代际传承的职业期许这三维的平衡中进行就业价值取向。

第一节 政治、经济、文化、社会意识形态影响因素

大学生就业价值观的宏观影响因素主要是指，在大学生形成就业价值观的过程中所受到的来自世界、国家、社会等宏观层面因素的影响。下面主要从我国社会经济发展、社会文化变迁以及政治制度改革的角度进行分析与探讨。

一、社会经济发展对大学生就业价值观的影响

随着社会主义市场经济的进一步发展以及科技的高速发展，我国社会生活在方方面面都发生了很大的变化，其中包括社会组织形式、大学生就业方式、企业用工形式等方面。作为社会生活中活跃、敏感和主动意识强的大学生群体，他们通过现代网络等多媒体渠道第一时间感知、调整和适应社会变化。这些变化深刻地影响着大学生职业价值观的形成，使其在职业选择的价值目标、价值取向和评价标准等方面随之发生变化。

（一）经济体制改革对大学生职业价值观的影响

改革开放以来，在世界经济增长缓慢的形势下，我国社会主义市场经济保持了持续、健康的快速发展态势。在经济变革过程中，价值观念多元发展，新旧观念激荡碰撞，这不仅是单纯的经济体制转轨，更是"经济转型—意识形态"互动的过程。

从新中国成立到1956年，我国曾照搬苏联模式发展社会主义经济，建立起单一的社会主义公有制，片面追求经济高速发展，形成高度集中、统一管理的计划经济体制。在此时代背景之下，人们崇尚集体主义，秉持"大一

统"的价值观、这种观念影响和塑造了公众的思想意识、价值观念与行为方式。人们倡导一元价值观,忽视甚至否定个体和个人利益,以集体利益至上为准则。计划经济体制的统一分配,使社会个体形成两种心理,一是追求行为的一致性,形成服从大局的集体观念;二是因"计划"对生活的影响无处不在,易形成"等、靠、要"的依赖心理。

党的十一届三中全会确定以经济建设为中心,实行改革开放。我国由单一的公有制经济转变为公有制经济为主体,多种所有制经济成分并存的经济制度,从计划经济转变为市场经济。在社会主义市场经济体制确立的过程中,社会利益格局发生变化,经济作为杠杆的作用日渐突出。一方面,人们的价值观念受到潜移默化的影响,产生了效益观念、竞争观念、创新观念、务实观念、正当利益观念等;另一方面,人们观察世界的新参照系也在市场经济法则的指导下得以建立,不同以往的价值考量标准逐渐形成。

大学生群体具有敏锐感知时代的特征,对于市场经济发展也不例外,其价值判断标准也会随着经济体制的转轨发生波动和变化。与以往采用的意识形态标准、抽象的政治标准以及传统道德标准不同,如今大学生在价值判断上更倾向于采用具体的等价交换利益标准、生产力标准和市场经济标准。因此,市场经济的竞争机制、等价交换原则对于当代大学生形成竞争拼搏意识、创新创业精神有积极的促进作用,对当代大学生的职业价值观产生了正面效应,使大学生在选择和从事自己的未来职业时,更加敢于和勇于参与公平竞争,更加讲求效益,发挥自己的主动性和创造性,力求为社会做贡献,并最大限度地实现自身价值。

(二)产业结构调整对大学生就业价值观的影响

社会分工的产生与发展,形成了不同的工种,进而产生了不同的行业分类,同时催生了不同的就业群体和从业人员。随着产业结构的调整与优化升级,我国劳动力正在不断由农村流向城市,由第一产业流向第二、第三产业,劳动力的就业结构随着产业结构的调整发生变化。找到工作就是进"保险箱"、端"铁饭碗"的一岗定终身的传统职业价值观已经不合时宜,在新的时代背景下,大学生的就业途径和手段多样化、就业形式多元化,产业结构的调整促使大学生就业观念也发生转变,他们敢于迎接挑战,勇于寻找和选择适合的职业。

二、社会文化变迁对大学生就业价值观的影响

随着改革开放的深入和社会主义市场经济体制健全完善，人的主体性得到极大彰显，自我意识不断增强，不再迷信权威，更加重视、维护社会成员的个体利益与权利。在评价事物、判断利弊、决定取舍时，自我成为价值主体的中心，追求自我价值的实现，寻求个人价值最大化，这种社会文化变迁对大学生职业价值观的形成产生了深刻影响。

（一）个性解放，追寻个体价值实现对大学生就业价值观的影响

社会转型带来思想观念上的变化，通过多种渠道影响和渗透到青年大学生群体中。当代大学生面对社会的飞速发展，更加关注自我价值的体现，特别注重自己的个性发展和个人价值实现。他们从多方位、多角度，以批判、审视的态度来看待社会上纷繁复杂、层出不穷的新事物、新问题，在优胜劣汰、竞争激烈的社会中展现自我的独立性，发挥个体主动性和创造性。当代大学生在成长过程中既认同个人本位的价值观，又传承爱国主义、集体主义价值观；既重视自我发展，强调自我价值，充分展示自我，又保留传统价值观所倡导的集体主义、无私奉献精神，将个人融入社会、融入时代，从而实现人生价值。

（二）东西方文化的交融与碰撞对大学生就业价值观的影响

社会转型从表面上看表现为经济、政治和文化体制的转变，但本质上却是人们思想观念特别是价值观念的转变。在东西方文化相互交融的时代，生活在开放校园环境中的大学生，深受国外文化与社会思潮的影响，特别是西方"以自我为中心"的个人主义价值观对我国传统的价值导向带来了巨大的冲击，极大地影响了大学生的判断标准和价值取向。

从一定意义上说，西方文化对当今大学生职业价值观的形成产生了积极和消极两个方面的影响。积极影响表现为，促进了大学生形成与社会主义市场经济体制相适应的职业道德观念，如效率观念、竞争观念、公平观念等，

唤醒大学生的主体意识。消极影响表现为，以个人主义和功利主义为主的西方价值体系模糊了大学生的职业价值标准，加上青年学生缺乏深度的理性思考，容易引发他们在择业时错位的价值取向。一些大学生在吸收国外先进技术、优秀文化和管理方法的同时，偏颇地看待西方文化，盲目崇拜西方在某些领域的科技及研究成果，认为比中华民族传统文化、民族精神更加优越。

（三）社会意识形态、体制改革对大学生就业价值观的影响

大学生对自我的认知和对社会的认识，受社会意识形态及主流道德标准的影响，并随着社会意识形态和主流道德标准的发展变化而变化。

20世纪50年代计划经济体制建立，主要价值目标是实现国家工业化。七八十年代体制改革，人们对改革目标抱有较高的理想化期待，开始关注具体的改革政策对自己切身利益的影响，体制的转换使社会价值观念更为现实，人们对计划经济的依附关系减弱，开始期待和寻求个体的价值和利益，这种价值取向是个体功利化的。人们在对物质利益的寻求中形成价值主体的多元格局，社会价值观念多元化有了更为实际的内涵。

新中国成立以来，主流意识形态和政治体制没有根本改变，但社会意识形态的转变影响着大学生的职业价值观。新中国成立初，社会意识形态转为建设型，由于大学生稀缺，大学生就业制度实行国家"统包统分"，毕业生就业或子承父业，或由国家计划安排，无法主动选择职业。这一时期的就业制度带有很多计划经济的痕迹，使大学生形成了特定时期的职业价值观。

改革开放以来，以经济建设为中心，计划经济向市场经济转变，为适应中国特色社会主义建设的实际，社会意识形态随之转变。社会各行业出现了新职业，社会上涌现出不同于以往的职业群体，如民营企业的创业人员和技术人员、受聘于外资企业的管理技术人员、个体户、私营企业主、中介组织从业人员、自由职业人员等。在社会意识形态的转变过程中，开放的、自由的理念影响着大学生，他们对劳动报酬和收益有了重新认识。大学生就业开始实行"双向选择，自主择业"，部分人也尝试自主创业。由于受多种因素的影响，大学生的职业价值观发生改变，个体本位的职业价值观得到广泛认同。

第二节 "个人—国家—家庭"需求侧导向

高校毕业生能否实现充分就业和高质量就业，不仅与社会经济发展状况、就业形势、就业政策、高校就业指导与服务、毕业生社会资源、人力资源等息息相关，更直接受到毕业生就业价值观的影响。大学生的就业价值观与就业充分度受新时代社会主要矛盾及人力资本矛盾转变的牵引。大学生个体自我本位的实现需要、国家发展战略的精准需求和家庭代际传承的职业期许，形成了个人、国家、家庭三维需求侧导向，使大学生的就业价值观与时俱变。

一、个人综合素质对大学生就业价值观的影响

数字经济时代来临，在市场经济纵深发展的大背景下，大学生群体在人才市场的竞争是其综合素质和知识能力的竞争。每一种职业都需要特定的知识能力结构和实践经验，以自身能力强弱作为职业选择的标尺，尽量在自己能力范围内寻找合适的工作岗位，增加择业成功的可能性，是当今大学生择业的普遍现象。相反，如果人的能力素质与职业能力要求不匹配，会造成职业不适应或是人才资源的浪费等负面影响。因此，大学生的个人综合素质成为影响其就业价值观和职业选择的一个至关重要的因素。

个性因素如兴趣、爱好、性格、气质等对大学生就业价值观的形成、职业选择以及职业发展都发挥着持续性的稳定作用。美国心理学教授约翰·霍兰德创立的人格类型与职业类型学说认为，具有不同人格特质的个体适合从事特定的职业类型。以外向型为例，他们一般会选择拥有较多自我表现机会、强调自我价值的职业，如推销员、记者等。

职业兴趣是职业选择强有力的驱动力，在职业选择过程中兴趣发挥着举足轻重的作用，为职业发展奠定基础。大学生自主选择与自己兴趣、爱好相符的职业，其劳动生产效率更高，由此产生的内驱力可促使其形成不断进取的工作状态，而这种工作劲头会不自觉地推动个体克服困难、迎难而上，进

而在职业中取得突出成就。因此,对于主体意识性强、自主性高的大学生群体来说,个性因素、职业兴趣与职业爱好会对其就业价值观的形成产生重要影响。

二、就业制度改革对大学生就业价值观的影响

国家制度、国家宏观政策体现着国家意志和社会价值导向,蕴含着一定的价值内涵与价值标准,而且国家制度与政策措施常常与人们的切身利益紧密联系在一起。就业制度的演变、人力资源政策的施行影响着大学生的就业价值观。

新中国成立后,大学生的就业制度经历了"统包统配",一定范围内的"双向选择",以及"双向选择、自主择业"3个发展阶段。在20世纪50年代到80年代中后期,指令性计划分配阶段,实行"统包统分"。经过80年代中期到90年代后期的过渡,到2000年后,国家实行"市场导向、政府调控、学校推荐、大学毕业生与用人单位双向选择"的就业制度。

"统包统分"是适应计划经济体制的一种就业制度,学校根据国家下达的就业计划,将毕业生"分配"出去,在用工制度上表现为就业终身制。传统计划经济体制下,大学生从招生到分配都依据政府的指令,毕业生由各高校的就业主管部门统一分配,国家成为用工的主体,企业无用人自主权,大学生亦无择业自由权。"统包统分"的就业制度是以国家利益为价值取向的,与之相对比,"双向选择"是一种适应社会主义市场经济体制的就业形式,即以人才市场为中介,毕业生和用人单位为主体,以双方满意为前提,达成就业意向签署就业协议的一种就业方式。

伴随着就业体制改革的深化,以中共中央于1985年5月27日颁布的《关于教育体制改革的决定》[①]为标志,明确了国家计划招生的学生,毕业分配实行在国家计划指导下,由本人选报志愿、学校推荐、用人单位择优录用的制度。我国大学生的就业制度从计划经济体制下单一的国家分配模式开始向市场导向、政府调控、学校推荐、毕业生与用人单位双向选择的就业制度

---

① 中共中央. 中共中央关于教育体制改革的决定 [J]. 中华人民共和国国务院公报,1985(15):467-477.

和不包分配、竞争上岗、择优录用的全新就业机制进行转化。

随着毕业生就业制度的改革，带来大学生就业价值观的转变，"分配""派遣"从毕业生就业工作中淡出，大学生毕业后不再被安置就业，取而代之的是就业推荐机制。终生职业观念已经不符合时代发展的要求和社会对人才的需求，"铁饭碗"的意识逐渐被打破，转变为自主择业意识，大学生有了真正意义上的就业价值观。

双向选择、自主择业的就业模式使大学生具有了一定的职业风险意识，能够有目的地去选择符合自己专业特长，兼顾自身兴趣的工作岗位。但同时，双向选择、自主择业的就业制度使人才竞争日渐激烈，增大了大学生的就业难度，也产生了巨大的择业压力，甚至不可避免地出现国家利益与个人利益的冲突，国家发展的需要与个人价值选择的错位。近年来，国家大力推行大学毕业生就业基层项目，鼓励毕业生到基层、艰苦行业和边远地区就业，还提供优惠政策促进自主创业。这些政策性就业项目有利于引导大学生找准自己的社会定位，转变就业观念，确立合理的就业期望值，主动适应当前的就业形势，逐步把个人需求与社会需要、个人价值与时代责任协调起来，在职业生涯中真正实现自我。

三、社会用人需求对大学生就业价值观的影响

随着我国经济体制、政治体制以及教育体制改革的深入，我国经济从计划经济向市场经济转变，中国特色社会主义市场经济体制逐渐完善，产业结构日趋合理化，经济迅速发展和快速增长，显现出我国经济与市场的巨大发展潜力，就业环境、就业市场供需随之发生变化。与此同时，大学逐年扩招，我国高等教育进入到大众化阶段，大学生的就业制度、培养方式也发生了改变，大学生面临着激烈的就业竞争。

就业市场与社会经济发展有着高度的相关性，在就业市场，社会用人需求成了大学生就业的风向标。就业市场包括人才市场和劳务市场，劳务市场是指适龄劳工供求的市场，包括农民工市场、劳工市场；人才市场由国家人力资源部门、高校、用人单位及求职者有机关联而成，大学生毕业后则进入人才市场。

随着改革开放的不断深入，经济快速发展，各类企业尤其是外资企业和民营中小微企业得到了充分的成长和壮大，对人才的需求不断增加，为社会提供了大量的就业岗位，也为大学生就业提供了良好的平台和更多的就业机会。大学生要转变观念，迎接挑战，在激烈的市场竞争中抓住机遇，先就业，再择业，以实力赢得用人单位及社会的认可。

经济发展与国家宏观调控影响就业市场和社会对人才需求的变化而对大学生职业价值观产生影响，并在大学生适应社会用人需求的过程中逐渐形成。因此，高校要引导学生形成发展意识、改革意识以及科学的就业观和人才观，通过树立各种典型，引导和鼓励学生到国家需要的地方建功立业。

四、大学培养机制对大学生就业价值观的影响

学校是大学生步入社会、进入职场前的学习和实践场所，同时也是培养大学生就业价值观的主阵地，它对大学生就业价值观的影响和塑造意义重大。学校教育既要"传业解惑"又要"育人育心"，不仅要传播专业知识，帮助学生构建专业知识体系，同时也需引导和影响学生个人价值观和就业价值观的形成。

第一，专业结构设置对大学生就业价值观的影响。学校是大学生接受系统、专门教育的场所，在大学生从校园走向职场的过程中起着重要作用。大学期间是大学生自我意识不断崛起，自我价值观念逐渐形成和充分发展的时期。大学生就业价值观的确立与学校教育、老师和同伴的影响以及校园文化氛围等因素密切相关。

大学教育不仅是通识教育，也是培养学生职业素养和职业能力的专业化教育。学校按照专业学科门类、职业岗位素质要求对学生进行有计划、有目的的专业性教育。这种教育形式在很大程度上决定了他们的知识结构、能力结构和素质结构，是影响大学生就业价值观形成的直接因素。

入学前大学生对所学专业的认识是朦胧的，通过系统的专业教育，大学生不仅掌握了基本的专业知识和专业技能，而且能够深入全面地认知其所学专业，宏观地把握所学专业的研究现状和发展趋势，并在此基础上展开职业设想、形成职业认知、进行职业选择和职业评价。因此，高校在专业与学科

设置上既要考虑招生需求，也要考虑社会需求和学生未来的求职就业需要。

第二，职业生涯规划和就业指导教育对大学生就业价值观的影响。高校就业教育包括大学生职业生涯规划和求职就业指导。学业规划与职业生涯规划是一个整体，在规划过程中帮助大学生进行职业行业认知，明确职业价值导向，教育和引导大学生形成正确的就业价值观。就业指导包括就业政策的宣讲、就业信息的筛选发布、求职技巧的指导等。高校开展就业价值观教育不仅要促进大学生充分就业，帮助大学毕业生实现人生的初次择业，而且要根据学生个人的职业兴趣、职业理想，将正确的就业价值观融入大学生的学业生涯、职业生涯发展过程中。

因此，高校就业教育要积极引导大学生科学分析、准确理解在人才市场竞争中出现的各种就业价值观念问题，根据就业形势，针对各年级大学生的特点，分层次、系统地在大学各个阶段开展就业教育。重视学生择业心理的深层次、个性化辅导，进一步建立健全全程化、全员化、专家化、信息化的大学生就业指导模式，增强就业教育工作的精准性和实效性，确保大学生的就业价值观念与时代要求、社会需求相一致。同时，在大学生创新创业教育中，高校也要发挥积极作用，不断加强对大学生的创新意识与创业能力的培养。

五、 家庭成长环境对大学生就业价值观的影响

家庭是影响大学生就业价值观最原始、最重要的因素，在大学生就业价值观确立过程中的作用不可低估。学生个体在人生初期与父母的亲子互动中，接受了来自父母的影响和教导，直接或间接地继承了家长的一些价值观。学生个体人生第一阶段的教育是在家庭中接受和形成的，其基本人格、价值观念的形成也是在家庭教育中萌芽并奠定基础的。这种早期源自家庭的言行举止、教育方式和价值观取向将会影响个体将来的职业观念、职业态度和职业行为。学生成长期的价值观在家庭的持续影响、教导过程中被传递、灌输，促成其价值观的形成。有研究表明，父母的职业影响着大学生的择业标准和职业取舍；家庭的经济状况、社会地位等也对大学生职业价值观的形成具有

一定影响;有家庭支持的大学生选择具有风险性职业的可能性会增加。①

家长的教育理念与教育行为对大学生就业价值观的影响最早、最深入。主要体现在:第一,家长作为家庭的主导者往往根据自己的职业状况以及对职业社会地位、经济地位、发展前途等因素的考量左右子女的职业选择,这在一定程度上影响了子女的就业价值观。第二,家庭环境的熏陶和父母的影响作用,对子女价值观的形成和改变是逐渐内化的,学生的家庭背景会通过其言谈举止得以表现。例如,艺术家庭出身的大学生,在长期的艺术熏陶中,很可能走上相似的艺术道路,从而传承延续父母的就业价值观。而对父母职业产生抵触情绪的大学生,由于对父母职业的辛苦劳作、低收益或者低价值感有着近距离的感知,他们大多会选择拒绝或逃避继续从事父母的职业。不论拒绝还是逃避都会引起两代人的冲突和矛盾,一是子女与家长在职业目标上发生冲突,二是子女极力摆脱家长的意志,按照自我意愿来选择职业目标。学生在与这些冲突的对抗和妥协中,潜移默化地受到了家长就业价值观的影响。

第三节 社会人力资本主要矛盾转变

一、社会人力资本主要矛盾转变对大学生就业价值观的导引

美国经济学家西奥多·W·舒尔茨(Theodore·W·Schultz)提出,人力资本是通过对人的投资而形成的并体现在人身上的知识、技能、经验、健康等的综合。② 美国经济学家加里·贝克尔在《人力资本》一书中从人力资本形成的角度指出,人力资本是通过教育支出、保健支出、劳动力国内外迁移的支出等对人的投资而形成的资本比。③ 综合国内外人力资本理论,普遍将人力资本定义为对劳动者进行投资,劳动者通过教育、培训、实践经验、迁

---

① 郑洁.家庭社会经济地位与大学生就业——一个社会资本的视角[J].北京师范大学学报(社会科学版),2004(03):111-118.

② 西奥多·W·舒尔茨.论人力资本投资[M].吴珠华,等,译.北京:北京经济学院出版社,1990.

③ 加里·斯坦利·贝克尔.人力资本[M].陈耿宣,译.北京:机械工业出版社,2016.

移、保健等多种途径获得知识与技能的积累，这种资本通过自然人在社会系统中的学习、实践、成长，形成社会人的固有基本属性。

由于人具有较强的主观能动性，人力资本在形成过程中也具有主动性和创造力，能够产生稀缺的创新能力，其能动的创新创造活动不仅促使企业产生新的生产能力、技术能力和创新产品，而且能够促进社会进步。人力资本依附于人本身，外界对人力资本难以进行强行控制，因而人的思想和行为对人力资本的作用影响很大。在保持健康的前提下，通过长期的积累，个体蕴含的知识、技能、经验等越来越丰富，其人力资本价值能够不断地提升。

二、新时代社会人力资本的主要矛盾转变及其特征

在不同历史时期和发展阶段，社会的主要矛盾会随着社会生产力的发展而发生变化。党的十一届六中全会指出，我国社会主要矛盾为人民日益增长的物质文化需要同落后的社会生产之间的矛盾，这一表述与当时的中国国情和社会现状相符合。进入新的历史时期，党的十九大报告指出："我国社会主要矛盾已经转化为人民日益增长的美好生活需要和不平衡不充分的发展之间的矛盾""以前我们要解决的是有没有的问题，现在则是要解决好不好的问题""这体现了中国特色社会主义呈现的新特征、面临的新任务和新挑战。"①

随着社会的发展以及新时代社会主要矛盾的转变，社会人力资本的结构及主要矛盾也随之转变，高质量就业成为人民美好生活的重要组成部分。2021年8月30日，国务院新闻办公室在政策例行吹风会上介绍《"十四五"就业促进规划》的提及，高校毕业生人数连年增长，就业水平保持稳定。大学生就业存在的矛盾，主要是结构性矛盾，高校毕业生的素质能力和用人单位的岗位需求没有完全匹配，使个别毕业生在寻找工作时面临较大压力。但从就业市场求人倍率来看，我国连年保持在1.2以上，就业岗位数总体大于求职人数，高校毕业生可以有较多的岗位选择。尽管最近几年我国劳动年龄人口不断减少，就业形势总体比较稳定，社会登记失业率和调查失业率都维持在一个较低的水平，但整体就业压力仍然很大，"十三五"时期城镇新增

---

① 习近平. 决胜全面建成小康社会，夺取新时代中国特色社会主义伟大胜利——在中国共产党第十九次全国代表大会上的报告［N］. 人民日报，2017-10-28（1）.

第八章　大学生就业价值取向:"个人—国家—家庭"需求侧导向

就业人员 6564 万人。

社会对人才的需求由"量"转变为"质",直接体现为用人单位从对劳动者数量上的需求转变为对人才质量的要求。新时代大学毕业生的数量和质量与之不完全匹配,同时,大学毕业生的就业预期与个人素质也不尽匹配,他们对求职就业的价值取向与时俱变,导致高校毕业生就业出现结构性的矛盾。因此,教育部在 2019 届全国普通高校毕业生就业创业工作网络视频会议上提出:"努力实现更高质量和更充分就业。"① 这是化解新时代社会主要矛盾的重要途径。

对高校毕业生来说,就业领域的主要矛盾不是能否找到工作,而是大学生对高质量工作岗位的需求和高质量工作岗位的供给不平衡、不充分之间的矛盾。尽管每年毕业季,都会出现大学生就业难的现象,但从近几年就业市场较高的求人倍率来看,大学生就业难现象的背后,并不是社会未能给其提供充分的就业岗位,而是与大学毕业生的就业预期相比,高质量的工作岗位供给不平衡、不充分。

---

① 教育部.2019 届全国普通高校毕业生就业创业工作网络视频会议召开 [EB/OL]. (2018 – 11 – 28) [2021 – 01 – 21]. http://www.moe.gov.cn/jyb_xwfb/gzdt_gzdt/moe_1485/201811/t20181128_361821.html.

第九章 大学生就业价值观精准定位：外塑与自为的"黄金点"

面对当前的就业形势和大学生的就业现状，高校应引导大学生从就业目标、就业价值取向及就业实践三个层面来建构起科学理性的就业价值观，即在就业目标层面上，坚持理想主义与现实主义相结合；在就业价值取向层面上，坚持自我价值与社会价值相结合；在就业实践层面上，坚持理性择业与自主创业相结合。

第一节 个体价值考量因子

一、大学生就业价值观的典型特质

价值观是人认定事物、辨定是非的一种思维或价值取向，是基于人一定的思维感官之上而作出的认知、理解、判断或抉择。就业价值观既是人们衡量各种职业优势、意义、重要性的内在尺度，也是人们对待职业的一种信念和态度。大学生就业价值观是大学生与社会职业双向选择的过程中进行价值评价和选择的准则、倾向性态度，关系到大学生的就业价值取向、就业竞争意识、职业价值追求、职业态度、职业奉献精神、职业定位、职业选择、职业发展等要素，更关系到他们的成长成才。就业价值取向是人们在一定历史条件下，对就业价值追求、定位、评价、选择的一种倾向性态度，也就是通过对个人及社会价值的期待而做出的就业选择与追求。随着时代的变迁和社会的发展，大学生的就业观念和就业心态随之变化，就业价值也因历史时期的不同而呈现出新的特点。

我们可以大致将大学毕业生的就业价值观分为四种类型：第一种类型，大学生追求远大理想，将自己融入社会，把国家利益放在首位，一切服从国家需要。第二种类型，大学生的多元信仰并存、碰撞，向以自我为中心、个人利益为重倾斜，既注重社会地位，也要求经济收益。第三种类型，功利化倾向明显，对职业的稳定性和经济收入要求更高，但考虑将个人价值与社会价值相结合。第四种类型，大学生就业更具包容性，出现多元化、多渠道就业，自主性和现实性更强。从大学生就业价值观的转变过程，我们不难看出，无论是计划经济，还是市场经济时代条件下，就业价值诉求的转变影响着大学生的择业判断和就业行为。

随着"00后"大学生逐渐成为高校的主流群体，相对于"70后""80后""90后"，"00后"大学生出现了新的特质和禀赋，其就业价值观呈现以下典型特征：从总体发展趋势来看，大学生的就业价值取向积极健康，努力追求个性、自由，实现全面发展成为其择业的主要标准，他们把个人的需要和国家、社会的需要相衔接，使主体价值与社会价值相协调，工具理性与价值理性相统一。同时，大学生就业价值取向出现了职业价值目标的短期化、实用化与功利化的倾向。比如，求职意向多元化，不再局限于"铁饭碗"；择业市场化，由专业对口到灵活就业；择业自主化，追求职业平等；就业形式多样化，由就业到主动创业等。这就需要我们对大学毕业生进行引导，加强理想信念、艰苦奋斗精神的教育，把国家和集体的利益与个人利益相统一，使其成为合格的建设者。

二、大学生就业价值取向的变化与牵引

党的十九大报告提出了新时代我国社会主要矛盾转变的新论断，明确指出"发展不平衡不充分的一些突出问题尚未解决，发展质量和效益还不高，创新能力不够强，实体经济水平有待提高""群众在就业、教育、医疗、居住、养老等方面面临不少难题"等。[①] 从发展不充分和不完善的突出问题中

---

① 习近平.决胜全面建成小康社会，夺取新时代中国特色社会主义伟大胜利——在中国共产党第十九次全国代表大会上的报告[N].人民日报，2017-10-28（1）.

可见，随着经济结构和就业结构的快速变化，人力资本主要矛盾是社会主要矛盾之一，社会上逐渐形成重视人力资本积累的价值导向。社会人力资本需求趋势的转变以及政府在宏观政策上的导向变化，也客观影响着大学生群体的就业价值取向。因此，人力资本需求侧的变化及劳动者的价值取向、职业适应转变已成为就业的主要挑战。

如今，随着全球经济格局和范式的变化，制造业的生产方式、价值创造方式，也都在发生革命性的变化。"十三五"是中国经济增长、新旧动能接续转换的关键时期，中国经济增长过去长期依靠人口红利，在人口红利逐渐消退的情况下，人力资本红利显示出巨大能量。随着高科技的飞速发展，产业结构升级带来就业结构变化，就业岗位在产业间的分布结构不断优化，第三产业就业需求占比快速提高。技术更新和产业转型升级对劳动力的素质要求产生直接影响，即对人力资本的质量要求越来越高，对高素质劳动力的需求上升，尤其是对技能型人力资本的需求不断高移，而对低素质劳动力的需求逐渐下降。在当前经济增长过程中，由于人力资本水平存在很大差异，出现了人力资本错配、经济结构与就业结构及人力资本结构不相适应、大学生知识技能结构与企业实际需求相脱节等现象，导致实用性、应用性强的"高精尖"人才和中高技能人才十分短缺。

三、基于个体自我本位的就业价值成为第一价值考量

大学生就业价值观包括大学生在就业过程中的价值目标、价值标准、价值判断、价值态度和价值取向，是大学生在就业价值选择和决策过程中的一定倾向性。大学生就业价值取向的特点因处于不同时期而不同，新时代大学生的就业价值观不仅受原有价值观念与家庭环境的影响，而且随着改革开放的深入推进和市场经济的快速发展，以及高等教育、就业政策、社会保障体系等多方面因素的影响，表现出鲜明的特征。

高校毕业生就业形势越来越严峻，而造成大学生就业难的原因是多方面的。我国经济体制和经济运行机制改革不断深入、我国就业模式从国家包分配转变为自主择业、毕业生数量逐年增加、学校课程设置与社会人才需求相脱节等客观因素的影响，加之大学生对就业价值在认知上出现偏差、自身综

合素质不能满足岗位要求等主观因素的制约,这些都造成了就业的结构性矛盾。但相对于经济发展状况、国家就业政策等外因对大学生就业的影响来说,大学生自身就业价值取向等内因才是起着决定性作用的影响因素。从大学生的价值观视角来看,大学生的就业价值取向对其能否顺利就业有着重要作用。

近年来,大学生在理性认知就业形势、了解自身人力资本的情况下,其就业价值目标有所变化,择业出现多样化趋势,崇尚个性自由,以个人发展观为择业标准,对职业的选择不仅是出于谋生,而是充分考虑自身的兴趣爱好,侧重于个人价值的实现。持续的"考研热""考公务员热""大城市热"等现象,反映出大多数毕业生在择业时着重考虑地域环境、稳定条件、眼前实际物质财富和现实利益,存在功利主义择业价值取向,个体自我本位的就业价值成为大学生就业取向的第一价值考量。[①]

第二节 国家人才发展战略

人才战略是国家为实现经济和社会发展目标,把人才作为一种战略资源,对人才培养、吸引和使用作出的重大的、宏观的、全局性设计与安排。

人才强国战略的根本目的,就是要把人才作为推进事业发展的关键因素,努力造就数以亿计的高素质劳动者、数以千万计的专门人才和一大批拔尖创新人才,建设规模宏大、结构合理、素质较高的人才队伍,开创人才辈出、人尽其才的新局面,把人口资源转化为人才资源,大力提升国家核心竞争力和综合国力,实现中华民族的伟大复兴。

一、国家人才政策的演变

改革开放以来,中国人才政策历经了恢复重建、改革突破、转型发展、

[①] 章晓,江玉岚. 新时期大学生就业价值取向探析——基于80后和90后大学生的比较分析[J]. 黑龙江教育(高教研究与评估版),2014(10):86-89.

战略推进几个阶段。

1. 高等教育招生考试制度恢复

1977年10月12日，国务院批准了教育部《关于1977年高等学校招生工作的意见》，标志着我国中断了11年的高等教育招生考试制度恢复。1985年，《中共中央关于教育体制改革的决定》指出："教育必须为社会主义现代化建设服务，社会主义现代化建设必须依靠教育。"党的十三大确定了"百年大计，教育为本"的教育方针。这些方针政策充分调动起广大教育工作者的积极性，对指导我国的人才培养工作走上正确轨道具有深远意义。

2. 初步改革干部人事管理体制

党的十一届三中全会后，中央以党和国家领导制度改革为突破口，探索实行公务员制度，持续推进党政机关、国有企业和事业单位干部分类管理制度改革；1983年10月，中央组织部发布了《关于改革干部管理体制的若干规定》，提出要本着"管少、管活、管好"的精神，在党委统一领导下，依据组织部门统一管理和分部分级管理相结合的原则，下放干部管理权限。干部人事管理体制的初步改革，为中国特色社会主义建设发展提供了坚实的组织制度保障和干部队伍支撑。

3. 全面改革人才人事制度

1987年，在破除我国传统人事制度弊端和借鉴国外经验的基础上，党的十三大对我国干部人事制度改革进行了全面部署，主要内容是："对国家干部进行合理分解，改变集中统一管理的现状，建立科学的分类管理体制；改变用党政干部的单一模式管理所有人员的现状，形成各具特色的管理制度；改变缺乏民主法制的现状，实现干部人事的依法管理和公开监督。"建立分类管理的人才人事管理制度，其突破口是把国家机关工作人员从庞杂的干部队伍中分离出来，逐渐放开在人才管理、培养、就业、流动等方面的集中管理，建立国家公务员制度，积极探索适合改革开放要求的分类管理体制。"干部人事制度改革的重点，是建立国家公务员制度，即制定法律和规章，对政府中行使国家行政权力、执行国家公务的人员，依法进行科学管理。"①同时，党的十二届三中全会还明确提出"政企分开"的原则，强调行政力量

---

① 中共中央文献研究室. 十三大以来重要文献选编（上）[C]. 北京：人民出版社，1991：41.

第九章　大学生就业价值观精准定位：外塑与自为的"黄金点"

不再干预企业的运行和管理，给予企业在人才工作上的极大自主权，国有企业开始探索新的人才人事管理方式。

4. 人才市场体系的培育和发展

建立比较完善的人才市场体系，是发展社会主义市场经济的应有之义。1994年，《中共中央关于建立社会主义市场经济体制若干问题的决定》首次提出了"劳动力市场"的概念，并把劳动力市场的培育列为重点。中共中央组织部、人事部于1994年8月联合下发了《加快培育和发展我国人才市场的意见》，进一步规范我国人才市场的发展，提出我国培育和发展人才市场的总体目标是：实现个人自主择业，单位自主择人，市场调节供求，社会服务完善，社会保障健全，在国家宏观调控下，使市场在人才资源配置方面起基础性作用。1996年1月29日，人事部颁布了《人才市场管理暂行规定》，为规范我国人才中介活动、单位招聘和人才应聘等活动提供了法律依据，推动我国人才市场正常发展。

5. 整体推进干部人事制度改革

2000年6月，国家颁布《深化干部人事制度改革纲要》（以下简称《纲要》），总结改革开放多年来的成功经验，进一步明确了干部人事制度改革的目标、任务和措施。《纲要》颁布后，陆续出台了一系列人事工作的法规和文件，重点推进党政领导干部制度的改革。党的十七大提出要不断深化干部人事制度改革，着力造就高素质干部队伍和人才队伍。2005年，我国颁布了《中华人民共和国公务员法》。

6. 全面实施人才强国战略

2003年12月，党中央、国务院召开新中国成立以来的第一次全国人才工作会议，此次会议颁布的《中共中央国务院关于进一步加强人才工作的决定》（以下简称《决定》），是我国人才工作的纲领性文件。全国人才会议的召开和《决定》的颁布是我国人才工作史上的里程碑，标志着我国的人才工作进入到全面推进人才强国战略发展的新阶段。2021年9月，国务院召开中央人才工作会议，强调要坚持党管人才，坚持面向世界科技前沿、面向经济主战场、面向国家重大需求、面向人民生命健康，深入实施新时代人才强国战略，全方位培养、引进、用好人才，加快建设世界主要人才中心和创新高地。

二、国家人才发展战略

当今世界正处在大发展、大变革、大调整时期,国家发展必须依靠人才储备和人才保证。随着世界多极化、经济全球化深入发展,科技进步日新月异,知识经济方兴未艾,国力的竞争已由物力资源竞争转到人才资源竞争,加快人才发展是在激烈的国际竞争中赢得主动的重大战略选择。为应对国际竞争,我国必须加快人才战略储备,推进人才发展,努力形成国际比较优势,以此掌握国际人才竞争的主动权。

但是,当前我国人才发展的总体水平与我国经济社会发展需要相比仍有不匹配之处,主要表现为:高层次创新型人才匮乏,人才创新创业能力不强,人才结构和布局不尽合理,人才发展体制机制障碍尚未消除,人才资源开发投入不足等。

为更好实施人才强国战略,2010 年 6 月,中共中央、国务院印发了《国家中长期人才发展规划纲要(2010—2020 年)》,提出"服务发展、人才优先、以用为本、创新机制、高端引领、整体开发"的人才发展指导方针。2019 年,中共中央、国务院印发《中国教育现代化 2035》,以推动我国成为学习大国、人力资源强国和人才强国,文件提出了"凝聚人心、完善人格、开发人力、培育人才、造福人民,培养德智体美劳全面发展的社会主义建设者和接班人"的工作目标。

因此,高校要"秉持人才是第一资源的理念",牢固树立人才是重要资源的意识,培养更多、更高素质的人才。习近平同志非常重视青年人的成长成才,重视高校对青年学生的培养工作。2013 年 5 月,习近平在给北京大学学生的回信中提出:"希望你们珍惜韶华、奋发有为,勇做走在时代前面的奋进者、开拓者、奉献者,努力使自己成为祖国建设的有用之才、栋梁之材,为实现中国梦奉献智慧和力量。"他勉励大学生:"大学的青春时光,人生只有一次,应该好好珍惜。"他殷切期望大学生勤奋学习,开拓进取,使自己成为国家的栋梁之才,为实现"中国梦"建功立业。

高校毕业生是宝贵的人才资源,自大学扩招以来,高校毕业生人数持续增长。根据教育部公布数据,2022 年全国普通高校毕业生达到 1076 万人,创历史新高。尽管就业创业工作形势愈加复杂严峻，出现了不确定和不稳定的因素，但我国近年来经济运行总体上较平稳，随着互联网、人工智能、大数据、基因工程等新兴产业的兴起，出现了平台经济、众包经济、共享经济、数字经济等新业态，创造了全新的就业空间。传统行业不断转型升级，省会城市、新一线城市和二三线城市快速发展，都急需高端人才，社会对高校毕业生的需求总体稳定。加之创业环境的不断优化，也给大学生的就业创业带来了新的机遇和挑战。

就业是全社会关注的焦点，党的十九大报告提出，就业是最大的民生，要坚持就业优先战略和积极就业政策，实现更高质量和更充分就业；要注重解决结构性就业矛盾，鼓励创业带动就业；要促进高校毕业生等青年群体、农民工多渠道就业创业。[①] 2019年的政府工作报告中，首次将就业优先政策置于宏观政策层面，强化各方面重视和支持就业的政策保障和社会导向。在2019届全国普通高校毕业生就业创业工作网络视频会议上也强调要把落实好就业优先战略和积极就业政策放在突出位置，要求认真细致地开展就业创业服务，从结果导向上努力实现毕业生更高质量和更充分就业。因此对高校来说，做好大学毕业生就业创业工作，不仅关系人才培养，而且关系到民生与社会的和谐稳定。

高校毕业生能否充分就业和高质量就业，与社会经济发展状况、就业形势、就业政策、高校就业指导与服务、毕业生的社会资源、人力资源等息息相关，更直接受到毕业生就业价值观的影响，同时，与国家人才发展战略密不可分。

第三节　基层就业

高校毕业生是国家宝贵的人才资源，是实施创新驱动发展战略和推进大众创业、万众创新的生力军。高校毕业生的就业状况事关经济发展、民生改

---

① 习近平. 决胜全面建成小康社会，夺取新时代中国特色社会主义伟大胜利——在中国共产党第十九次全国代表大会上的报告［N］. 人民日报，2017-10-28（1）.

善以及社会和谐稳定。在大力实施就业优先战略的背景下，党中央、国务院高度重视大学生就业，积极引导高校毕业生到基层工作。

一、国家引导和鼓励高校毕业生到基层工作

基层是高校毕业生成长成才的重要平台，是其熟悉当代社会、了解中国国情的最好课堂。引导和鼓励高校毕业生到国家最需要的地方，到基层去建功立业、报效祖国，是贯彻落实人才强国战略和就业优先战略的重要举措，是为基层输送人才、拓宽高校毕业生就业渠道的重要途径。

党中央、国务院对引导和鼓励高校毕业生到基层工作进行了全面部署，中共中央办公厅、国务院办公厅印发《关于进一步引导和鼓励高校毕业生到基层工作的意见》（中办发〔2016〕79号），《中共中央组织部 人力资源社会保障部等五部门关于印发高校毕业生基层成长计划的通知》（人社部发〔2017〕85号），教育部印发《关于贯彻落实中央文件精神进一步引导和鼓励高校毕业生到基层工作的通知》（教学〔2017〕3号），以上政策和文件对引导和鼓励高校毕业生到基层工作进行了全面部署，为高校和地方做好当前和今后一个时期高校毕业生面向基层就业工作指明了方向。因此，各地各高校要落实责任，把积极引导毕业生到基层工作摆上重要议程，建立和完善激励大学生到基层干事创业的长效机制，实施"一把手工程"，一级抓一级，层层抓落实，使大学生能够下得去、留得住、干得好、流得动，到国家最需要的地方去建功立业，报效祖国。

首先，在国家层面完善和落实政策保障措施。对高校毕业生到基层就业，国家实行学费补偿和助学贷款代偿、考研加分等政策。各地各校可因地制宜，制定鼓励或奖励办法，通过宣传教育、表彰先进、资金奖励、畅通成才渠道等多种方式，激励毕业生到基层工作。建立大学生到基层实习实践制度，组织大学生到乡镇、街道、社区、农村和生产一线实习实践。有关部门积极配合，细化高校毕业生到基层就业的各项政策，落实机关事业单位定向考录（招聘）、基层职称评审、工资高定、社保补贴等保障政策。

其次，大力拓宽基层就业渠道。各地各高校要持续配合有关部门组织实施好大学生村官、选调生、"三支一扶"计划、志愿服务西部计划、教师特

岗计划、农技特岗计划等专门项目，巩固并扩大实施地方基层就业项目。广泛收集中小微企业的招聘信息，主动组织企业进入校园招聘，搭建高校毕业生到中小微企业就业的平台。配合有关部门加大政府购买基层公共管理和社会服务岗位的力度，创造更多适合高校毕业生的就业岗位。积极拓宽就业新空间，鼓励毕业生到城乡社区从事教育文化、医疗卫生、健康养老等工作，到农村投身扶贫开发、技术推广、电子商务等事业，引导毕业生到中西部地区、东北地区和艰苦边远地区工作。通过多渠道筹措资金、建设孵化基地、优先转化科技成果、完善各级创业服务平台等方式，助力高校毕业生到基层创新创业。

基于国家发展战略需求，实现人岗精准匹配，成为大学生充分就业、优质择业的重要方向。当前，我国经济进入高质量发展阶段，随着雄安新区、粤港澳大湾区、海南自贸试验区的加速建设，以及"一带一路"倡议、长江经济带、京津冀协同发展等战略的持续推进，为大学毕业生提供了将自我融入社会发展的平台和施展青春才华的舞台。尤其是国家战略发展需要的重要行业、重要岗位，为大学生充分就业、优质择业提供了大好机遇。一方面，高校要加强对大学生的国家意识、国家使命、国家战略的系统教育，引导其将自我就业融入国家发展和社会进步的时代大熔炉；另一方面，大学生要将自我发展融入国家发展、民族复兴的历史大潮中，努力完善自我，不断提升职业技能与水平，肩负起全面建设小康社会，实现中华民族伟大复兴的历史重任。

二、大学生优质择业与国家发展战略精准匹配

随着我国国力增强，"一带一路"建设、长江经济带建设、京津冀以及四大板块协同发展战略，为高校毕业生群体带来了更多的就业机会。同时，国家也为大学生提供了政策性岗位，如选调生、"三支一扶"、特岗教师、西部志愿者、边远地区专项招录等，为大学生开辟了个人成长平台和广阔的发展前景。

高校要落实立德树人根本任务，激励毕业生自觉把个人的理想追求融入到国家和民族的事业中。高校要结合青年学生特点，系统设计实践育人教育

教学体系，深入开展"基层就业"等主题教育活动，举办形式多样的报告会、座谈交流会等，帮助毕业生调整就业预期，积极主动赴基层就业创业。高校还要进一步加强与人力资源社会保障部门的配合，主动邀请人社部门、组织部门进校解读基层工作文件，宣传基层工作政策，帮助师生知晓政策，用好政策。要建立教育部门、高校、院系、班级四级联动的政策宣传网络，充分利用微博、微信等新媒体平台，采用动漫等创新方式，推送毕业生基层就业优惠政策信息和基层就业典型。高校要关心在基层工作的毕业生，坚持主动联系、定期走访，帮助他们解决实际困难和问题，支持他们在基层建功立业。

第四节　家庭职业期许

家庭是大学生个体社会化过程中的第一个社会环境。家庭的社会经济地位等社会资本不仅会影响家长自身的职业期许，而且对大学毕业生的就业意向和求职行为具有不同程度的影响。大学生对家庭的心理和精神依赖则随着他们对社会的了解、职业意识的清晰和自主意识的增强而减弱。

一、大学生自我职业期待

大学生职业期待是大学生群体对未来从事的某种职业的认知，对有关职业的评价、判断和选择，对自身未来职业发展的主观看法。一般来说，大学生的职业期待主要包括他们毕业后的打算，最想成为哪类人才，最希望在什么行业、什么类型的单位工作，希望自己第一份工作的月收入是多少，职业发展路径是什么，以及对未来职业发展前景的信心和期待。

中国家庭教育综合了传统的文化教育和社会价值观教育，社会文化传统的特殊性决定了家庭对大学生就业选择的重要性。经过家庭生活的长期熏陶，家长逐步向子女渗透其意志和愿望，在长期与家庭成员的接触中耳濡目染，父母的价值观深刻影响着孩子的价值定位，可能促使子女接受父母的职业价值观,因而家庭是影响大学生就业价值观的重要因素,家庭的价值取向参与到学生职业选择的过程中。

大学生在求职择业时,虽然会对自身的职业带有期许和定位,但学生家长所从事职业的现状以及他们对职业的经济状况、社会地位和发展前途的考量都会对子女的职业选择产生重要影响。就个体成长而言,家庭对个体心理和观念的形成有强大渗透力和塑造力。比如,父母多年的望子成龙心态可能导致学生对就业的认知产生偏见;父母对子女期望过高会让子女产生较大的心理压力;经济压力较大的家庭使子女在自身职业期许中对高收入职业的选择倾向性更大。

新时代大学生有职业理想、就业原则、择业标准以及务实的精神,他们不随波逐流,强调个体价值的实现,愿意参与社会实践,了解社会实际。他们在择业过程中表现出来的迷茫,在职业发展方面遭遇的困扰,往往来源于职业实践与职业期待的错位和矛盾。这种矛盾,一方面来源于大学生职业选择中的取舍和权衡;另一方面是受就业政策、就业观念、社会环境的影响,以及公众对大学生职业期待的主观臆断与误解所造成的。因此,我们不应片面解读大学生的职业期待,而是要正视其职业期待,理解他们为自我实现而做出的选择。

二、家庭职业期待与代际传承

家庭对大学生就业观的形成产生了不容忽视的直接影响,家长的就业观念与毕业生的及时充分就业有着密切联系。[①]

中国社会文化传统的特殊性决定了家庭对大学生就业的重要影响。中国传统文化强调个体对家庭、集体利益的服从,重视人际关系和权力等级,社会关系在资源配置中发挥着重要的作用。社会资本是无形的,家庭及其关系网络是它的载体,以家庭为核心载体的社会资本代代延续,并在广度和深度

---

① 李群. 毕业生家长就业观对其及时充分就业的关联影响 [J]. 高教研究, 2006 (11): 30 - 31.

自为与外塑：大学生就业价值观的价值原点与实践进路

上不断扩展。① 家庭职业期待与大学生的职业理想、职业选择具有显著相关性，总体上显示出极高的一致性。家庭是大学生成长的基础环境，大学生的择业观在一定程度上隐含着被动性和服从性。家庭社会资本对大学生就业的积极影响主要表现在三个方面：扩展信息渠道，创造更多就业机会；提供可靠的经济支持；降低失业可能性。在毕业求职过程，家庭作为大学生的后盾，其关系网络为大学生提供了信息渠道，家长的价值取向参与到学生职业选择的过程中，家庭经济因素直接影响就业结果，大学生的就业选择不再是个人的决策，而是整个家庭的集体决策。

家庭职业期许来源于家长对自身社会资本的认知，家庭给予毕业生择业最原始、最基础的影响。一般来说，家长往往根据自己的职业现状以及对职业的社会地位、经济地位、发展前途的理解与认识来影响子女的职业选择。家庭职业期待包括父母对工作类型、工作待遇、工作地点、工作发展前景等方面的期待。但有些家长的职业观存在一定的误区，主要表现在：①择业目标期望值过高，希望子女得到高薪水、高层次的工作，轻视基础性岗位。②就业地域向往经济发达的大中城市、沿海城市，回避偏远地区、欠发达地区。③就业单位倾向事业单位、大型国企，忽视非公有制企业、私营企业、自主创业等。

从家庭对学生的职业期待角度来看，通常认为父母的期待会激发孩子的奋斗精神，促使孩子有更高的职业期待。但相关调查显示，父母的职业期待也有反向作用，父母期待越高，孩子的职业期待反而会越低。② 父母与子女职业期待的负向关系，一方面表示大学生实际上认同父母对自己的职业期待，但自己无法轻易实现他们的期待，因而父母的期待越高，自身的职业压力感越强，职业期待反而越低；另一方面也表明，大学生在判断职业前景时的标准与父母是不同的，尽管他们可能认同父母的观点，但同时也认为自己的选择一样重要。比如大学生更重视职业的自我实现功能，父母更重视职业的谋生功能，二者之间的差异就会体现为负向关系。

---

① 郑洁. 家庭社会经济地位与大学生就业——一个社会资本的视角 [J]. 北京师范大学学报（社会科学版），2004（03）：111-118.

② 王宏亮. 高校青年的职业期待及其影响因素——对大学生群体的实证研究 [J]. 青少年研究与实践，2019，34（01）：52-58.

第九章 大学生就业价值观精准定位：外塑与自为的"黄金点"

从辩证的角度来看，科学的家庭职业期许对大学生形成科学的就业价值观有正面导向的作用，具有潜在的积极意义。

首先，家长要树立科学的职业价值观，营造出有利于大学生就业的良好环境，促进大学生有效就业。树立创新创业意识，正确认识社会转型、经济转轨时期，劳动力、人力资源市场不断变化发展，就业结构深入调整，人才流动逐渐增加，供需矛盾突出，暂时性失业不可避免，打破一步到位、从一而终的就业观。帮助子女正确分析其所具备的知识、能力、个性和特长，有效把握自我，同时根据社会需要，分析差距，主动完善。帮助子女及时调整择业期望值，合理定位，处理好个人与社会、愿望与现实、竞争与风险的关系。鼓励子女主动作为，积极参加社会实践，适应社会环境，提升职业能力，为就业做好准备。

其次，家长应全面了解就业形势与政策，主动收集社会就业信息，摆脱传统观念束缚，转变就业观念，支持子女到基层就业，促进国家经济发展。家长要将就业政策导向、行业发展前景、职业性质、岗位要求与子女的主观求职愿望有机地结合起来，给予其科学的指导。在就业问题上，家长还要本着兴趣是原动力的原则，顺势引导子女兴趣，给予子女更多自主选择的空间，在重视所学专业的同时把兴趣作为择业的参考坐标，拓宽子女就业视野，进而缓解就业压力。[①] 社会学研究表明，选择与自己兴趣、爱好、能力相符职业的劳动者，其劳动生产率比不相符的劳动者要高40%。[②]

缓解大学生就业压力，破解大学生就业难题，仅靠家庭的力量是不够的。国家层面也要加强宏观就业政策调控，促进区域协调发展，实施有力的保障措施，保证合理的收入与分配公平，逐步消除就业性别歧视、专业歧视、户籍歧视等现象，促进就业市场基础性工作，完善就业机制和社会保障体系，拓宽就业渠道，从而减少大学生及其家长在职业选择方面的顾虑和担忧。[③]

---

① 李鹏忠. 大学生就业对策的整体性思考 [N]. 吉林日报, 2009-03-21.
② 朱玲, 张玮. 大学生非正规就业观与拓宽就业渠道调整研究 [J]. 中国成人教育, 2016 (05): 72-75.
③ 桂艳春. 高校毕业生就业观念影响因素分析与思考 [J]. 理论月刊, 2008 (10): 110-112+135.

第十章 大学生就业价值观实践归旨：基于家、国、社会、自我的同向策略

1835年，马克思在《青年选择职业时的考虑》一文中阐释了青年在选择职业时三个层次的内容，其就业价值理论对当今大学生的就业价值观引导具有重要的指导意义。首先，马克思认为人可以在一定程度上自由地选择职业，倡导选择职业的自由是职业内在的生命力。其次，马克思强调要有独立和理性的思考，避免盲从、虚荣心、幻想、冲动和狂热。最后，他建议"在选择职业时，我们应该遵循的主要指针是人类的幸福和我们自身的完美"①。马克思提出的选择职业时应遵循的理论不仅是高校对大学生进行就业价值观引导的理论基础，更是大学毕业生选择职业的根本遵循。

第一节 大学生人力资源开发——成长、成人、成才、成事

一、大学生人力资源开发不充分

大学生群体数量庞大，是社会发展的潜在资源。只有通过积极有效的人力资源开发，在数量的基础上进一步提升质量，才能转化为有用的人力资本，真正成为推动我国经济社会发展的现实资源和强大动力。针对当前大学生在就业创业过程中面临的实际困难和问题，从人力资本的角度加强大学生的人

---

① 马克思．青年在选择职业时的考虑［J］．中国供销合作经济，2001（05）：55-56.

力资源开发就显得非常重要和迫切。当前,大学生人力资源开发不充分主要表现在以下几方面。

(一) 对人力资源开发工作重视不够,投入不足

一是机构职能不明确。大部分高校成立了就业创业指导中心,重视就业政策宣传、就业渠道开拓、就业信息发布、生源统计、档案整理等日常工作,但把毕业生作为人力资源开发的力度不够。二是人员配备不足,素质有待提高。部分高校缺乏就业创业和人力资源开发的专业人员,而兼职人员往往缺少从事人力资源开发工作应有的理论知识背景和实际运用能力,开展就业创业指导工作的深度不够。三是经费投入不足。一些高校在就业创业指导和人力资源开发方面投入不够,场地紧张,人员缺少培训,影响了人力资源开发和就业创业指导的有效开展。四是全程性无法有效保证。部分高校往往是到了学生毕业前,才开设就业指导课程,邀请一些企业人士到校开展讲座,让学生参加就业双选会等,没有将人力资源开发和就业创业指导工作贯穿学生的整个大学生活。

(二) 人力资源开发不够系统科学

部分高校对毕业生人力资源开发的整体规划不足,缺乏系统性和连续性。在学生能力的开发与提高、职业生涯设计、就业技能的掌握等方面,相关职能部门没有形成联动的格局,影响了人力资源开发的良好效果。

(三) 人力资源开发方式单一

一是就业创业指导课程的教学方法过于传统,大多数学校仍然采取"灌输式"的教学模式,过于理论化,实用性不强,案例分析不够,缺少双向交流和实践体验;二是课外实践技能锻炼的个性化不足,针对性不强,缺少针对学生就业创业个体实际需要而设计的人力资源开发活动;三是利用人力资源开发和管理的现代化手段不足,没有充分发挥职业心理测量、职业生涯设计、个体心理辅导等科学的测量工具和实践平台在人力资源开发方面的优势,人力资源开发的活动效果和就业创业服务满意度还有待提高。

(四) 大学生自我人力资源开发意识不足

部分毕业生对自己喜欢的职业、自己的发展方向、将来职业发展面临的优势与劣势仍不清晰，甚至没有考虑。这说明相当一部分毕业生对于自我人力资源的开发意识不强或者不明确，对于目前如何储备知识、锻炼职业能力，自己将来如何择业就业、如何适应岗位需求发展等，仍处于迷茫状态。

二、建构大学生人力资源开发综合体系

人力资源开发的实质是通过教育等方式将人的潜在劳动能力开发转变为现实的劳动能力。① 高校在人才培养过程中要把握好大学生的人力资源特性、学生成长规律，以及教育教学规律，挖掘和开发其潜在的劳动能力，引导大学生建立合理的职业预期与职业定位，帮助大学生认识职业，了解就业市场，促使其顺利地从学校走向社会，从校园走向职场。

（一）优化人力资源开发模式

高等教育促进学生全面发展，助力他们顺利就业与创业，这也是大学生人力资源开发的出发点和落脚点。帮助大学生树立正确的就业价值观，提高就业创业能力，需要全方位、多样化、分层次优化大学生人力资源开发模式与体系。

高校在进行大学生人力资源开发时，要分层次对各年级的教育内容、教学形式与方法等进行合理规划，使就业指导课程涵盖于学生就业创业相关的各个方面，重点体现就业创业观念、就业创业知识以及就业创业能力等方面。针对大学生过分强调工作地点、薪酬待遇、专业对口等，抱有过高的就业期望值，高校要从就业动机、职业理想、就业标准、择业方向等方面进行引导，帮助他们树立正确的择业观、从业观和创业观，选择与自身实际情况相当、适合自己发展的职业和工作岗位。与此同时，积极鼓励大学毕业生到基层去实现自己的理想。

---

① 张彤，宣力允. 当代中国教育与人力资源开发的本质探讨 [J]. 扬州大学学报（高教研究版），2010，14（01）：14-18.

第十章　大学生就业价值观实践归旨：基于家、国、社会、自我的同向策略

人力资源开发工作不仅要加强学生的创新能力，而且要通过人力资源开发系列活动，帮助大学生掌握求职技巧、知晓职场礼仪，提升大学生的组织管理能力、人际交往能力、团队合作能力、语言表达能力、写作能力等就业创业综合能力。

高校要确立人才质量观，转变教育思想、更新教育理念、改革教学环节，建立内容优化、层次多元、特色鲜明的课程体系和能够激励创新、强化能力的实验与实践教学体系。就业创业指导课程体系要纳入教学的整体规划，作为一门实践性很强的课程，在课堂教学中应多采用案例教学，推行讨论式、启发式、参与式的教学方法，注重实践环节。一方面，注重实习实践环节的活动设计，如实验、生产实践、专业实习、毕业论文的设计等，提高专业技能；另一方面，充分重视社会实践活动，使学生在活动中锻炼能力，磨炼意志，增长才干。

高校还可组织开展与人力资源开发相关的校园文化活动和学生社团活动，增强学生的人力资源开发意识，提高就业创业能力；通过授课、个别咨询、心理测量等方式开展职业生涯规划和人力资源测评工作，帮助毕业生正确地认识自我，发现自己的长处与劣势，了解组织环境、社会环境，从而科学合理地求职、就业或创业。

（二）建立人力资源开发评价体系

人力资源开发评价体系是人力资源开发工作得以长期良性发展的保证，对学校人力资源开发工作起到激励和监督作用。大学生人力资源开发评价体系包括两个方面：一是对学校开展的大学生就业创业人力资源开发工作的组织评价体系；二是对学生人力资源开发效果的个体评价体系。前者是督促教育的主导者——学校积极开展人力资源开发工作，后者是对学生参与学校组织的关于就业创业人力资源开发活动的效果，以及学生对自我人力资源开发情况的评价。目前，大多数高校使用的学生综合素质测评系统，往往以学生的智育为核心，德育、体育、美育、劳育所占比例不大，因此，高校要完善综合测评系统，使其更加科学合理，进一步开发学生人力资源。

（三）推进人力资源开发的信息化建设

现代社会是信息化的社会，以促进大学生就业创业为主要目的的人力资

源开发也要充分网络化、信息化,以提高科学性和及时性。具体做法,一是建立人力资源开发专题网站。除就业创业信息网外,还要建立针对就业创业宣传和职业技能培养的人力资源开发网站,充分发挥网络的开放性、交互性、及时性等优势,增强教育工作的亲和力和感染力,缓解大学生就业创业压力,提高其社会适应性。二是采用人力资源开发相关的测评软件,包括心理测试软件,职业兴趣、职业性格、职业价值观等方面的测评软件,通过在线测评,帮助学生正确地了解自己、评价自己,为学生的职业发展和职业生涯规划提供科学依据。

因此,高校要深入开展大学生就业创业和人力资源开发的理论研究,进一步丰富大学生人力资源开发的内涵,提高人力资源开发的针对性和有效性,推动大学生人力资源开发更加科学化、规范化,为社会发展输送更多的高素质人才和提供更强的智力支撑。①

第二节 大学生有业就、就好业、成事业

一、创新人才资源开发,助力大学生成长、成人、成才、成事

高校要以立德树人为中心,围绕大学生成长、成人、成才、成事需要,创新当代人才资源开发与使用的科学理念,通过教育等方式将人的潜在劳动能力开发转变为现实的劳动能力。高校作为重要的人才培养基地,担负着为中国特色的社会主义事业培养合格建设者和接班人的使命,要利用好大学生群体的人力资源,创新时代人才资源开发与使用的科学理念,通过对大学生群体的特性、成长环境进行了解和分析,深入研究职业环境和职业需求,合理引导大学生的就业价值取向,把握好大学生人力资源的特性并实施有效开发,帮助大学毕业生了解就业岗位,了解人业互择的道理,使其实现人岗匹配、人企匹配,从而顺利地从学校走向社会。

---

① 赵波,张志华.基于就业创业视角的大学生人力资源开发[J].中国人才,2007(17):28-29.

因此，高校不仅要遵循教育教学规律、人才成长规律，更要以立德树人为中心，创新人才培养理念，树立学生全面发展、人人成才和多样化成才的观念，围绕大学生成长、成人、成才、成事的内在要求，使学生个性发展与全面发展有机统一。同时，高校要结合学科专业特色，拓展新兴业态就业空间，主动对接以技术集成和商业模式创新为特点的新业态人才需求，引导毕业生主动适应新的就业形态、新的用工方式。高校还要鼓励毕业生多元化就业，支持学生用好国家社会保障政策和自主创业扶持政策，充分发挥大学生的人力资源优势，将建构大学生人力资源开发综合体系融入国家的建设和发展中，使其成为推动国家创新发展的引领力量。

二、精准个体价值定位，实现有业就、就好业、成事业

提高大学生的择业就业能力素质，就是要对学生的个体价值进行精准定位，实现有业就、就好业、成事业的目标。大学生的择业就业能力是一个多维度、多因素的复杂系统。瑞士教育家戈德斯密德经过大规模的调查研究，归纳出大学生顺利就业并取得职业成功的5个能力要素：就业动机及良好的个人素质；出色的人际关系技巧；对丰富的科学知识的掌握；有效的工作方法；敏锐、广阔的视野。[①]

影响大学生择业就业的因素有很多，包括短期内人才市场的供需失衡，地区发展不平衡导致学生就业的地域结构失衡，毕业生就业能力不足以及择业认知、个体价值定位不精准等。其中，择业认知、个体价值定位不精准和能力素质结构不完善是制约大学毕业生择业就业的关键性因素。择业认知和个体价值定位是大学生择业就业的前提条件，它包括对职业的选择和规划能力以及相应的素质。大学生应运用科学的分析方法并结合自身条件，选择适合自己的职业，不仅要提高择业就业的认知水平，对自身能力素质、个体价值进行正确的评估和精准定位，充分分析职业需求，了解职业特性、现状及发展空间，还要做好职业生涯规划，完善能力素质结构，选择最适合自己的职业，从而实现有业就、就好业、成事业的目标。

---

① 王芳. 培育学生职业人格：高等职业教育的新理念[J]. 文教资料，2015（11）：102-103.

第三节　国家意识、国家使命、国家战略与就业导向

一、中央经济工作会议关于"就业""劳动"的阐述

市场在创造新岗位，淘汰旧岗位的过程中，发挥着决定性的作用。2015年12月召开的中央经济工作会议提出，着力加强结构性改革，在适度扩大总需求的同时，去产能、去库存、去杠杆、降成本、补短板，提高供给体系质量和效率，提高投资有效性，加快培育新的发展动能，改造提升传统比较优势，增强持续增长动力。去产能主要涉及大量产能过剩的基础性行业，牵涉到钢铁行业50万职工、煤炭行业130万职工，以及水泥、玻璃、电解铝、船舶等行业部分岗位职工的安置工作。

2016年12月中央经济工作会议提出，深入推进"三去一降一补"。在去产能方面，要继续推动钢铁、煤炭行业化解过剩产能，抓住处置"僵尸企业"这个牛鼻子。

2017年12月中央经济工作会议提出，深化供给侧结构性改革，深化要素市场化配置改革，重点在"破""立""降"上下功夫；大力破除无效供给，把处置"僵尸企业"作为重要抓手，推动化解过剩产能。

2018年7月召开的中共中央政治局会议，针对我国经济运行面临的中美贸易摩擦加剧等外部环境变化和一些新问题、新挑战，首次提出要做好稳就业、稳金融、稳外贸、稳外资、稳投资、稳预期工作的"六稳"方针，并将就业置于"六稳"之首，以保持我国经济的平稳健康发展。2018年12月召开的中央经济工作会议，在"六稳"的基础上还提出推动制造业高质量发展，要稳步推进企业优胜劣汰，加快处置"僵尸企业"，制定退出实施办法；要全面正确把握宏观政策、结构性政策、社会政策取向，确保经济运行在合理区间。

2019年5月，国务院首次专门成立就业工作领导小组。同年12月6日，中共中央政治局召开会议，分析研究2020年经济工作，强调当前和今后一个

时期，我国经济稳中向好、长期向好的基本趋势没有变，面对国内外风险挑战明显上升的复杂局面，要坚持稳中求进工作总基调，以供给侧结构性改革为主线，推动高质量发展，做好"六稳"工作，将稳就业作为"六稳"之首。稳就业，就是要切实保障和改善民生，重点解决好高校毕业生、退役军人、下岗职工、农民工、返乡人员等重点人群的就业问题。

2020年初，突如其来的新冠肺炎疫情严重冲击我国经济，造成前所未有的影响。2020年3月，国家发展和改革委员会召开新闻发布会，强调在当前经济形势下，要全力以赴稳住就业。2020年4月，习近平在陕西考察时强调，要全面落实党中央决策部署，坚持稳中求进工作总基调，坚持新发展理念，扎实做好"六稳"工作，全面落实"保居民就业、保基本民生、保市场主体、保粮食能源安全、保产业链供应链稳定、保基层运转"任务，努力克服新冠肺炎疫情带来的不利影响，确保完成决战决胜脱贫攻坚的目标任务。

2021年12月召开的中央经济工作会议指出，国内经济面临"需求收缩、供给冲击、预期转弱"三重压力。经济下行压力，首当其冲影响就业。会议从宏观层面提出，"要在推动高质量发展中强化就业优先导向，提高经济增长的就业带动力"；从微观层面提出，稳就业是第一要务，"要抓好重点群体就业，落实落细稳就业举措"。针对不同就业对象，要从完善就业政策、转变就业观念、细化就业举措、灵活就业方式等方面多管齐下，破解劳动力供需的结构性矛盾，解决好各类重点群体的就业难题。

二、国家层面三次就业政策转型升级

2002年党的十六大报告提出，实行促进就业的长期战略和政策，将促进经济增长、增加就业、稳定物价和保持国际收支平衡设为宏观调控的主要目标。自此，我国形成了积极就业政策。这意味着，政府和社会在经济增长与扩大就业二者之间关系的认识上实现了全新突破，即经济增长并不自动带来就业扩大，不同政策导向下的增长类型可能带来不尽相同的就业效果。

党的十七大报告中关于就业的论述是：实施扩大就业的发展战略，促进以创业带动就业。就业是民生之本，要坚持实施积极的就业政策，加强政府引导，完善市场就业机制，扩大就业规模，改善就业结构。完善支持自主创业、自谋职业政策，加强就业观念教育，使更多劳动者成为创业者。健全面向全体劳动者的职业教育培训制度，加强农村富余劳动力转移就业培训。建立统一规范的人力资源市场，形成城乡劳动者平等就业的制度。完善面向所有困难群众的就业援助制度，及时帮助零就业家庭解决就业困难。积极做好高校毕业生就业工作。规范和协调劳动关系，完善和落实国家对农民工的政策，依法维护劳动者权益。

在2008—2009年应对国际金融危机的过程中，党中央和国务院提出实施更加积极的就业政策，标志着就业政策的优先序得以进一步提升。

2012年政府工作报告提出，切实保障和改善民生，千方百计扩大就业。就业是关系国家发展和人民福祉的大事。就业压力仍然很大，各级政府务必坚持就业优先战略，继续实施更加积极的就业政策。重点扶持就业容量大的服务业、创新型科技企业和小型微型企业，创造更多就业岗位。鼓励以创业带动就业。抓好高校毕业生、农民工和城镇就业困难人员就业，加强退役军人技能培训与就业安置工作。

2012年党的十八大提出，实施就业优先战略和更加积极的就业政策，推动实现更高质量的就业。就业是民生之本，要贯彻劳动者自主就业、市场调节就业、政府促进就业和鼓励创业的方针，实施就业优先战略和更加积极的就业政策。引导劳动者转变就业观念，鼓励多渠道多形式就业，促进创业带动就业，做好以高校毕业生为重点的青年就业工作和农村转移劳动力、城镇困难人员、退役军人就业工作。加强职业技能培训，提升劳动者就业创业能力，增强就业稳定性。健全人力资源市场，完善就业服务体系，增强失业保险对促进就业的作用。健全劳动标准体系和劳动关系协调机制，加强劳动保障监察和争议调解仲裁，构建和谐劳动关系。由此看出，政府稳定就业的政策内容更加充实，政策工具也更加丰富，各部门实施就业政策时的协调性也得到进一步改善。因此，可以将这个阶段的就业政策体系称作"积极就业政策"。

2017年，党的十九大报告指出："我国经济已由高速增长阶段转向高质量发展阶段，正处在转变发展方式、优化经济结构、转换增长动力的攻关期，建设现代化经济体系是跨越关口的迫切要求和我国发展的战略目标。必须坚

第十章　大学生就业价值观实践归旨：基于家、国、社会、自我的同向策略

持质量第一、效益优先，以供给侧结构性改革为主线，推动经济发展质量变革、效率变革、动力变革，提高全要素生产率，着力加快建设实体经济、科技创新、现代金融、人力资源协同发展的产业体系，着力构建市场机制有效、微观主体有活力、宏观调控有度的经济体制，不断增强我国经济创新力和竞争力。"

2018年7月，中央经济工作会议首次提出"六稳"方针。当时，中美贸易摩擦加剧，外部环境发生明显变化，经济运行稳中有变，稳中有忧。中央审时度势，未雨绸缪，旗帜鲜明提出"要做好稳就业、稳金融、稳外贸、稳外资、稳投资、稳预期工作"，把"六稳"作为实现中国经济稳中求进的基本要求。在"六稳"发力下，我国经济经受住了外部环境变化的冲击，保持了平稳健康发展。在这"六稳"之中，就业居首位。同年12月，中央政治局召开会议，又一次强调了"六稳"。

2019年的《政府工作报告》首次将就业优先政策置于宏观政策层面，旨在强化各方面重视就业、支持就业的导向。报告提出，要正确把握宏观政策取向，继续实施积极的财政政策和稳健的货币政策，实施就业优先政策，加强政策协调配合，确保经济运行在合理区间，促进经济社会持续健康发展。

2019年5月，为进一步加强对就业工作的组织领导和统筹协调，凝聚就业工作合力，更好地实施就业优先政策，国务院首次专门成立就业工作领导小组。2020年3月，国家发展和改革委员会召开新闻发布会并强调，在新冠肺炎疫情冲击下，要全力以赴稳就业。2020年4月，习近平总书记在陕西考察时强调，要扎实做好"六稳""六保"工作，确保完成脱贫攻坚目标任务，全面建成小康社会。

2020年6月，全国普通高等学校毕业生就业创业工作电视电话会议传达了中共中央政治局常委、国务院总理李克强作出的重要批示。批示指出：高校毕业生就业创业，关系千万家庭幸福，关系财富创造、高质量发展。2020年高校毕业生就业面临严峻形势，任务更为艰巨。各地区、各部门要坚持以习近平新时代中国特色社会主义思想为指导，贯彻党中央、国务院决策部署，全面强化就业优先政策，层层压实责任，抓实抓细促进高校毕业生就业这一重中之重。要加紧落实稳企业稳岗位各项举措，采取更多市

场化办法拓宽毕业生就业渠道。持续深化"放管服"改革，加大"双创"支持力度，推动新产业新业态更大发展，为毕业生创业和灵活就业搭建更广平台。扎实做好职业培训和就业见习，加大对疫情严重地区和就业困难毕业生的倾斜帮扶，为暂时未就业的毕业生提供不断线的就业服务。千方百计保持高校毕业生就业局势总体平稳，促进经济发展和社会大局稳定。李克强总理的重要批示，全面强化了就业优先政策，把高校毕业生就业提到稳定社会大局和促进经济高质量发展的高度。

2021年11月19日，教育部、人力资源和社会保障部召开2022届全国普通高校毕业生就业创业工作网络视频会议，部署2022届全国普通高校毕业生就业创业工作，实施"2022届全国普通高校毕业生就业创业促进行动"，完善市场化社会化就业促进机制，充分发挥政策性岗位吸纳作用，开展高校书记校长访企拓岗促就业专项行动，推动就业创业工作提质增效，促进高校毕业生更加充分更高质量就业。

会议指出，2021届高校毕业生毕业去向落实情况总体稳定。2022届全国普通高校毕业生达1076万人，规模和增量均为历年之最，总规模首次突破千万。就业工作要从讲政治的高度、保民生的角度、促发展的要求、办教育的使命四个方面，充分认识到做好高校毕业生就业工作的重要意义，全力以赴，确保高校毕业生就业局势稳定。

会议强调，各地各高校要压实工作责任，落实"一把手"工程，建强工作队伍，加强宣传引导，确保中央决策部署落实到位；要拓宽市场化就业渠道，鼓励中小企业更多吸纳高校毕业生，引导支持灵活就业，大力支持创新创业；要开拓政策性岗位，配合做好机关、事业单位和国有企业招聘工作，组织实施好基层项目，加大基层社区岗位开发力度，着力稳住政策性岗位和市场性岗位的"基本盘"；要推动公共就业服务进校园，强化校内岗位信息、各类资源、政策宣讲等就业服务供给，为毕业生提供不断线和优质便捷的就业服务；要加强就业指导，做好职业生涯教育和就业实习实践，开展就业育人主题教育，引导毕业生到国家需要的地方建功立业；要加强重点群体帮扶，按照"一人一档""一人一策"要求帮扶就业困难毕业生，做好高职百万扩招毕业生就业服务。

三、国家意识、国家使命、国家战略系统教育

在经济转型和国家实施积极就业政策的背景下，基于国家发展战略的精准需求匹配，成为大学生充分、优质择业的主导性价值。就业优先政策被置于宏观政策层面，不仅强化了重视就业、支持就业的政策导向，也突出了在宏观调控过程中不同经济政策与就业政策相互协调的必要性。

纵观中国就业政策的发展历程，就业优先的战略目标是通过落实积极就业政策实现的。随着社会经济发展水平的不断提升，需要不断优化积极就业政策的框架和内容，在确保就业稳定的同时，实现劳动力市场健康、有效地发展，进而为中国经济可持续发展创造条件。

20世纪90年代后期，中国城市劳动力市场受到极大冲击，催生了中国积极就业政策的基本框架。此后，随着经济的发展，积极就业政策已经逐渐成为调控劳动力市场，维持就业平衡的常规手段。

进入新时代，积极就业政策的作用更加彰显。一个突出的标志是，积极就业政策被正式纳入宏观经济政策的层面，成为宏观调控的重要手段之一。这意味着，积极就业政策发挥的功能已不仅满足于维持劳动力市场的平衡，还需要与财政政策、货币政策等宏观调控政策配合，共同推动社会经济协调、可持续的发展。

当前，随着我国经济的高质量发展，大学生要想充分就业、优质择业，则要契合国家发展战略的精准需求，抓住国家战略发展的大好机遇，施展青春才华，实现人生价值。

四、大学生自我就业融入国家发展和社会进步的时代大熔炉

近年来，国家实施高校毕业生基层成长计划，中央有关部门扩大了面向基层就业项目的规模。在政策引导方面，中共中央办公厅、国务院办公厅印发了引导和鼓励高校毕业生到基层工作的一系列政策文件，旨在从国家战略的高度引导和鼓励大学毕业生到中西部地区、东北地区和艰苦边远地区，以及农村基层、中小微企业就业创业。国家从宏观战略角度推动就业，不仅是

开发基层就业岗位定向招录,而且在待遇上予以保障。比如,到农村基层和城市社区工作的毕业生有相应的薪酬、生活补贴和社会保险;对在中西部和艰苦边远地区县级以下农村基层就业的毕业生,给予学费补偿和助学贷款代偿;在校期间应征入伍服兵役的毕业生,同样可以享受学费补偿和助学贷款代偿等优惠鼓励政策。

高校要契合国家战略发展需要,对大学生进行国家意识、国家使命、国家战略的系统教育,积极贯彻落实中共中央办公厅、国务院办公厅《关于进一步引导和鼓励高校毕业生到基层工作的意见》和教育部《关于做好2022届全国普通高等学校毕业生就业创业工作的通知》精神,紧密结合社会主义核心价值观教育,加强劳动教育,主动对接国家经济社会发展的人才需要,从服务国家战略的高度,引导毕业生去祖国最需要的中西部地区、艰苦边远地区等地去就业创业,促进区域协调发展,鼓励毕业生到重点地区、重大工程、重大项目、重要领域就业,引导大学生把自我就业、自我成才融入国家发展和社会进步的时代大熔炉。

第四节 家庭、社会、学校协同价值引导

高校大学生的就业教育和引导是一个开放的系统,协同主体包括高校、政府、用人单位、学生及家庭等各方组织。随着经济全球化和我国市场经济的纵深发展,大学生的就业环境日益复杂,这需要各方通过内外部的优势资源进行互补、协同,实现对学生就业价值观的引导。

一、协同视角下的 "家—社—校" 就业价值观引导

(一) 招生、就业、人才培养联动协同

当前我国经济已经由高速增长阶段转向高质量发展阶段,深化供给侧结构性改革、提高全要素生产率,离不开人才的支撑。建设教育强国是中华民族伟大复兴的基础工程,人民期盼有更好的教育、更充足的就业岗位、更稳

定而匹配的工作。深化高等教育综合改革，全面提高高校人才培养能力，实现高等教育内涵式发展已势在必行，为此教育部印发了《关于推动高校形成就业与招生计划人才培养联动机制的指导意见》（教高〔2017〕8号），以推动高校形成就业与招生计划、人才培养的联动机制，促进高校毕业生多渠道就业创业，实现更高质量和更充分就业，使高等教育主动适应国家经济社会发展需要，提高高校人才培养质量。

招生、培养和就业是高校人才培养的三部曲，三者之间既紧密联系又相互影响。招生是入口，就业是出口，培养是关键。招生质量的优劣直接影响人才培养质量的优劣；人才培养质量的优劣又直接影响到就业率和就业质量的高低，就业的好坏反过来也会对招生质量产生影响。因此，要做好大学生就业工作，实现大学生顺利就业，必须把握经济社会发展对人才需求的内部关联性，构建社会需求与就业、人才培养与就业、招生与就业三者之间的协同联动机制，促进三者有机结合、协同发展，推动招生、培养、就业三项核心任务的综合提升，最终达到以招生促培养、以培养促就业、以就业促招生的良性互促，实现高校人才培养及招生、就业工作的新突破。

（二）高校、政府、企业联合协同

高等教育要顺应社会发展需要，与经济社会发展同向同行。高校要实现与就业市场的有效对接，就必须在政府的主导下与行业企业进行合作，形成"高校—政府—企业"三位一体的大学生就业协同机制，也就是指高校、政府、企业等主体以共同利益与制度约束为基础，以提升大学生就业竞争力、实现大学生供需平衡为导向，共同承担责任、加强优势整合、实现互利共赢的合作过程和方式，是贯彻"自主择业、市场调节就业、政府促进就业"就业方针的具体体现。

"校企合作、协同育人"的校企合作模式，要从双方协同创新的内涵入手，充分利用各自的优势，融汇资源、搭建平台、策划指导、扶助成长，以提升大学生就业能力为人才培养导向，着力汇聚社会、行业、企业、学校的各方资源，通过企业对学校就业创业工作的扶持和融入，实现学生就业创业与市场需求的真实对接，合作打造可持续发展的学生就业创业平台。

学校和企业之间的有效协同，可缩短毕业生进入职场的磨合期和适应期。

学校将企业文化融入课程建设与改革中，使学生通过企业文化熏陶，熟悉、了解企业，根据企业岗位要求，提高自身职业素养，将学业生涯与职业生涯相结合，为将来顺利进入职业领域，成为企业合格员工打下基础。

（三）多方协同打造多维育人体系

就业资源的多方协同，不仅是建立立体化的就业模式，还需要整合社会就业资源、扩大就业领域和提高就业质量。充分利用校内、校外的社会资源和毕业生资源，鼓励全员参与就业工作，整合相关就业资源和途径，为学生提供更多的就业机会和渠道。进一步拓宽就业领域和渠道，实现学生全方位就业。同时，从合作办学可持续发展的战略思维出发，高度重视学生就业工作，加强就业工作机制创新，积极探索就业工作新模式、新思路。多方协同、联动促进，形成全员化、立体化、内外兼顾、点面结合的就业促进模式，实现育人与就业的完美结合。

教育市场包括主体方、政策方、资本方、支撑方、平台方、中介方等多方力量，通过多方协同形成"六位一体"的教育协同创新模式。在"六位一体"协同创新教育体系中，高校是大学生就业创业的支撑方，是大学生就业创业实践平台得以建立的有力保障。

就业引导是指围绕大学生就业问题，政府、企业、学生、家庭、高校、媒体等不同方面开展就业指导、管理和服务的协同过程。基于社会管理创新协同视角，在整个就业引导过程中，政府发挥牵动力作用，学生及家庭发挥能动力作用，高校发挥推动力作用，企业发挥拉动力作用，媒体发挥助动力作用。通过提升政府、学生、家庭、高校、企业和媒体之间在就业协同中的整体水平，促进全社会就业稳定。

二、家庭在人才资源开发中的第一主体作用

"思想、价值和价值观通常被认为是文化最核心的要素"，文化是价值观塑造的载体，"家庭教育、学校教育以及社会价值规范的提出一般采取文化

第十章 大学生就业价值观实践归旨：基于家、国、社会、自我的同向策略

的表现方式，从而促进价值观的形成"①。在人类思想文化的发展进程中，主流意识形态要想维系其地位，需要思想文化方面的某种强制力，如政治权威，但同时也需要重视以文化本身的先进性、科学性来说服人、鼓舞人，形成一种潜移默化的文化信仰体系。人们在接受某种文化的时候，同时也是在接受其内蕴价值观的过程，这种价值观的引导更能直达人的心灵。因此，我们需要从文化整合的角度来审视、推进价值观的整合，以此提升整合的水平。

家庭是社会的细胞，是家人情感的纽带，是人们安身立命之所，也是子女启蒙教育的摇篮。重视家庭和家庭建设是中华民族自古以来的传统，"家国天下"的情怀深入到了每一个中国人的骨髓。"一家仁，一国兴仁；一家让，一国兴让。"家风好，则国风好。家风的形成与延续，不仅会影响个体的一生，还塑造着国家的灵魂，更关乎一个国家和民族的发展方向与命运，"天下之本在国，国之本在家，家之本在身"，此所谓"一家筑一国"。

家风是家庭的灵魂，是家庭教育的精华和积淀，是铸造子女成才的熔炉，也是个体精神成长的重要源头。有什么样的家风，往往就有什么样的做人做事态度、为人处世伦理。优良的家风是对子女最好的教育，家长的价值观和言行举止，潜移默化地影响和引导着子女。一个家庭的家风体现着各自的价值追求和传承；无数个家庭的家风汇聚起来，则构成了一个社会的价值观和精神状态。

（一）就业价值与大学生的代际传承和心灵回归

以血缘为纽带，以家族为核心的中国传统文化的特殊性，决定了家庭对大学生价值观和就业价值取向的重要作用和影响。家庭作为社会资本的一部分，与人力资本、物质资本一样，其在社会结构、社会网络中的关联和所处的位置可以给毕业生个体带来一定的社会资源和未来收益，对大学毕业生个人的资源配置起着重要作用。

从代际传承价值观来看，家庭教育综合了传统的文化教育和社会的价值观教育，父母的价值观潜移默化地影响着孩子的价值取向。② 在长期与家庭成员的接触中，家长逐步向子女渗透其意志和愿望，促使子女认同和接受家

---

① 谢晓娟. 社会主义核心价值观研究 [M]. 北京：中国社会科学出版社. 2012.
② 张良红. 家庭对大学生就业观的影响分析 [J]. 教育教学论坛，2010 (12)：100-101.

长的价值观和职业选择，家庭的价值取向实际上积极参与了学生职业选择的过程。基于家庭职业期许的就业价值观，成为大学生代际传承和心灵回归的新坐标。家庭职业期许的就业价值观正是通过影响大学生的就业价值取向，从而完成代际传承和心灵回归。

（二）家庭在就业协同中的第一主体作用

高校就业教育是一个开放而复杂的系统，存在着非线性的相互作用力，教育主体间单独的优势相加并不等同于各主体相互协同的效果。随着经济全球化和市场经济的发展，就业环境日益复杂，高校不仅需要把握经济社会发展对人才需求的内部关联性，构建社会需求与招生、人才培养与就业、招生与就业之间的协同联动机制，还需要与社会、用人单位、家庭等外部的优势资源进行互补，协同推进大学生就业教育，帮助大学生顺利就业，提升就业质量。这对于促进经济社会健康发展，保持政治与社会稳定，构建和谐社会具有极其重要的意义。

在协同发展过程中，尤其要重视和发挥好家庭在人才资源开发中的第一主体作用。本着全面发展和个性开发相结合的原则，通过家庭良好的家风，将理想信念和积极价值观等社会目标逐步以恰当的方式传递给子女，影响他们的就业价值取向，使其与社会发展、国家战略协调一致，促进子女成为有理想信念、有价值追求的社会栋梁。

第十一章　新时代大学生就业价值观全景调查追踪

随着中国社会的转型和高等教育的大众化,大学生就业难问题已日益凸现,成为经济社会发展的突出矛盾和问题。就业问题成为社会广泛关注的热点。不可否认,高等教育的扩招和社会供求关系的结构性失衡对大学生就业产生了一定的影响,但从内因来说,更为突出的是,传统的择业观念和择业行为严重干扰大学生的就业,是导致大学生就业难的重要原因。本章在社会学理论的指导下,采用问卷调查、文献检索、个体访谈、团体座谈等调查方法,运用描述分析、解释分析、因素分析、比较分析等分析方法,阐述大学生就业价值观和择业行为的一些理论和实践问题。本章首先从社会转型问题出发,提出由社会转型引起的诸方面转变,对大学生择业观念与行为的深刻影响及其给大学生就业带来的机遇和挑战。其次,在界定择业观念和择业行为概念的基础上,通过实证研究分别描述转型期大学生就业价值观、择业行为的现状和特点。再次,在理论层面从中国社会转型、社会价值观念转变以及理性选择等角度,深入剖析社会转型期大学生就业价值观、择业观与择业行为的动因,提出大学生择业行为理性选择的社会调控。最后,提出解决大学生就业难问题最主要的方法是转变就业价值观和择业行为,树立与转型社会、大众化教育相适应的就业价值观。

一、新时代大学生就业的时代背景

我国现行的教育体系规定,学生 6 岁开始进入小学接受义务教育,18 岁恰好进入大学。2018 年,首批"00 后"进入成人的行列,"00 后"大学生群体开始形成。相比于其他代际，"00后"大学生的成长有其特殊的时代背景，主要表现在以下几方面。

第一，"发展黄金期"和"矛盾突出期"并存的社会环境。2000年后，国内经济一直处于快速而平稳发展的阶段，即"发展黄金期"。这有利于"00后"大学生形成强烈的自信，树立创新意识、竞争意识和自强意识。但从国内的发展环境来说，这一时期又是"矛盾突出期"。各种社会问题相互叠加，如个人主义、拜金主义等，产生一些不容忽视的负面影响。由此可见，"00后"大学生成长的社会环境比较复杂。第二，成长环境的信息化。"00后"大学生出生于数字信息化时代，他们是网络原住民，大多数从小就开始使用网络进行学习和生活，纷繁复杂的网络信息增加了"00后"大学生的知识储备，拓宽了他们的视野，但面对良莠不齐的信息，他们面临着如何取舍和辨别的问题。第三，优越的家庭和社会环境。20世纪70年代初，国家开始大力推行计划生育。"00后"大学生大多是集众爱和资源于一身的独生子女，与"90后"大学生相比，"00后"大学生的个性更为张扬，家庭环境也普遍更为优越和殷实，这使他们大多缺乏在艰难困苦环境中成长的经历，受挫能力和抗压能力不足。

二、调查背景及内容

就业是民生之本，不仅涉及毕业生本人及家庭的切身利益，也直接或间接地影响国家经济的持续发展和整个社会的稳定。伴随着我国经济的快速发展，社会转型和高等教育体制的市场化改革，高校毕业生就业政策也由计划经济体制下的"统包统分"向市场经济体制下的"双向选择、自主择业"转变。加之就业环境的变化，经济新业态和就业新形态对大学生就业产生了重大影响。高校扩招以来，大学生就业人数逐年增长，就业形势严峻，就业结构性矛盾突出，大学生就业难问题反映出当前教育、经济等领域的一系列深层次矛盾，成为关乎经济社会发展和国计民生的社会问题，引起了全社会的关注和重视。

为了深入了解大学生群体的就业价值观和求职意向，为高校及政府进一步做好就业工作提供决策依据，同时也为大学毕业生有针对性地择业就业提供借鉴参考,"构建新时代大学生就业价值观体系研究"项目组对2020届毕业生开展了问卷调查。

《大学生就业价值观调查问卷》(见附录)分为五个部分,包括:毕业生基本信息(含就业去向);毕业生就业准备;就业影响因素;就业选择;就业能力结构等。本次调查共发放问卷1568份,回收有效问卷1019份。通过抽样调查数据,了解影响大学生就业的主要因素,以及大学生就业价值观对个体就业取向、就业质量、家庭代际传承的价值导向以及国家人才发展战略的影响。

三、调查数据及结论

(一) 调查数据分析

1. 对大学毕业生群体的认知

对自我以及所属群体的认知是认识职业世界的前提。随着高等教育的大众化以及国家人才战略的实施,34.91%的学生认为大学毕业生群体是"专业人才,需要在特定领域施展抱负";31.76%的学生选择"精英分子,理应从事专业的体面工作";33.33%的学生选择大学毕业生群体是"普通劳动者,只要适合的工作都可以"。

2. 职业偶像

个体选择的职业偶像蕴含其一定的职业价值观和职业取向,大学生对职业偶像的崇拜有利于其清晰职业目标。通过职业偶像的示范带动作用,可以明确自身奋斗方向,还可以开拓大学生的职业视野,丰富他们的学习生活,更深入地了解职业要求和意义,提前做好职业准备。对于职业偶像的选择,问卷调查中有40.93%的学生首选"知名企业家、企业高管",17.33%的学生选择"娱乐圈偶像",15.60%的学生选择"学术大咖",12.67%的学生选择"国家公职机关工作人员",4.80%的学生选择"劳动模范",4.53%的学生选择"社会公益工作者",4.13%的学生选择"其他"。

3. 成功标准

大学生对成功标准的定义,蕴含着他们的人生价值取向。在问卷中,选项"具有一定的社会地位，良好的社会形象，受人尊敬"有41.88%的学生选择；"有较高的收入，物质生活极大丰富"有28.05%的学生选择；"普通人的生活，平平安安度过一生"有14.59%的学生选择；"为社会、国家做出个人贡献"有2.69%的学生选择；2.79%的学生选择"其他"。

4. 对人生活动的重要性排序

人生活动的重要性排序体现了个体的人生追求和价值取舍。在贯穿人一生的活动中，排在第一的是"家庭生活"，有29.85%的学生选择；排在第二的是"社会活动"，有27.84%的学生选择；排在第三的是"职业活动"，有27.46%的学生选择；排在第四的是"休闲活动"，有14.85%的学生选择。

5. 择业优先考虑因素

影响职业选择的因素很多，大学生更多地将自我发展与社会发展结合起来。20.09%的学生选择"薪酬待遇"，排在第一；17.83%的学生选择"发展机会"，排在第二；15.83%的学生选择"工作地点"，排在第三；14.41%的学生选择"专业对口"，排在第四；13.24%的学生选择"社会地位"，排在第五；11.37%的学生选择"为社会发展做贡献"，排在第六；7.24%的学生选择"实现个人理想和价值"，排在第七。

6. 就业目的

受价值驱动的影响，学生的就业选择和目的不尽相同。27.54%的学生认为就业是为了"实现个人理想和自身价值"；25.83%的学生选择"提高自身生活质量，改变人生轨迹"；17.19%的学生选择"满足社会交往的需求"；16.00%的学生选择"实现生存的需要"；13.43%的学生选择"为国家、社会、民族做贡献，实现社会价值"。

7. 就业地域的选择

地域的选择反映出城市的竞争力和学生的就业价值取向。50.91%的学生选择"北上广深超一线城市"，16.12%的学生选择"东部沿海发达城市"，11.15%的学生选择"中小城市"，4.48%的学生选择西部地区，13.09%的学生选择生源地，1.21%的学生选择国外，3.03%的学生选择"不限区域"。

8. 就业去向

就业去向的确定是大学生就业价值观与现实职业世界权衡后的最终呈现。

32.37%的学生选择"政府机关公务员",21.53%的学生选择"国有企业",16.04%的学生选择"外资企业",12.43%的学生选择"学校及科研院所",7.95%的学生选择"民营或股份制企业",4.34%的学生选择"中小企业",1.59%的学生选择"其他事业单位",1.45%的学生选择"部队",1.01%的学生选择"参加基层服务项目",0.87%的学生选择"非政府社会组织",0.43%的学生选择"自主创业"。

(二) 主要结论及分析

大学生的择业就业行为最能反映其就业价值观和价值取向,有什么样的就业价值观就会有什么样的就业选择和行为。大学生通过对自我以及所属群体的认知、对职业偶像的追捧和崇拜、对人生重要活动的排序等,给予自身价值定位,形成自我成功标准及努力奋斗的方向。大学生通过对影响职业选择的因素进行综合考量,明确就业选择及目的,合理选择就业地域,从而确定就业去向。

从调查结果中可以看出,大学生在大学期间形成的就业价值观是其职业理想、职业期待与现实职业世界权衡后的最终呈现。当代大学生就业价值观多元,既考虑是否能够实现个人理想和自身价值,是否拥有发展机会,能否发挥个人才能,工作地点、工作环境和文化氛围是否与个人期待相匹配,也考虑专业对口性、工作稳定性以及社会地位的高低。薪酬福利不仅是衡量就业收益的客观指标,也是大学生毕业后的生活保障,部分大学生在择业时对薪酬福利的考量甚至优于个人发展机会。因此,影响大学生就业价值观形成的重要因素有:对自我以及所属群体的认知、成功标准、专业对口程度、工作地域、工作环境、工作稳定性、薪酬待遇、发展机会、生存的需要、满足社会交往的需要、实现个人理想的需要,以及为国家、社会、民族做出贡献,实现社会价值的需要。

1. 就业准备

大部分学生在毕业前对未来的发展做了积极的努力,形成了自己的就业价值观。超过70%的毕业生制定了自己的职业规划,也有20.37%的毕业生不知道该如何规划自己的未来发展。参与调查的毕业生中,超过95%的毕业生都有社会实践、实习或工作经历。了解就业政策的毕业生占调查人数的

95%以上,但其中有55.62%的毕业生是"一般了解"。"希望的毕业去向"与毕业生实际的就业去向基本一致。

2. 影响大学生就业的因素

调查结果显示,毕业生认为"个人综合素质""实践经验""学习成绩""所学专业"是影响其就业的最主要因素。而在"自身就业优势"的选项中,28.90%的毕业生认为品德素质是自己的最大优势;其次是实践能力,占比24.65%;再次是发展潜力,占比23.14%。这反映了毕业生在就业过程中对品德素质重要性的充分认知。

另外,在就业决策影响因素中,38.08%的毕业生认为对自己影响最大的是自身。这是新时代大学生个性发展的一个侧面反映,显示出了他们对自我的充分接受和肯定。也有29.83%的毕业生认为父母亲人等重要他人对自己的就业决策影响较大。关于大学生就业难的主要原因,16.56%的毕业生认为是由于"毕业生总量大",15.93%的毕业生认为是"专业的社会需求不强",14.66%的毕业生认为是"没有工作经验"。

3. 就业选择

在择业过程中,面对就业机会,40.82%的毕业生选择"找非常合适的工作和可观的稳定收入,一步到位";29.53%的毕业生选择"先就业,再择业";23.62%的毕业生选择"先就业,再深造"。对首选的就业行业,10.87%的学生选择"公共管理与社会组织";9.79%的毕业生选择"文化体育娱乐";8.83%的毕业生选择"金融业"。

4. 就业能力结构

54.53%的学生认为学校的专业设置对就业产生一般影响,21.57%的学生认为影响很大。对其最有帮助的学习活动,25.37%的学生选择在校期间的"实习实训",22.89%的学生选择"理论知识学习",19.09%的学生选择"社会实践"。在校学习期间最大的收获,排在前三位是"培养思考、分析、解决问题的能力""学到扎实的理论基础和专业知识""提高自我修养和综合素质",分别占比25.27%、22.49%和18.15%。关于大学期间通过哪些途径提高自身的就业素质与能力,27.48%的学生选择"努力学好专业知识",24.21%的学生选择"积极参加学校组织的各种讲座活动",20.24%的学生选择"利用空闲时间做兼职"以提高自己的就业能力。在顺利就业最直接有效的方法中，41.97%的学生选择"提高自身技能及求职技巧"；20.49%的学生选择"丰富自身的实践经历"；15.84%的学生选择"发展经济，广开就业渠道"。

附录

大学生就业价值观调查问卷

亲爱的同学：

您好！

为深入了解大学生群体的就业价值观和求职意向，为高校及政府进一步做好就业工作提供决策参考，特开展此次问卷调查。此问卷采用匿名方式进行填写，答案无对错之分，所得数据仅用于相关研究分析，请如实填写，感谢您的理解和合作！

"构建新时代大学生就业价值观体系研究"项目组

第一部分　基本信息

1. 性别（　　）

A. 男　　　　B. 女

2. 民族（　　）

A. 汉族　　　B. 少数民族_____（请填写具体民族）

3. 政治面貌（　　）

A. 中共党员（含预备党员）　　B. 共青团员

C. 其他党派_____　　　　　D. 群众

4. 学历（　　）

A. 专科　　　B. 本科　　　C. 硕士研究生　　D. 博士研究生

5. 年级_____

6. 所学专业的学科门类（　　）

A. 哲学　　　B. 经济学　　C. 法学　　　D. 教育学

E. 文学　　　F. 历史学　　G. 理学　　　H. 工学

I. 农学　　　　　J. 医学　　　　　K. 管理学　　　L. 军事学

M. 艺术学

7. 生源地区（　　）

A. 直辖市或省会城市　　　　B. 非省会城市

C. 乡镇或农村

8. 是否为独生子女（　　）

A. 是　　　　　B. 否

9. 您就读的高校为（　　）（可多选）

A. 985/211　　B. 双一流高校　C. 普通本科　　D. 专科院校

E. 民办高校

10. 目前的毕业去向（　　）（选择A、B、C、D，继续回答题11、12，其他跳答至第二部分）

A. 已落实就业单位（签署三方协议）

B. 灵活就业（签订劳动合同或其他形式）

C. 自由职业　　　　　　　　D. 自主创业

E. 国内升学　　　　　　　　F. 出国（境）留学

G. 拟升学，不就业　　　　　H. 求职中

I. 暂不就业　　　　　　　　J. 其他_____

11. 如已落实就业单位，单位所属行业是（　　）

A. 农林牧渔　　B. 采矿业　　C. 制造业

D. 电力、煤气和水的生产和供应业　　E. 建筑业

F. 交通运输、仓储和邮政　　G. 信息传输、计算机服务、软件业

H. 批发零售　　I. 住宿餐饮　　J. 金融业　　　K. 房地产

L. 租赁和商务服务业　　M. 科学研究、技术服务、地质勘查

N. 水利环境公共设施管理　　O. 居民服务

P. 教育　　　　　　　　　　Q. 卫生、社会保障与福利

R. 文化体育娱乐　　　　　　S. 公共管理与社会组织

T. 其他_____

12. 您目前的工作岗位与所学专业是否对口（　　）

A. 对口　　　　B. 基本对口　　C. 不确定　　　D. 不对口

第二部分　就业准备

1. 在校期间，您对自己的职业生涯是否有过规划（　　　）

    A. 很详细地规划　　　　　　　B. 有简单规划

    C. 不知怎样规划　　　　　　　D. 没做过规划

    E. 无所谓

2. 您希望的毕业去向是（　　　）

    A. 就业　　　B. 国内升学　　C. 出国深造　　D. 自主创业

    E. 暂不就业　　F. 其他_____

3. 您对自己的就业前景持何种心态（　　　）

    A. 乐观　　　B. 一般　　　C. 悲观　　　D. 焦虑

    E. 不知道

4. 您的职业偶像是（　　　）

    A. 知名企业家、企业高管　　　B. 娱乐圈偶像

    C. 学术大咖　　　　　　　　　D. 国家公职机关人员

    E. 劳动模范　　　　　　　　　F. 社会公益工作者

    G. 其他_____

5. 您的成功标准是什么（　　　）

    A. 具有一定的社会地位，良好的社会形象，受人尊重

    B. 有较高的收入，物质生活极大丰富

    C. 普通人的生活，平平安安度过一生

    D. 为社会、国家做出个人贡献

    E. 其他_____

6. 您的职业目的是（按照重要性排序）（　　　）

    A. 为国家、社会、民族做贡献，实现社会价值

    B. 实现个人理想和自身价值

    C. 满足社会交往的需求

    D. 提高自身生活质量，改变人生轨迹

    E. 实现生存的需要

    F. 其他_____

7. 请对您人生活动的重要性进行排序（　　）

A. 家庭生活　　B. 职业活动　　C. 社会活动　　D. 休闲活动

E. 其他_____

8. 在过往的求学和生活中，您有过工作经历吗（　　）

A. 有过兼职工作经历

B. 有过全职工作经历

C. 兼职和全职的工作经历都有过

D. 没有过工作经历

9. 您觉得大学毕业生群体属于（　　）

A. 精英分子，理应从事专业的体面工作

B. 普通劳动者，只要适合的工作都可以

C. 专业人才，需要在特定领域一展拳脚

D. 其他_____

10. 您对大学生就业政策的了解程度如何（　　）

A. 非常了解　　B. 比较了解　　C. 一般了解　　D. 完全不了解

11. 您对"大学生志愿服务西部计划""三支一扶"（支农、支教、支医、扶贫）等国家基层就业政策的态度是（　　）

A. 赞成，也愿意去　　　　　　B. 赞成，但不愿意去

C. 不赞成

第三部分　就业影响因素

1. 您认为影响大学生就业的主要因素是（最多选择 5 项并按照重要性排序）（　　）

A. 所学专业　　　　　　　　B. 学习成绩

C. 各级各类证书　　　　　　D. 个人综合素质

E. 家庭背景或社会关系　　　F. 就业指导

G. 应聘技巧　　　　　　　　H. 实践经验

I. 学校知名度　　　　　　　J. 其他_____

2. 在择业过程中，对您的就业决策影响最大的是（　　）

A. 学校老师　　B. 父母亲人　　C. 同学朋友　　D. 自己

E. 社会及网络　F. 国家就业政策　G. 其他_____

3. 在求职过程中，您觉得自己在哪方面具有优势（　　）

　　A. 专业优势　　　　　　　　B. 实践能力

　　C. 品德素质　　　　　　　　D. 发展潜力

　　E. 家庭背景和社会关系　　　F. 学校知名度

　　G. 其他_____

4. 您认为自己目前欠缺的素质主要是（最多选择3项并按照重要性排序）（　　）

　　A. 解决问题的能力　　　　　B. 沟通协调能力

　　C. 承受压力、克服困难的能力　D. 工作或实习经验

　　E. 专业知识　　　　　　　　F. 专业技能

　　G. 其他_____

5. 您觉得大学生就业困难的主要原因是（最多选择5项并按照重要性排序）（　　）

　　A. 毕业生总量大　　　　　　B. 就业信息不足

　　C. 本专业的社会需求不强　　D. 缺少就业指导和职业规划

　　E. 就业期望值太高　　　　　F. 没有工作经验

　　G. 缺乏社会关系　　　　　　H. 性别歧视严重

　　I. 其他_____

6. 您认为用人单位最注重毕业生的哪些方面（最多选择3项并按照重要性排序）（　　）

　　A. 专业成绩　　　　　　　　B. 专业技能

　　C. 发展潜力　　　　　　　　D. 品德素质

　　E. 工作或实践经历　　　　　F. 学校知名度

　　G. 性别　　　　　　　　　　H. 其他_____

7. 从个人视角看，您认为影响求职成功的最主要因素是（　　）

　　A. 综合素质　B. 社会资源　C. 专业对口度　D. 求职技巧

　　E. 机遇　　　F. 其他_____

第四部分　就业选择

1. 在择业过程中，您的打算是（　　）

A. 一步到位，找到非常合适的工作岗位，有可观的稳定收入

B. 先就业，再择业　　　　　　C. 先就业，再深造

D. 自主创业　　　　　　　　　E. 其他_____

2. 在择业过程中，您首选的就业地域是（　　　）

A. 北上广深超一线城市　　　　B. 东部沿海发达城市

C. 省会城市　　　　　　　　　D. 新一线城市

E. 中小城市　　　　　　　　　F. 西部地区

G. 生源地　　　　　　　　　　H. 国外

I. 不限区域

3. 您是否会根据所学专业进行择业并就业（　　　）

A. 会　　　B. 不会　　　C. 看情况　　　D. 无所谓

4. 您首选就业的行业是（　　　）

A. 农林牧渔　　B. 采矿业　　C. 制造业

D. 电力、煤气和水的生产和供应业　　E. 建筑业

F. 交通运输、仓储和邮政　　G. 信息传输、计算机服务、软件业

H. 批发零售　　I. 住宿餐饮　　J. 金融业　　K. 房地产

L. 租赁和商务服务业　　M. 科学研究、技术服务、地质勘查

N. 水利环境公共设施管理　　O. 居民服务

P. 教育　　　　　　　　　　Q. 卫生、社会保障与福利

R. 文化体育娱乐　　　　　　S. 公共管理与社会组织

T. 其他_____

5. 您首选的就业去向是（　　　）

A. 政府机关公务员　B. 学校及科研院所　C. 国有企业　D. 外资企业

E. 民营或股份制企业　F. 中小企业　G. 部队　H. 参加基层就业项目

I. 非政府社会组织　　J. 其他事业单位　　K. 自主创业

L. 其他_____

6. 您希望毕业后第一份工作的实际月薪（税后）为多少（　　　）

A. 3000～5000元　　　　　　B. 5000～8000元

C. 8000～10000元　　　　　　D. 10000元以上

7. 您在择业时优先考虑的因素是（最多选择3项并按照重要性排序）

( )

    A. 社会地位   B. 发展机会

    C. 工作地点   D. 薪酬待遇

    E. 专业对口   F. 为社会发展做贡献

    G. 实现个人理想和价值   H. 其他_____

8. 如果您在毕业时暂时未找到自己理想的工作,您会首选 (　　)

    A. 继续求学深造,暂缓就业

    B. 参加短期的求职培训,然后再找工作

    C. 降低就业期望值,随便找一个工作,先就业再谋发展

    D. 自主创业

    E. 在家待业

    F. 其他_____

9. 您是否有创业的打算 (　　)

    A. 已经在创业   B. 正在策划过程中

    C. 考虑过,但目前时机未成熟   D. 对创业不感兴趣

    E. 未考虑过

第五部分　就业能力结构

1. 您对自己所学专业的认知 (　　)

    A. 了解所学专业及就业情况   B. 不太清楚,但了解一部分

    C. 不清楚,不了解

2. 您认为现在的专业课程设置对就业的影响 (　　)

    A. 很大   B. 一般   C. 不大   D. 完全无关

3. 下列学习活动中,哪些对您的就业最有用(最多选择5项并按照重要性排序)(　　)

    A. 理论知识学习   B. 专题讲座

    C. 专业实训实习   D. 社会实践

    E. 心理辅导   F. 社会兼职

    G. 科技文体活动   H. 社团活动

    I. 其他_____

4. 您在校学习期间最大的收获是（最多选择3项并按照重要性排序）
（　　）

　　A. 学习基础理论和专业知识

　　B. 培养思考、分析、解决问题的能力

　　C. 提高组织管理能力

　　D. 提高自我修养和综合素质

　　E. 培养交际沟通能力

　　F. 学会应对挫折和挑战的能力

　　G. 其他_____

5. 您认为学校应在以下哪些方面加强对学生的培养，以提高就业能力、创新创业能力（最多选择5项并按照重要性排序）（　　）

　　A. 道德、文化修养　　　　B. 社交沟通能力

　　C. 实践动手能力　　　　　D. 通识基础理论

　　E. 专业知识　　　　　　　F. 心理健康

　　G. 社会责任心　　　　　　H. 技能考证

　　I. 思辨能力　　　　　　　J. 计算机能力

　　K. 外语水平　　　　　　　L. 身体素质

　　M. 创新创业精神　　　　　N. 爱国主义教育

　　O. 国际视野　　　　　　　P. 其他_____

6. 您在大学期间通过哪些途径提高自己的就业素质和能力，掌握求职技能（最多选择3项并按照重要性排序）（　　）

　　A. 学好专业知识

　　B. 参加学校组织的各类讲座活动

　　C. 利用空余时间做兼职

　　D. 考取各种资格证书

　　E. 担任学生干部

　　F. 其他_____

7. 您认为顺利就业最直接有效的方法是（　　）

　　A. 提高自身素质及求职技巧

　　B. 调整择业期望值

C. 丰富自身的实践经历

D. 国家发展经济,广开就业渠道

E. 学校加强政策引导,鼓励学生自主创业,到基层、西部地区和中小企业就业

F. 其他_____

8. 您希望学校为学生提供哪些方面的就业指导和服务(最多选择 5 项并按照重要性排序,(   )

A. 就业政策法规指导　　　B. 创业教育

C. 职业生涯规划指导　　　D. 就业心理辅导

E. 简历和面试指导　　　　F. 职业测评

G. 学长校友经验分享　　　H. 实习实践

I. 各类创业及岗位分析　　J. 职业需求信息

K. 职业适应辅导　　　　　L. 其他_____

本次调查问卷结束,感谢您的参与!

青年在选择职业时的考虑①

卡尔·马克思

1835 年 8 月 12 日

自然本身给动物规定了它应该遵循的活动范围，动物也就安分地在这个范围内活动，不试图越出这个范围，甚至不考虑有其他什么范围的存在。神也给人指定了共同的目标——使人类和他自己趋于高尚，但是，神要人自己去寻找可以达到这个目标的手段；神让人在社会上选择一个最适合于他、最能使他和社会都得到提高的地位。

能有这样的选择是人比其他生物远为优越的地方，但是这同时也是可能毁灭人的一生、破坏他的一切计划并使他陷于不幸的行为。因此，认真地考虑这种选择——这无疑是开始走上生活道路而又不愿拿自己最重要的事业去碰运气的青年的首要责任。

每个人眼前都有一个目标，这个目标至少在他本人看来是伟大的，而且如果最深刻的信念，即内心深处的声音，认为这个目标是伟大的，那他实际上也是伟大的，因为神决不会使世人完全没有引导；神总是轻声而坚定地作启示。

但是，这声音很容易被淹没；我们认为是灵感的东西可能须臾而生，同样可能须臾而逝。也许，我们的幻想油然而生，我们的感情激动起来，我们的眼前浮想联翩，我们狂热地追求我们以为是神本身给我们指出的目标；但是，我们梦寐以求的东西很快就使我们厌恶——于是我们的整个存在也就毁灭了。

因此，我们应当认真考虑：所选择的职业是不是真正使我们受到鼓舞？我们的内心是不是同意？我们受到的鼓舞是不是一种迷误？我们认为是神的召唤的东西是不是一种自欺？但是，不找出鼓舞的来源本身，我们怎么能认

---

① 马克思. 青年在选择职业时的考虑［M］//马克思恩格斯论教育. 北京：人民教育出版社，1986.

清这些呢？

伟大的东西是光辉的，光辉则引起虚荣心，而虚荣心容易给人鼓舞或者是一种我们觉得是鼓舞的东西；但是，被名利弄得鬼迷心窍的人，理智已无法支配他，于是他一头栽进那不可抗拒的欲念驱使他去的地方；他已经不再自己选择他在社会上的地位，而听任偶然机会和幻想去决定它。

我们的使命绝不是求得一个最足以炫耀的职业，因为它不是那种使我们长期从事而始终不会感到厌倦、始终不会松动、始终不会情绪低落的职业，相反，我们很快就会觉得，我们的愿望没有得到满足，我们理想没有实现，我们就将怨天尤人。

但是，不只是虚荣心能够引起对这种或那种职业突然的热情。也许，我们自己也会用幻想把这种职业美化，把它美化成人生所能提供的至高无上的东西。我们没有仔细分析它，没有衡量它的全部份量，即它让我们承担的重大责任；我们只是从远处观察它，然而从远处观察是靠不住的。

在这里，我们自己的理智不能给我们充当顾问，因为它既不是依靠经验，也不是依靠深入的观察，而是被感情欺骗，受幻想蒙蔽。然而，我们的目光应该投向哪里呢？在我们丧失理智的地方，谁来支持我们呢？

是我们的父母，他们走过了漫长的生活道路，饱尝了人世的辛酸。——我们的心这样提醒我们。

如果我们通过冷静的研究，认清所选择的职业的全部分量，了解它的困难以后，我们仍然对它充满热情，我们仍然爱它。觉得自己适合它，那时我们就应该选择它，那时我们既不会受热情的欺骗，也不会仓促从事。

但是，我们并不能总是能够选择我们自认为适合的职业；我们在社会上的关系，还在我们有能力对它们起决定性影响以前就已经在某种程度上开始确立了。

我们的体质常常威胁我们，可是任何人也不敢藐视它的权利。

诚然，我们能够超越体质的限制，但这么一来，我们也就垮得更快；在这种情况下，我们就是冒险把大厦筑在松软的废墟上，我们的一生也就变成一场精神原则和肉体原则之间的不幸的斗争。但是，一个不能克服自身相互斗争的因素的人，又怎能抗拒生活的猛烈冲击，怎能安静地从事活动呢？然而只有从安静中才能产生伟大壮丽的事业，安静是唯一生长出成熟果实的土壤。

尽管我们由于体质不适合我们的职业，不能持久地工作，而且工作起来也很少乐趣，但是，为了恪尽职守而牺牲自己幸福的思想激励着我们不顾体弱去努力工作。如果我们选择了力不能胜任的职业，那么我们决不能把它做好，我们很快就会自愧无能，并对自己说，我们是无用的人，是不能完成自己使命的社会成员。由此产生的必然结果就是妄自菲薄。还有比这更痛苦的感情吗？还有比这更难于靠外界的赐予来补偿的感情吗？妄自菲薄是一条毒蛇，它永远啮噬着我们心灵，吮吸着其中滋润生命的血液，注入厌世和绝望的毒液。

如果我们错误地估计了自己的能力，以为能够胜任经过周密考虑而选定的职业，那么这种错误将使我们受到惩罚。即使不受到外界指责，我们也会感到比外界指责更为可怕的痛苦。

如果我们把这一切都考虑过了，如果我们生活的条件容许我们选择任何一种职业；那么我们就可以选择一种能使我们最有尊严的职业；选择一种建立在我们深信其正确的思想上的职业；选择一种能给我们提供广阔场所来为人类进行活动、接近共同目标（对于这个目标来说，一切职业只不过是手段）即完美境地的职业。

尊严就是最能使人高尚起来、使他的活动和他的一切努力具有崇高品质的东西，就是使他无可非议、受到众人钦佩并高出于众人之上的东西。

但是，能给人以尊严的只有这样的职业，在从事这种职业时我们不是作为奴隶般的工具，而是在自己的领域内独立地进行创造；这种职业不需要有不体面的行动（哪怕只是表面上不体面的行动），甚至最优秀的人物也会怀着崇高的自豪感去从事它。最合乎这些要求的职业，并不一定是最高的职业，但总是最可取的职业。

但是，正如有失尊严的职业会贬低我们一样，那种建立在我们后来认为是错误的思想上的职业也一定使我们感到压抑。

这里，我们除了自我欺骗，别无解救办法，而以自我欺骗来解救又是多么糟糕！

那些不是干预生活本身，而是从事抽象真理研究的职业，对于还没有坚定的原则和牢固、不可动摇的信念的青年是最危险的。同时，如果这些职业在我们心里深深地扎下了根，如果我们能够为它们的支配思想牺牲生命、竭尽全力，这些职业看来似乎还是最高尚的。

这些职业能够使才能适合的人幸福，但也必定使那些不经考虑、凭一时冲动就仓促从事的人毁灭。

相反，重视作为我们职业的基础的思想，会使我们在社会上占有较高的地位，提高我们本身的尊严，使我们的行为不可动摇。

一个选择了自己所珍视的职业的人，一想到他可能不称职时就会战战兢兢——这种人单是因为他在社会上所居地位是高尚的，他也就会使自己的行为保持高尚。

在选择职业时，我们应该遵循的主要指针是人类的幸福和我们自身的完美。不应认为，这两种利益是敌对的，互相冲突的，一种利益必须消灭另一种的；人类的天性本来就是这样的：人们只有为同时代人的完美、为他们的幸福而工作，才能使自己也达到完美。

如果一个人只为自己劳动，他也许能够成为著名的学者、大哲人、卓越诗人，然而他永远不能成为完美无疵的伟大人物。

历史承认那些为共同目标劳动因而自己变得高尚的人是伟大人物；经验赞美那些为大多数人带来幸福的人是最幸福的人；宗教本身也教诲我们，人人敬仰的理想人物，就曾为人类牺牲了自己——有谁敢否定这类教诲呢？

如果我们选择了最能为人类福利而劳动的职业，那么，重担就不能把我们压倒，因为这是为大家而献身；那时我们所感到的就不是可怜的、有限的、自私的乐趣，我们的幸福将属于千百万人，我们的事业将默默地、但是永恒发挥作用地存在下去，面对我们的骨灰，高尚的人们将洒下热泪。